U0541032

中国关心下一代工作委员会教育中心
生涯教育师资培训指定教材

中国青少年生涯教育研究与实践汇编
（2023）

朱红　解启健　编著

Teenager's Career and
Life Education in China:
Research and Practice（2023）

中国社会科学出版社

图书在版编目(CIP)数据

中国青少年生涯教育研究与实践汇编.2023／朱红，解启健编著.
—北京：中国社会科学出版社，2023.8
ISBN 978 – 7 – 5227 – 2299 – 3

Ⅰ.①中… Ⅱ.①朱…②解… Ⅲ.①中学生—职业选择—研究—中国 Ⅳ.①G635.5

中国国家版本馆 CIP 数据核字（2023）第 133474 号

出 版 人	赵剑英
责任编辑	王 衡
责任校对	王 森
责任印制	王 超

出　　版	中国社会科学出版社
社　　址	北京鼓楼西大街甲 158 号
邮　　编	100720
网　　址	http：//www.csspw.cn
发 行 部	010 – 84083685
门 市 部	010 – 84029450
经　　销	新华书店及其他书店
印　　刷	北京明恒达印务有限公司
装　　订	廊坊市广阳区广增装订厂
版　　次	2023 年 8 月第 1 版
印　　次	2023 年 8 月第 1 次印刷
开　　本	710×1000　1/16
印　　张	24
插　　页	2
字　　数	358 千字
定　　价	129.00 元

凡购买中国社会科学出版社图书，如有质量问题请与本社营销中心联系调换
电话：010 – 84083683
版权所有　侵权必究

编委会

顾　　问
叶之红　黄天中

主　　编
朱　红　解启健

副 主 编
王文梅　高杨杰　周旭荣　刘国雄　谢芳青　马　颖

编委会成员（以姓名拼音排序）

蔡华玲	崔海丽	何红华	何万立	侯　娟	贾夕涵
寇坤照	赖　炜	李树奎	李艳红	刘　艾	刘凤芹
刘　娟	刘晓云	陆红艳	马莉萍	孟凡荣	缪仁票
邱　飞	王　丹	王凤霞	王海岳	王钦荣	王　艳
吴嘉琦	吴宁宁	吴耀明	谢新秀	邢卫军	熊　煜
徐广业	徐喜梅	许　楠	许秀芳	薛　韶	闫明建
叶婷婷	运迷霞	张格波	张文杰	郑晓伟	

前　言

随着新高考改革在全国各地区逐步推进，生涯教育越来越受到学校、家长和学生的重视。在高中探索"我是谁""我想要成为什么样的人""我想如何度过我的一生"等生涯命题，对青少年未来的专业/院校选择、职业发展乃至人生规划提供了一定的指导。目前，各中学生涯教育开展状况参差不齐，有的学校已经在"摸着石头过河"，有些还迷茫于不知如何着手，还有学校在持观望态度。基于此，北京大学教育学院朱红团队携手中国关心下一代委员会教育中心生涯教育专委会（以下简称"生涯教育专委会"）等学术团体，一方面对全国生涯教育开展情况以及成效进行调研分析；另一方面积极邀请全国各地中学代表，从学校整体发展以及教师教育实践等方面分享生涯教育的实践智慧，以期为政府政策提供参与依据，为中学开展生涯教育提供参考，为学生生涯发展提供支持。

根据国家有关生涯教育的政策文件及会议精神，我们与学校领导、一线教师不断地沟通、打磨书中各部分的内容，也希望本书能够给学校领导带来一定的启示，给学校的生涯教育专兼职教师提供思路，给有需要的家长和学生提供启发，将生涯教育的理念更好地融入自己的具体工作和个人发展。

本书共分为三个部分。第一部分是对全国高中生涯教育发展状况，以及普通高中如何有效开展生涯教育进行的调查研究。该部分由北京大学教育学院朱红生涯教育团队牵头实施。全国高中生涯教育发展状况的调查采用网络问卷的形式，全国28个省级行政区的268所中学的2020届高三毕业生参与了问卷调查。调查报告对家庭教育、高中学习体验、生涯教育、选科走班和选考、综合素质测评、志愿填报、高考成绩和录取结果等内容进行了较全面的描述和统计分析。高中开展生涯教育的调查是通过对全国十三省二十余位教育工作者进行访谈，对生涯教育实践现状和挑战进行梳理和归纳，并进一步为高中生涯教育的落地提供思路。

第二部分介绍了十个生涯教育的典型学校案例，主要包括生涯教育的顶层设计、师资培养、课程建设等方面。假设一个学校准备开展生涯教育，那么它要事先考虑什么？如何搭建领导小组？如何培养师资队伍？如何兼顾升学与生涯？希望各位教育同行可以从这些学校案例中得到启发。考虑到各学校在办学模式、所在地域等方面存在差异，我们在选择案例时，尽可能收录多样异质性的学校以提供更有针对性的参考。

第三部分聚焦生涯教育的微观层面。课程与活动是学校推动生涯教育发展的主要阵地。本部分从教师视角出发，通过十二个生涯教育课例来展示"如何上好生涯教育课（活动）"。这些课例具有内在的逻辑体系。首先，从生涯教育课程规划及课程标准上分别给出一个案例。其次，将课例按照自我探索、外部探索、生涯状态以及学科融合的结构进行呈现。在这些课例中，作者会通过"设计意图"具体表现设计这一环节背后的生涯教育理念；通过"补充材料"或"参考文献"推荐相关的教辅资料，为教育同行在理论与实践层面上提供更为有效的参考信息。

本书的特点主要体现在三个方面。一个主体，即面向中学；两种视角，包括学校顶层设计、教师教学实操两部分；多方配合，指在生涯教育中，主要阵地虽然在学校，但是只有积极调动家长、社会等多方面的资源，才能共同助力学生的生涯发展。

生涯教育的发展非一朝一夕之功。未来，我们将与教育政府部门、学校、教育机构和社会资源积极合作，不断收录优质案例；增加学生家长、用人单位等不同的视角，扩大生涯案例的覆盖面。生涯教育是一个生命温暖、唤醒、激励另一个生命的过程。相信，我们以终为始，不忘初心，砥砺前行，生涯教育定会助力教育生态的良性发展。

由于编者水平有限，书中纰漏甚至错误之处敬请大家批评指正，我们将广纳善言，不断提高。

目 录

第一部分 调查研究

2020年全国普通高中学校生涯教育状况调研 ……………………（3）
大生涯教育观：普通高中如何有效开展生涯教育
　　——基于全国十三个省份教育工作者访谈分析 ……………（78）

第二部分 学校案例

生涯教育如何在中学落地生根（浙江衢州第二中学）…………（91）
"爱注九年，知行一生"思想下的生涯教育实践
　　（陕西西安高新第二学校）………………………………（103）
学生自主发展的体验式生涯教育实践探索
　　[深圳新安中学（集团）]…………………………………（119）
德育与教学工作中的生涯教育框架与成效
　　（安徽淮北市第一中学）…………………………………（137）
利用城市发展新区社会资源在中学开展生涯教育的实践研究
　　（北京第八中学大兴分校）………………………………（146）
普通高中生涯发展指导体系的构建与实践
　　（湖南长沙县第一中学）…………………………………（156）

新时代背景下高中生生涯发展指导策略与实施研究
（浙江宁波市镇海区龙赛中学）……………………（176）
特色校本课程与学生社团中的生涯教育
（广东黄岐初级中学）………………………………（192）
浸润式生涯教育的探索（内蒙古呼和浩特市第二中学）…………（206）
高中《生涯规划》校本德育课程纲要
（江苏南京市江宁高级中学）………………………（221）

第三部分 生涯课例

课程标准
　关于建构普通高中生涯规划课程标准的探索……………（233）
自我探索
　我感兴趣的事………………………………………………（251）
理想探索
　搭建我们的理想大桥………………………………………（259）
大学探索
　高中生进大学体验，做材料专业小实验…………………（265）
职业探索
　我的理想职业………………………………………………（276）
生涯唤醒
　生涯唤醒：我的这一生……………………………………（282）
生涯态度
　以不变应万变
　——探索我的生涯态度……………………………………（287）

生涯体验
　生存挑战
　　——做一个自食其力的劳动者 ·················· (294)
生涯感悟
　隐形的翅膀
　　——互动戏剧悟生涯 ······················ (306)
生涯访谈
　了解职业发展的访谈设计 ······················ (316)
学科融合——文科课例
　《子路、曾皙、冉有、公西华侍坐》第二课时 ··········· (327)
学科融合——理科课例
　STEAM 理念下的项目化学习
　　——以电池的开发、利用、回收为例 ·············· (338)

附录：部分全国生涯教育学术组织简介 ··············· (372)
　中国关心下一代工作委员会教育中心生涯专业委员会 ········ (372)
　中国教育发展战略学会生涯教育专业委员会 ············ (374)
　北京大学教育学院朱红团队 ···················· (376)

第一部分

调查研究

2020年全国普通高中学校生涯教育状况调研*

前　言

2014年，国务院颁布《关于深化考试招生制度改革的实施意见》，正式启动我国新一轮的高校招生考试制度改革，旨在解决一些社会反映强烈的问题，如唯分数论影响学生全面发展，一考定终身使学生学习负担过重，区域、城乡入学机会存在差距等①，以实现科学选拔各类人才、更好地促进学生健康成长和维护社会公平。2014年上海市、浙江省分别出台了高考综合改革试点方案，拉开了新高考改革的帷幕。2017年，第二批改革试点地区（北京市、天津市、山东省、海南省）的新高考改革相继启动，并于2020年完成了新高考方案实施后的首次高考与高校招生录取工作。截至2022年，全国各省（自治区、直辖市）已全部进入新高考改革的进程中。

新高考招生录取由"两依据一参考"构成，"两依据"指依据高考和学业水平考试，"一参考"即参考综合素质评价。新高考改革取消了文理分科，充分尊重了考生的兴趣爱好，破除了文理专业的选择鸿沟，从一定程度上解决了选拔方式单一的弊病。

---

* 报告总负责：朱红；主要参与者：朱红、叶之红、马莉萍、崔海丽（理论框架调查问卷设计），熊煜（前言、调查设计），张文杰（样本分布情况），薛韶（高中生涯教育），刘艾（高中经历），寇煜照、邱飞（新高考综合改革和高考志愿填报），朱红、薛韶、崔海丽（结论和政策建议），邱飞、吴宁宁（审核校对报告全文）。

① 国务院：《国务院关于深化考试招生制度改革的实施意见》，中国政府网，2014年9月3日，http://www.gov.cn/zhengce/content/2014-09/04/content_ 9065.htm。

新高考模式给予学生更多的选择,是一次全新机遇,却也是一次全新"挑战"。面对如此多的组合,每一位高中学生和家长都在纠结如何确定科目组合。毕竟新高考改革后,选科对后续的高考分数、志愿选择都会有很直接的影响。那么如何选择,才能让自己在未来的等级性考试中拿到更高的分数,又能保证今后在填志愿的时候有足够的选择范围,最好这三门还都是自己感兴趣的?这绝对是件不容易的事。无论是学校、家长还是学生,都在承受着不知怎么选和不得不选的双重压力。

面对这些现实压力,学生和家长需要改变旧模式下的学业规划和习惯,从进入高一年级开始,主动了解高校及相关学科专业的具体要求,思考如何选择高考的选考科目,这也意味着,原本考生在高考结束后才需要面对的专业选择,现在将在高一下学期结束时就得提前面对。新高考改革的一系列变化,都在向我们昭示,生涯教育迫切需要被纳入高中教育体系,开展生涯教育势在必行。学校要如何开展生涯教育,教师如何进行选科指导?这也是摆在学校和老师面前的重要课题。

为更好总结和评估全国普通高中生涯教育实施现状、成效和经验,发现问题和不足,促进高中育人方式改革的健康、良性发展,北京大学教育学院朱红团队对全国高中生涯教育的开展情况进行了调查和分析。

一 摘要

此次调查旨在从学生视角了解普通高中学校生涯教育的现状。调查问卷包含个人基本信息、家庭教育、高中学习体验、生涯教育、选科走班和选考、综合素质测评、志愿填报、高考成绩和大学及专业录取结果等内容。调查采用网络问卷形式,调查时间为2020年8月25日至9月30日。

(一) 样本结构

样本学生覆盖了全国28个省级行政区共计268所中学,有效样本量共计12038 个。其中来自75 所中学共计2730 人参加了2020 年新高考，占全样本学校数的28%，占总样本的23%。第一批次高考改革试点的浙江、上海占总样本的14%，第二批次高考改革试点的北京、天津、山东和海南占总样本的9%。

第一，36%的样本学生就读高中属于省或直辖市级重点/示范院校，其次是普通高中（25%）、县级重点/示范院校（22%）、地级市重点/示范院校（10%）、全国重点/示范院校（7%）。第二，样本中男性占比41%，女性占比59%；城市占比45%，农村占比55%；独生子女占比40%，非独生子女占比60%。第三，样本中父亲受教育年限均值为11.23 年，平均受教育程度介于初中与普通高中（或中等职业/技术/师范学校）之间，母亲受教育年限均值为10.66 年。第四，就父母的职业类型而言，父亲和母亲职业中占比最高的是基层类，其次是管理类，最后是技术类。

（二）高中生涯教育整体情况

数据显示，样本学校生涯教育的普及率已经过半。目前存在学校生涯教育组织形式单一、组织安排和内容不够系统、丰富，理论与实践脱节等问题。第一，57%的样本学生所在学校开展了生涯教育相关活动，16%的学生购买了校外生涯服务。在第一批新高考改革省份，已有76%的学校开展了生涯教育活动；在第二批改革省份，开展比例高达94%；在已经实施新高考改革但学生还未参加高考以及还未实行新高考改革的其他省份中，约50%的学校开展了相应的生涯教育活动。第二，在组织制度方面，72%的学校设立了生涯相关的机构。第三，从开设时间来看，在高三下学期进行生涯教育的学校占比最高，达37%，这部分生涯教育内容可能为高考志愿填报等升学相关的生涯指导；其次是在高一下学期开展生涯教育的学校占21%，这部分生涯教育多服务于选科选考的学生。在课时安排上，50%的学校为每周或每两周一课时。第四，在师资安排上，主要是班主任兼任(33%)，其次是心理老师担任生涯教育工作（21%），专任的生涯教育老师仅占20%。第五，在课程内容上，目前生涯教育集中在自我探索方面，主要内容为"了解个人兴趣/特长/能力"。第六，在开展形式上，生涯课程仍然是生涯教育实践最重要的形式，其次是班会。体验式学习的占比呈现出一定的差异，总体上占比较低。

（三）学生对生涯教育的感知

学生生涯观念成长迅速，对生涯教育的认可和需求强烈，然而多数学生对学校所提供的生涯教育评价较低，生涯教育的具体效果尚未能满足学生需求。这意味着学生生涯观念成长迅速，需要对应质量的生涯教育来满足其需求。第一，55%的高中生了解和非常了解生涯教育概念。97%的同学认为"在高中阶段开展生涯教育十分必要"。第二，92%的学生表示认真参与了学校所提供的生涯教育活动。第三，在学校生涯教育整体作用、重视程度以及对个人发展目标作用的评价上，学生的认可度都超过了80%。第四，从生涯教育开展情况与学生对大学满意度来看，接受过生涯教育的学生对大学和专业的满意度要高于未接受过生涯教育的学生。

（四）生涯教育的成效分析

进一步统计分析发现：第一，生涯教育促进学生发展的作用得到了验证。这些作用主要体现在显著缓解高中生学业压力、在不增加学业投入的情况下显著提升高考成绩、帮助学生掌握更多更全面的决策信息等方面。

第二，生涯教育的具体组织形式会影响到其最终效果。适量的课时、丰富的内容、多元的形式、专门的生涯教育空间以及班主任参与教学有利于提升生涯教育的实践效果。学生对生涯教育了解越多、参与水平越高，生涯教育效果越好。值得关注的是，学校生涯教育的实际效果还受到父母受教育程度和高中类型的影响。家庭背景越好、高中越优质的学生对学校所提供的生涯教育的效果评价越差，这可能与这些学生本身可能从更多渠道获取生涯教育指导有关。

第三，无论是弱势家庭学生还是优势家庭学生，都能通过生涯教育获得更好的学生发展。但这两个群体在获益程度上仍会存在差异。优势家庭的学生能通过学校生涯教育进一步扩大其因家庭社会经济地位所带来的优势。

二 调查设计

（一）调查工具

此次调查问卷包含基本信息、高中生涯教育、高中经历、新高考改革及其评价、志愿填报五大模板。

人口统计学资料包括性别、户口、高中学校名称及类型、父母教育状况和职业情况、家庭社会经济地位。

高中生涯教育基本情况不仅包括学校生涯教育课程开设、软硬件资源配置、生涯教育内容与形式等情况，还包括学生参与生涯教育的满意度和一些职业探索的情况，如图1所示。

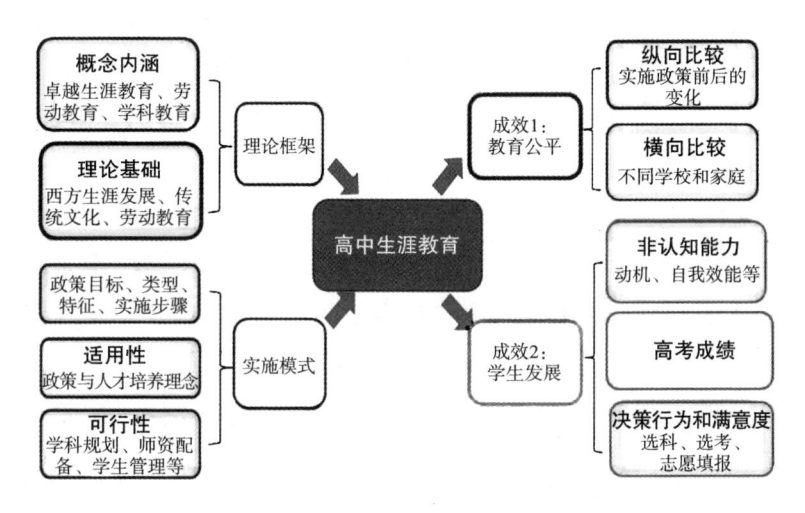

图1 研究框架

高中经历主要包括高中教学方式、师生互动、学业负担、学习投入与时间分配、课外辅导等。

新高考综合改革部分调查主要针对的是新高考改革的省份，包括第一批和第二批新高考试点省份。主要了解等级考试的科目组合、选课选考满意度、走班制、综合素质评价和新高考改革的总体评价等。

高考志愿填报了解了学生的高考志愿填报的策略、获取志愿填报信息的方式、对大学及专业的了解程度和满意度等。

（二）调查方法

本次调查采用线上问卷调查的方式进行。调查时间为 2020 年 8 月 25 日至 9 月 30 日，此时大部分样本学生已知晓大学录取结果。此次调查共有 268 所中学的高三毕业生参与了问卷填答，总计回收 12038 份有效问卷。

三 样本分布

调查覆盖了全国 28 个省级行政区，未包含甘肃省、宁夏回族自治区、新疆维吾尔自治区、台湾省、香港特别行政区、澳门特别行政区。其中京津沪占比 4%，经济发达地区（苏浙闽鲁粤鄂渝，2019 年人均 GDP 排名除京津沪外的前十名省份）占比 28%，经济中等地区（晋蒙吉黑徽赣豫湘桂琼冀辽）占比 55%，经济欠发达地区（川黔云藏陕青）占比 14%。

新高考学生样本来自 6 个省份的 75 所中学，占全样本学校数的 28%。其中第一批次高考改革试点的浙江与上海参与此次调查的学校分别为 29 所（占总样本的 11%，占新高考学校样本数的 39%）和 7 所（占总样本的 3%，占新高考学校样本数的 9%），第二批次的北京、天津、山东、海南参与调查的学校分别为 14 所（占总样本的 5%，占新高考学校样本数的 19%）、3 所（占总样本的 1%，占新高考学校样本数的 4%）、16 所（占总样本的 6%，占新高考学校样本数的 21%）、6 所（占总样本的 2%，占新高考学校样本数的 8%）。未参与新高考的学生样本则来自其余省份的 193 所中学，占全样本学校数的近 72%。新、老高考人数占比与学校占比分布基本一致。

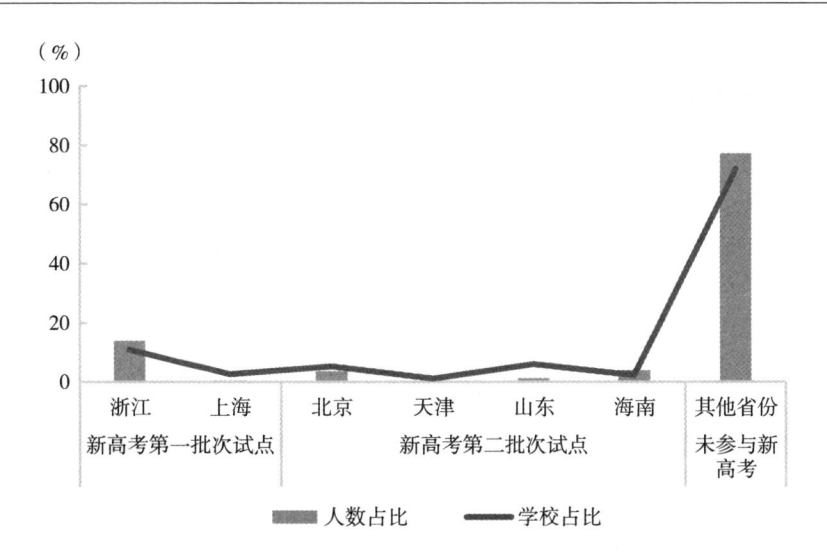

图2 样本中新老高考人数占比与学校占比

学生所就读高中属于省或直辖市级重点/示范院校的占比36%，居首位，接下来依次为普通高中（25%）、县级重点/示范院校（22%）、地级市重点/示范院校（10%）、全国重点/示范院校（7%），如图3所示。

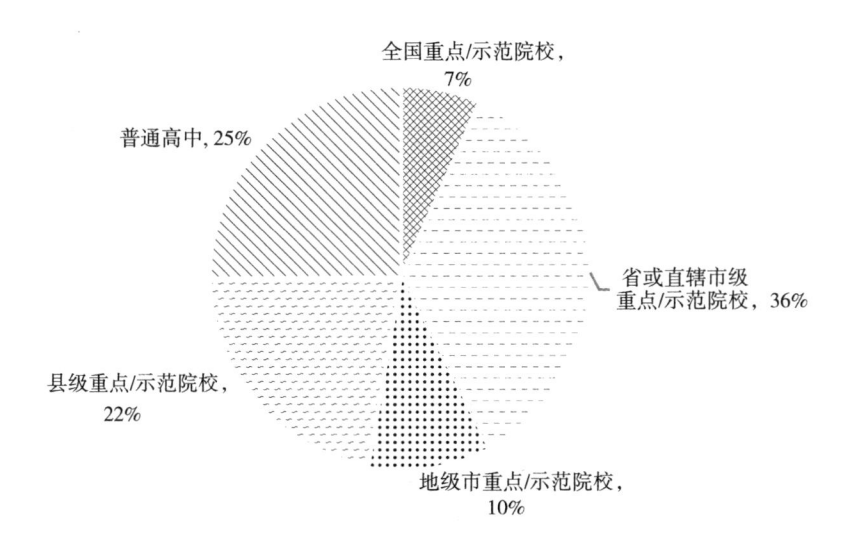

图3 高中类型分布

(一) 个体特征

样本性别分布中,男性为 4985 人,占比 41%;女性为 7053 人,占比 59%。城乡分布中,城市为 5366 人,占比 45%;农村为 6672 人,占比 55%。独生子女状况中,独生子女为 4797 人,占比 40%;非独生子女为 7241 人,占比 60%。

(二) 家庭特征

就父母文化程度而言,调查样本的父亲受教育年限均值为 11.23 年,平均受教育程度介于初中与普通高中(或中等职业/技术/师范学校)之间。初中学历占比最高(38.3%),高中学历占比次之(22.7%),博士占比最低(0.4%)。母亲受教育年限均值为 10.66 年,平均受教育程度略高于初中水平,低于父亲受教育程度。初中学历占比最高(36.1%),高中学历占比次之(20.6%),硕士占比最低(0.2%)。

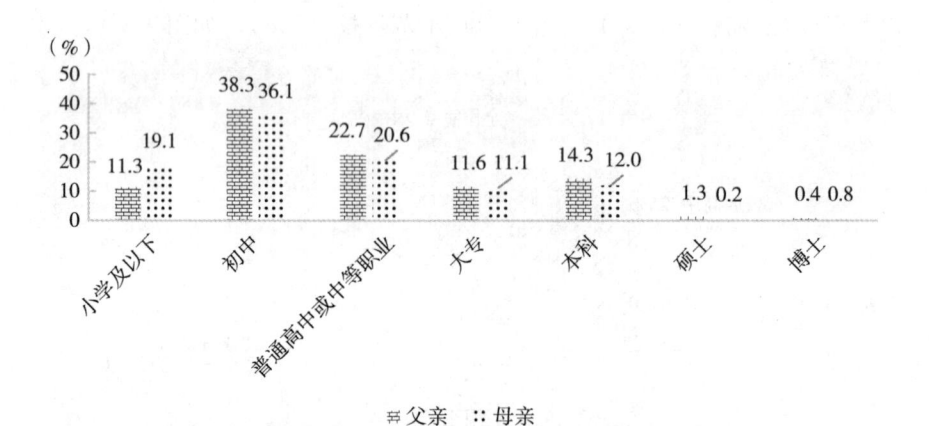

图 4 父母受教育程度

就父母的职业类型而言,父亲职业中占比最高的是基层类(62%);其次是管理类(24%);最后是技术类(14%)。母亲职业中同样也是基层类占比最高(68%);其次是技术类(16%);最后是管理类(15%)。

本调查还对学生个体的主观家庭社会经济地位得分进行了调查，具体题项为"如果把家庭条件按照父母收入水平、父母受教育程度和父母工作受尊敬程度的综合指标进行排序，10代表各方面最高，1代表各方面最低，你感觉你的家庭条件在当地处于什么位置？"经统计，该题均值为5.14分。题项得分基本呈正态分布，其中打5分的人数最多，占比超27%，越到两边，选择人数占比越小。

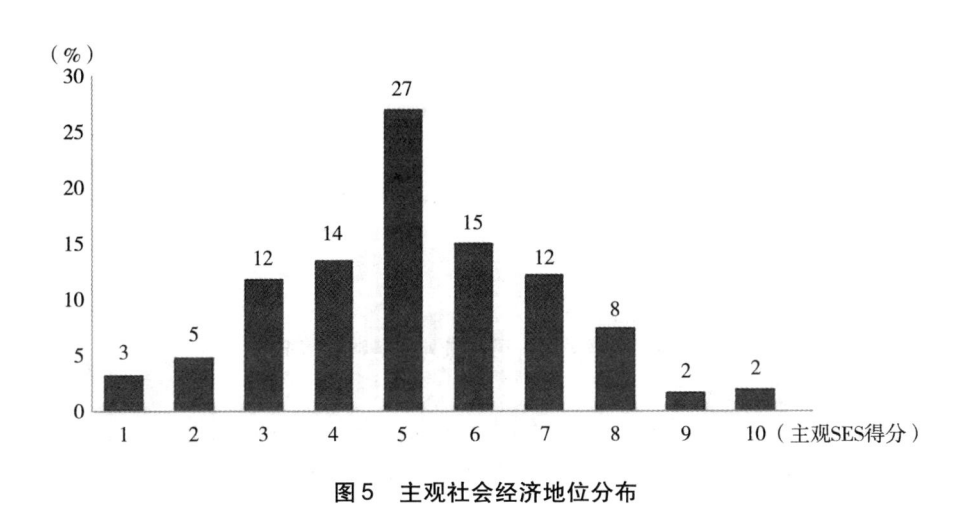

图5 主观社会经济地位分布

四 高中生涯教育现状

（一）生涯教育整体情况

1. 校内生涯教育开展与校外生涯教育服务购买情况

对于学生来说，目前生涯教育的主要获得方式为学校生涯教育内容与校外营利性企业机构的生涯教育服务。参与调查的学生中，57%学生所在学校开展了生涯教育相关活动，比例过半；而购买校外生涯服务的学生仅占16%，如图6所示。

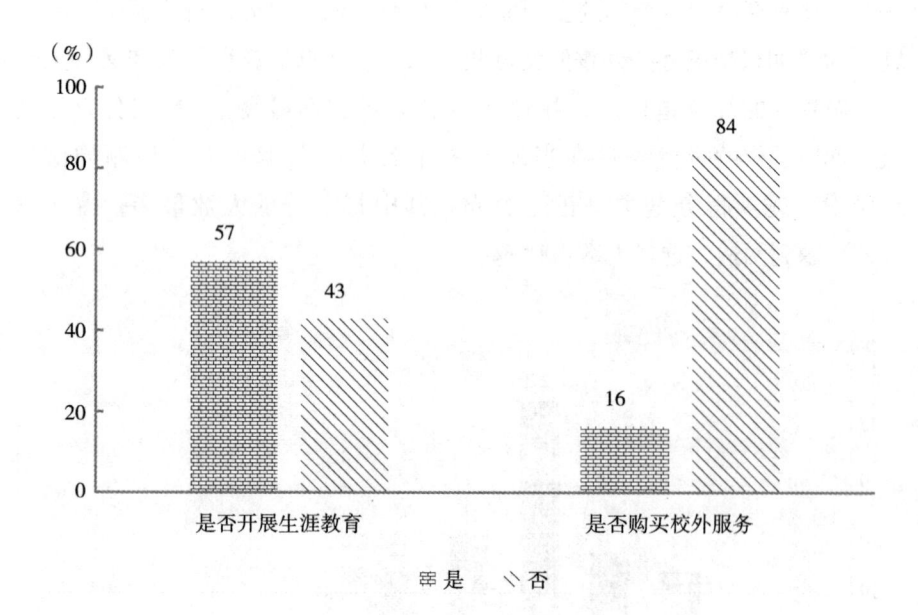

图 6　生涯教育开展与校外服务购买情况

根据新高考改革批次不同，不同省份间生涯教育的开展情况也呈现出一定差异。在第一批新高考改革省份，即浙江和上海地区，已有 76% 的学校开展了生涯教育活动；而在第二批改革省份，即山东、海南、天津与北京地区，开展比例高达 94%；在已经实施新高考改革但学生还未参加高考以及还未实行新高考改革的其他省份中，也有一半左右的学校已经行动起来了，开展了相应的生涯教育活动，如图 7 所示。

2. 学生对生涯教育的认知情况

调查重点关注在学生眼中，生涯教育究竟是什么，有没有设置生涯教育课程，开展生涯教育活动的必要性。从学生对生涯教育的了解程度来看，生涯教育对于高中生来说仍然是一个比较新的领域。约 55% 的高中生选择了"了解""非常了解"的选项；剩下 45% 的高中生对生涯教育概念比较模糊，其中 5% 的同学选择了"非常不了解"，如图 8 所示。

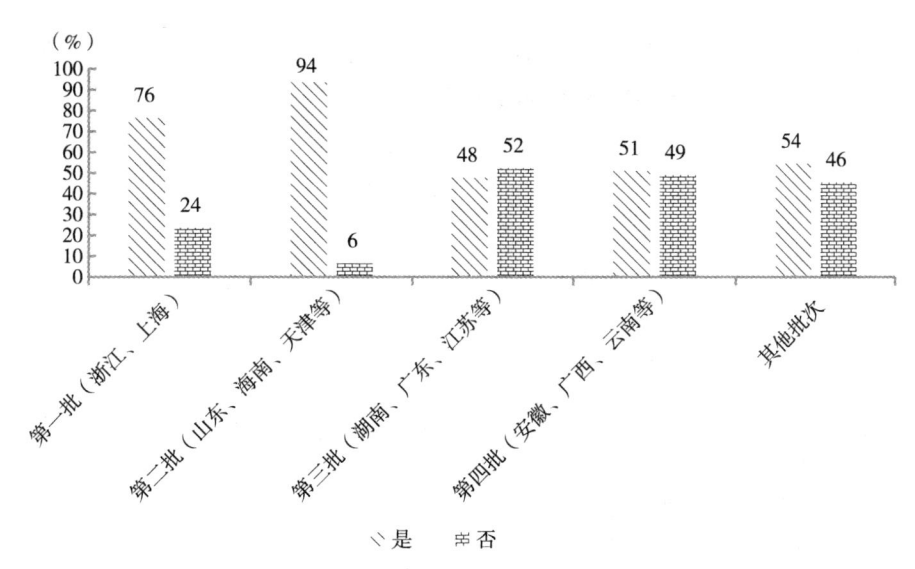

图7 不同改革批次省份生涯教育开展情况

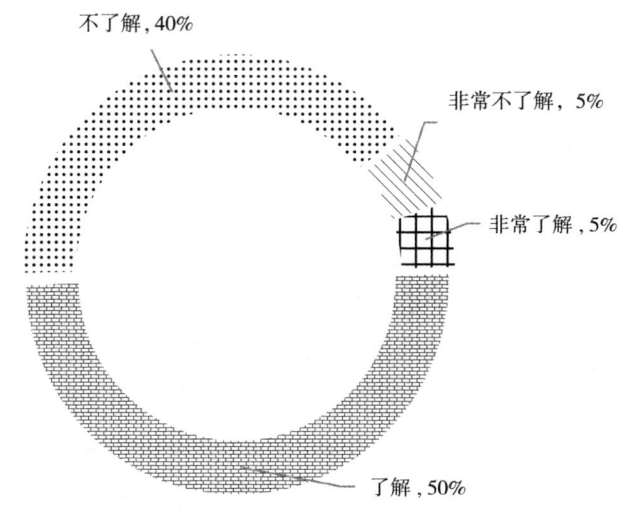

图8 学生对生涯教育的了解情况

从生涯教育的必要性来看，高中生对于生涯教育的作用非常认同，97%的同学对于"在高中阶段开展生涯教育十分必要"的说法持肯定态度，选择了"很赞同"和"比较赞同"，如图9所示。对生涯教育认同的压倒性比例与仅一半了解的比例，形成鲜明对比。一定程度体现了生涯教育在促进高中教育和学生发展方面大有可为。

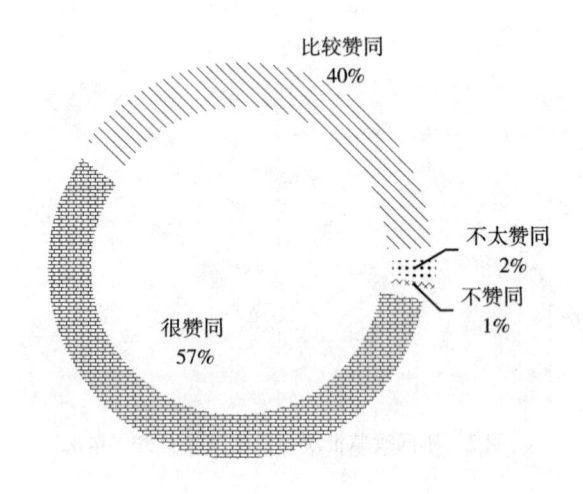

图9 生涯教育必要性评价

（二）学校生涯教育现状

1. 生涯教育开展的基本现状

针对学校生涯教育的软硬件配置，调查主要关注学校专门机构的设置、生涯教育开设时间、课时安排、师资配置等方面。在已开展生涯教育的学校当中，72%的学校都设立了相关机构，专门负责生涯教育活动。

从开设时间来看，在高三下学期进行生涯教育的学校占比最高，达37%，这部分生涯教育内容可能为高考志愿填报等升学相关的生涯指导；而在高一下学期开展生涯教育的学校占21%，这部分生涯教育则大概率服务于选科选考的学生，如图10所示。可以初步判断，学校的生涯教育仍以选科选考与高考志愿填报为主。

图10 生涯教育开设时间分布

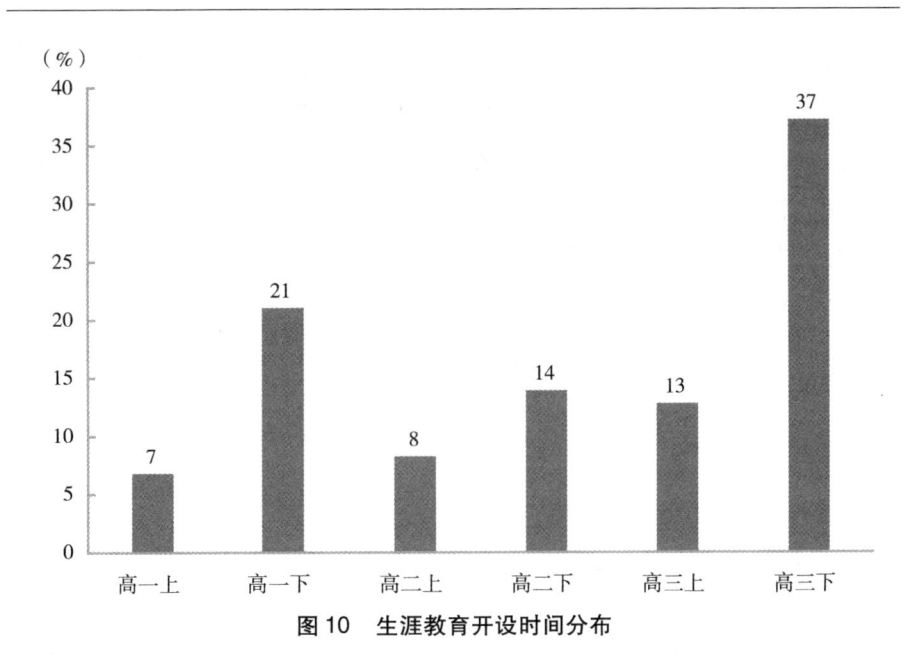

在课时安排上，生涯教育课时相对较少，仅有8%的学校每周安排了两课时及以上，50%的学校选择了每周或每两周一课时的安排，另外有31%的学校选择了每个月一课时，如图11所示。

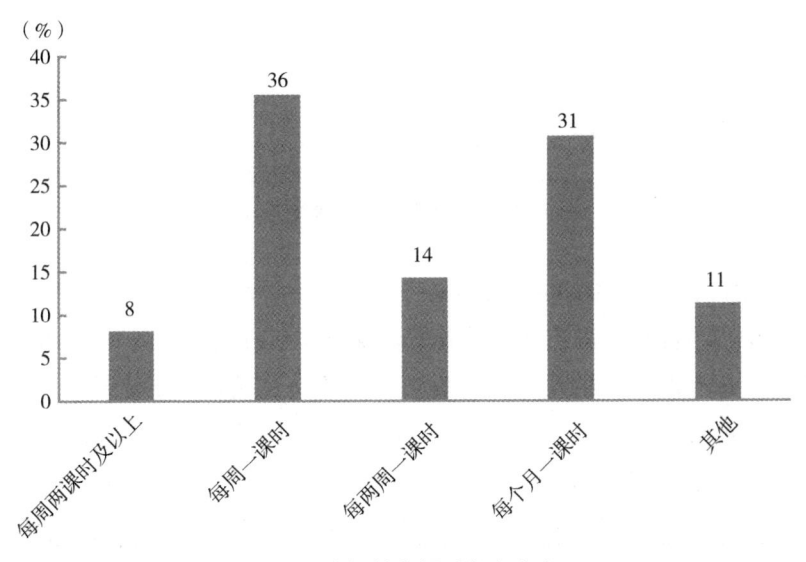

图11 生涯教育课时频率分布

如图 12 所示，在师资安排上，比例最高的是班主任兼任（33%）；其次是心理老师（21%）；专门的生涯教育老师占 20%；此外，其他如学科老师、校外培训机构老师以及德育老师等占约 26%。总体看来，生涯教育活动更多被归类到班主任、心理老师的工作范围中。生涯教育旨在引导学生思考"如何度过一生"的终极问题。这需要家庭、学校、社会的共同努力。在学校内部，更需要全员、全过程、全方面育人，才能更有效地培养学生思考并回答这个问题的意识、能力和素质。因此，建构全员生涯育体系是目前生涯教育急切需要面临的挑战，也是生涯教育发展的机遇。

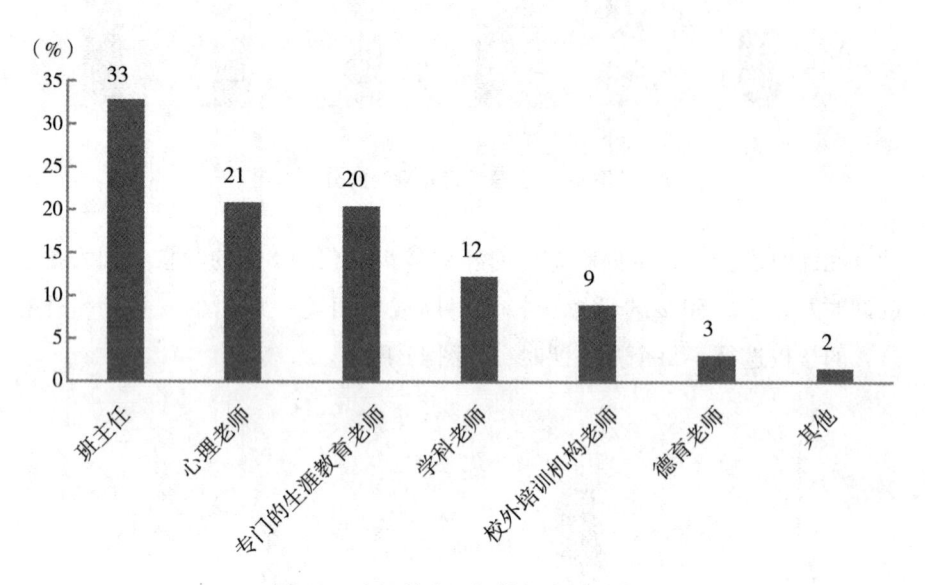

图 12 生涯教育任课教师类型分布

2. 生涯教育的主要内容与形式

高中的生涯教育内容和形式分布呈现出如下特点。如图 13 所示，在内容上，目前生涯教育的主要内容为"了解个人兴趣/特长/能力"，集中在自我探索的维度上，41% 的生涯教育活动都涉及了这部分内容；其次重点关注未来规划、职业体验、生涯人物学习三个维度；在生涯管理能力的培养上，仅有 5% 的学校涉及这部分内容；最后，有关志愿填报与大学信息提供上所占比例最低（均占比 3%）。这一系列数据说明，目前生涯教育的关注焦点在学生自我探索的维度上,而对其未来发展规划的关注度较低。生涯教育内容呈现碎片化、不系统的特点。

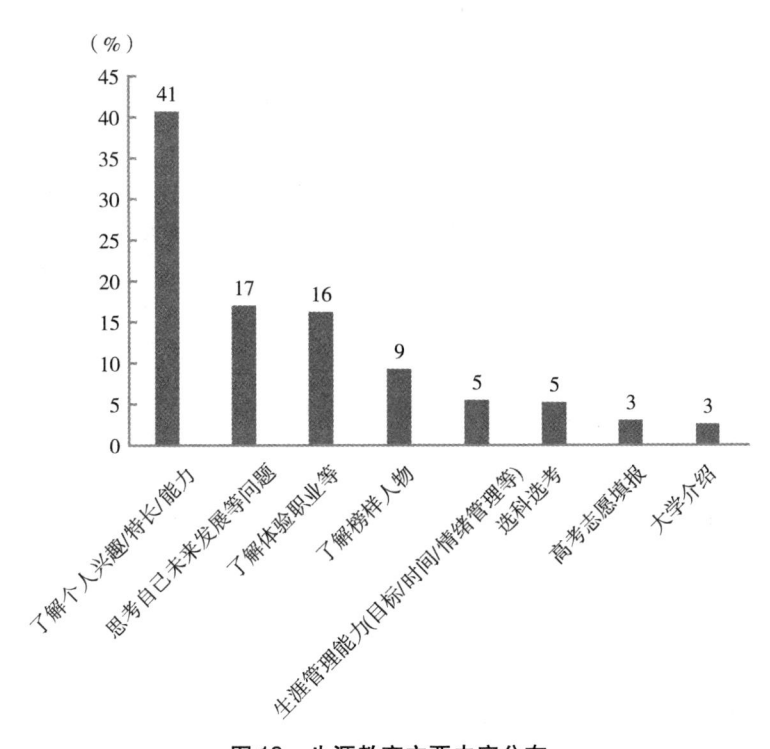

图 13 生涯教育主要内容分布

在内容的丰富性上,本章采用生涯教育内容的种类为评价标准。图 13 中的八种生涯教育内容,提供超过 4 种以上内容的学校约为 34%,大部分学校在内容提供上仍相对单一,如图 14 所示。

在教育形式上,课程仍然是生涯教育最重要的形式,36% 的学校都开设了课程式的生涯教育;其次,另外一个进行生涯教育的重要形式是班级的"班会"(14%);再次,部分学校同样采取了实践活动、社团活动、课外作业等形式来探索生涯教育的具体实践形式;最后,根据不同学校的具体条件,少部分学校为学生提供了讲座、职业体验活动、职场参观活动以及研学游学活动等形式,丰富其教育形式和内容,如图 15 所示。

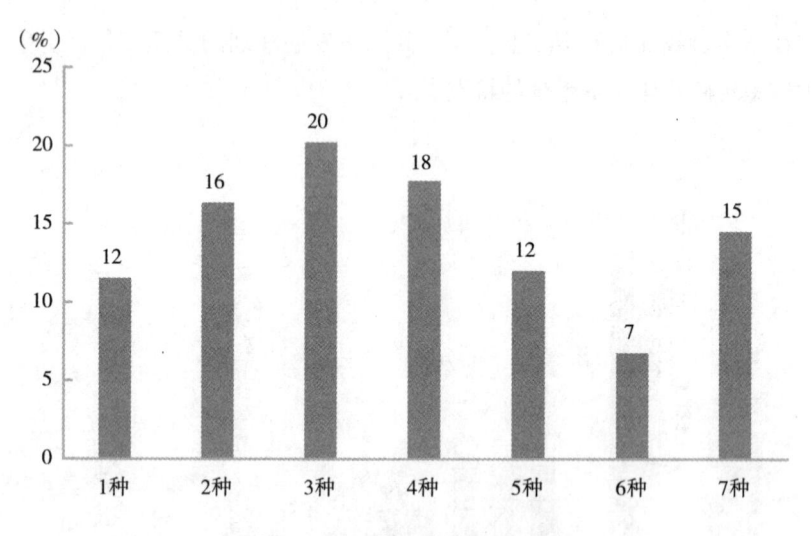

图 14　生涯教育内容丰富性

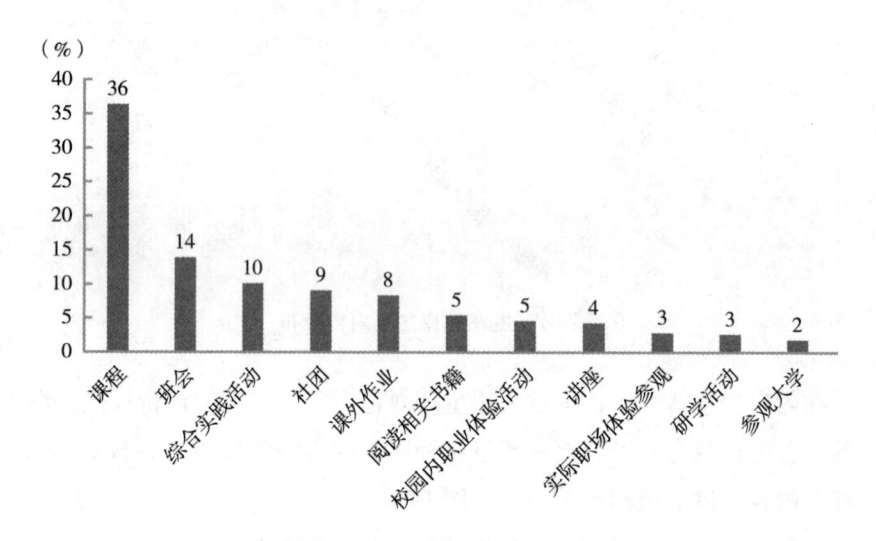

图 15　生涯教育主要开展形式分布

样本学校中，49%仅提供了1—2种生涯教育形式；20%提升了3种教育形式；仅31%的学校提供3种以上教育形式，如图16所示。

体验式学习在实际的生涯教育活动中的应用广泛，大部分学校的生涯教育活动中都运用到了体验式学习的内容，但根据学校的具体条件或教师水平，体验式学习的占比呈现出一定的差异，总体上占比较低，如图17所示。

在形式的丰富性上，提供的11种形式中，约70%的学校仅有3种及以下，能够保证丰富形式的学校较少，如图17所示。

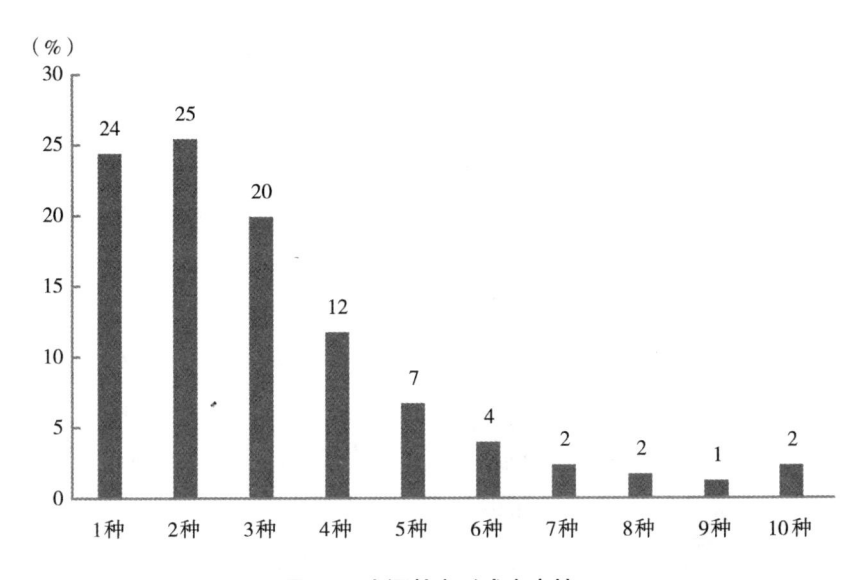

图16 生涯教育形式丰富性

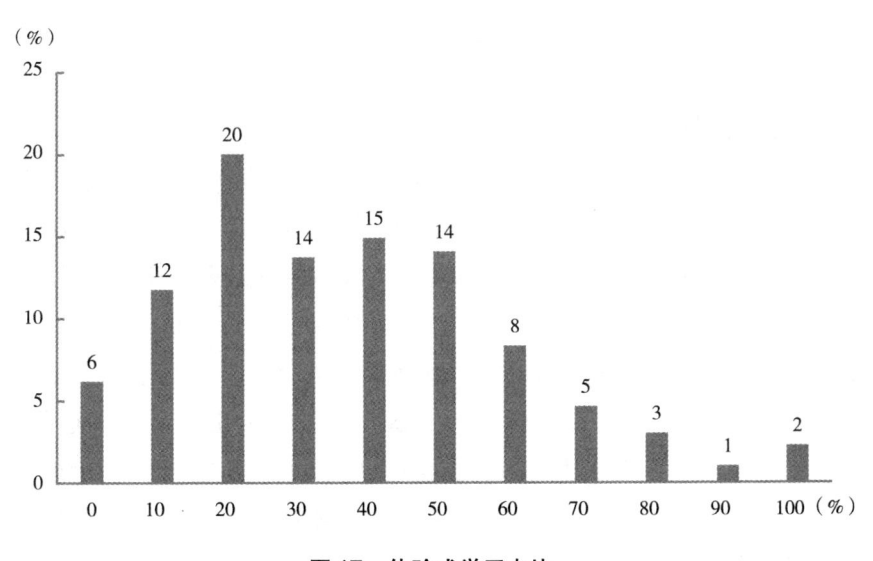

图17 体验式学习占比

（三）学生参与和评价

1. 学生参与

学生是否有效参与生涯教育活动极其重要。数据显示，超过90%的学生在参与态度自评上都表示自己认真参与了学校所提供的生涯教育活动，如图18所示。

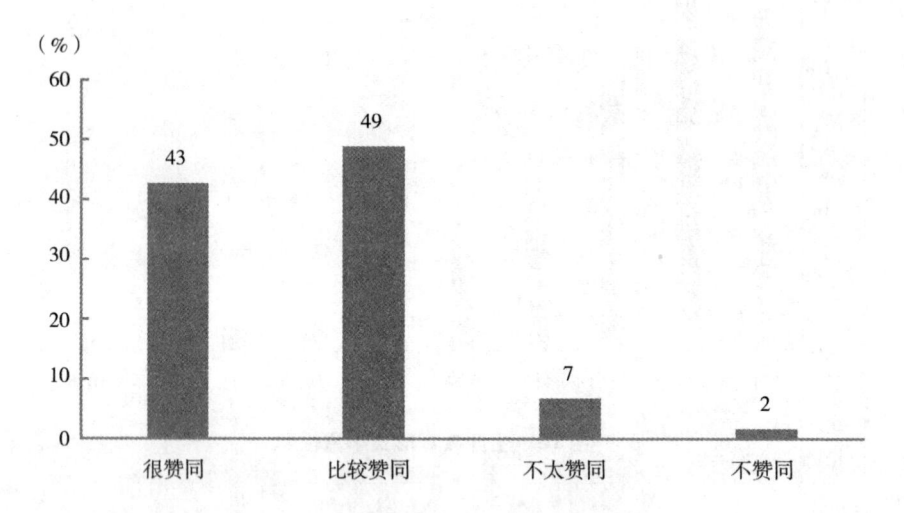

图18　学生认真参与学校生涯教育的评价

2. 学生评价

整体来看，学生对于生涯教育的作用认可度较高，在学校生涯教育整体作用、重视程度以及对个人发展目标作用的评价上，认可度超过了80%，如图19所示。具体来看，学生对生涯教育在涉及学生个性化发展，如价值观培养、自我兴趣/能力/特点探索以及公民责任认知培养的作用认可度较高（86%—89%），如图20所示；此外，在生涯教育对于学生学习的作用，如学业规划和学习意义认知上，学生也认可其积极作用，如图21所示；学生对于生涯教育在生涯决策方面，在实际行动策略与方法传授上的作用认可度略低于前述选项，如图22所示；学生对于生涯教育在公民德育方面，如了解作为公民和员工的责任与义务及不同行业的职业精神、素养和能力上的作用认可度较高，如图23所示。

	很赞同	比较赞同	不太赞同	不赞同
学校生涯教育对我非常有用	35%	47%	15%	4%
我们学校非常重视生涯教育	35%	50%	13%	3%

图19　生涯教育的整体效果与评价

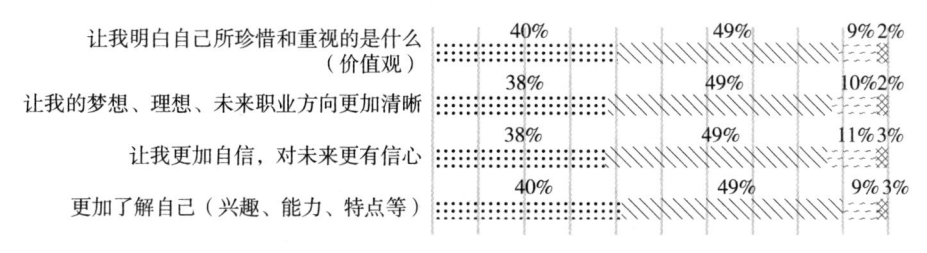

	很赞同	比较赞同	不太赞同	不赞同
让我明白自己所珍惜和重视的是什么（价值观）	40%	49%	9%	2%
让我的梦想、理想、未来职业方向更加清晰	38%	49%	10%	2%
让我更加自信，对未来更有信心	38%	49%	11%	3%
更加了解自己（兴趣、能力、特点等）	40%	49%	9%	3%

图20　生涯教育与个性化发展

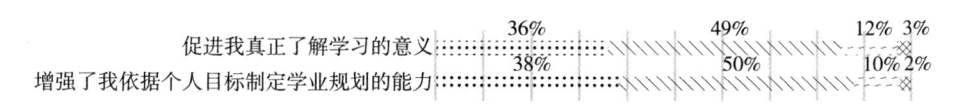

	很赞同	比较赞同	不太赞同	不赞同
促进我真正了解学习的意义	36%	49%	12%	3%
增强了我依据个人目标制定学业规划的能力	38%	50%	10%	2%

图21　生涯教育与学习发展

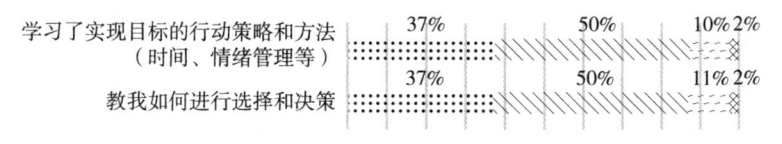

	很赞同	比较赞同	不太赞同	不赞同
学习了实现目标的行动策略和方法（时间、情绪管理等）	37%	50%	10%	2%
教我如何进行选择和决策	37%	50%	11%	2%

图22　生涯教育与生涯决策能力

| 使我更了解作为公民和员工的责任与义务 | 39% | 49% | 9% | 2% |
| 了解了不同行业的职业精神、素养和能力 | 38% | 50% | 9% | 2% |

·· 很赞同　╲ 比较赞同　- 不太赞同　⊗ 不赞同

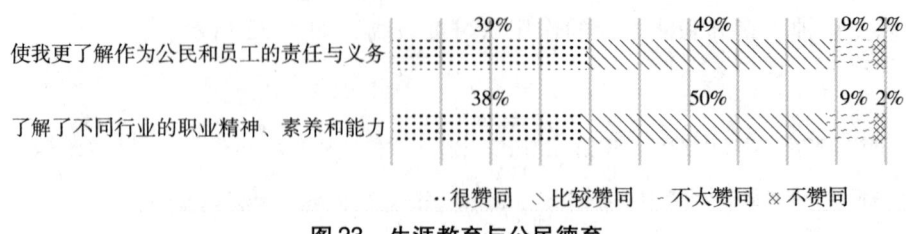

图 23　生涯教育与公民德育

综上所述，一方面，学生认可生涯教育的积极作用；另一方面，学校生涯教育在其质量上仍有着一定的提升空间。

（四）生涯教育与大学和专业满意度

接受过生涯教育的学生，会不会更多地进入理想大学和专业？会的！

如图 24 所示，在是否被理想大学录取的问题上，参加过生涯教育具有一定优势。在未被理想大学录取的群体中，参加过生涯教育与未参加过生涯教育的比例差为 10%。在被理想大学或超预期大学录取的群体中，该比例差达到了 16%。

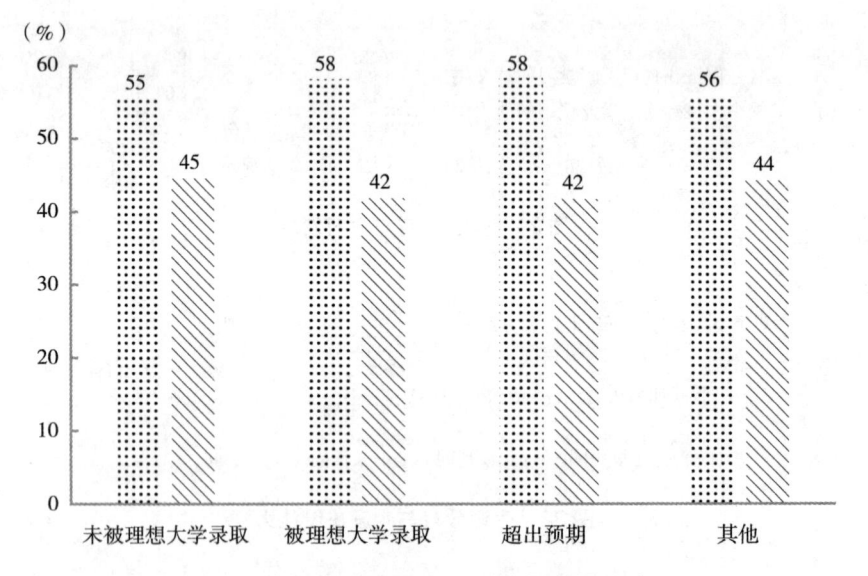

（%）

	未被理想大学录取	被理想大学录取	超出预期	其他
参加过生涯教育	55	58	58	56
未参加过生涯教育	45	42	42	44

::: 参加过生涯教育　╲ 未参加过生涯教育

图 24　是否被理想大学录取比例

从专业满意度来看,这种比例差异更明显。在没有进入理想专业并不喜欢被录取专业的群体中,以及不确定是否喜欢的群体中,参加过生涯教育与未参加过生涯教育的各占50%。而在"可以接受"或"喜欢"被录取专业的群体中,该比例差分别为16%和20%。

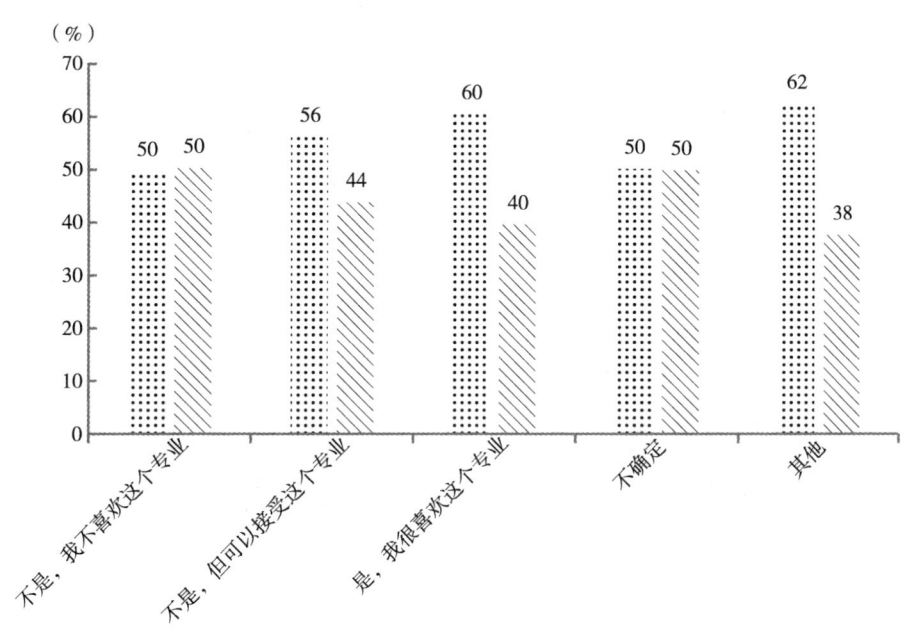

图 25　是否被理想专业录取比例

五　高中生涯教育成效

本节通过对生涯教育跟不同学生发展维度的回归分析,验证高中生涯教育有利于高中生学业发展和学业决策的假设。具体研究结果如下。

(一) 学校生涯教育对于学生学业发展的影响

研究首先针对生涯教育在学业发展上的作用进行了分析。学业发展相关的测量指标包括了标准化的高考成绩、学习投入以及学习负担三个维度。"标准成绩"指的是学生高考成绩的标准化换算结果，即学生实际得分与各个省份高考满分之比；"学习投入"与"学习负担"分别来源于问卷中"你高中的学习投入水平为"和"你对高中学习负担的感受为"两个题项，选项分别为学习投入的"少"——"多"以及学习负担的"重"——"轻"。

如图26所示，以"高中是否开展了生涯教育活动"为标准时，接受过生涯教育的学生在学习投入水平以及学习负担水平上的表现要普遍优于未开展生涯教育的学生，这表明生涯教育可能在促进学生积极学习、正确处理高中学习负担方面存在着积极的作用，但结果也可能受到高中类型等其他因素的影响。

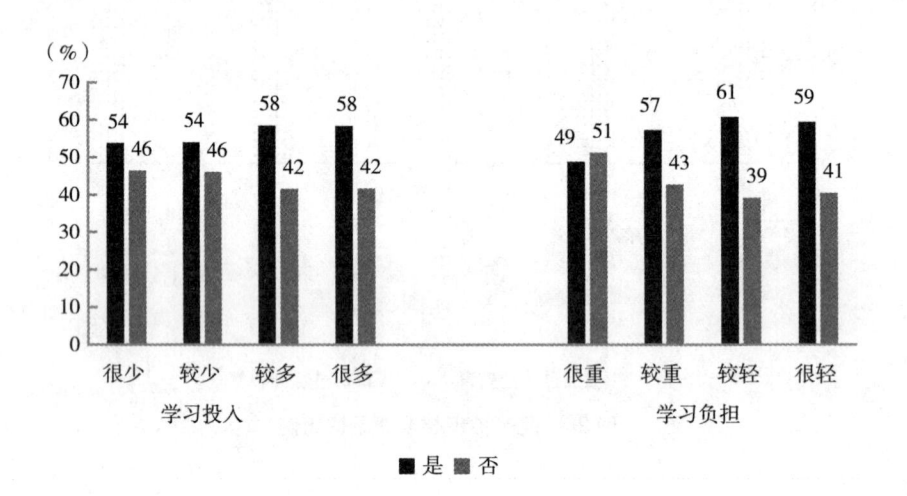

图26　是否开展生涯教育与学习投入和学习负担关系

更进一步，研究通过 Pearson 相关系数检验来分析生涯教育与学生学业发展的相关性发现，生涯教育跟学生的标准成绩（$r=0.091$）、学习投入水平（$r=0.036$）以及学习负担水平（$r=0.059$）在 0.01 的水平上均存在显著的相关性。

为了排除其他因素的干扰，本节通过控制其他可能对学生学业发展产生影响的因素，建立回归方程来进一步验证生涯教育是否对学生的学业发展有影响。其中，主要控制变量包括性别、户口类型、是否独生子女、家庭教养方式、父母受教育程度、父母职业、高中类型、师生关系、学习投入（针对标准成绩与学习负担）、校外生涯、课外辅导等因素。回归结果如表1所示。

表1　　　　生涯教育与学生学业发展的回归分析结果

变量	标准成绩	学习投入 Odds Ratio	学习投入 回归系数	学习负担 Odds Ratio	学习负担 回归系数
生涯教育（否=0）	0.008 ***	0.969	-0.031	1.163	0.151 ***
男性（女=0）	0.017 ***	0.843	-0.170 ***	1.035	0.034
城市户口（农村=0）	0.007 ***	0.948	-0.053	1.257	0.228 ***
独生子女（否=0）	0.004 **	0.944	-0.058	1.073	0.070
家庭教养方式	-0.003 *	1.421	0.351 ***	1.112	0.106 ***
父母至少一方受过高等教育（均未=0）	0.014 ***	1.210	0.191 ***	1.067	0.065
技术岗（基层岗=0）	0.008 ***	1.020	0.020	0.922	-0.082
管理岗（基层岗=0）	0.009 ***	1.191	0.175 ***	0.914	-0.090
县级重点以上（县级重点及以下=0）	0.033 ***	1.160	0.149 ***	1.182	0.167 ***
学习投入水平	0.035 ***	—	—	0.477	-0.740 ***
师生关系	0.005 ***	1.481	0.393 ***	1.336	0.290 ***
接受校外辅导（否=0）	-0.011 ***	0.978	-0.022	0.767	-0.265 ***
购买校外生涯教育（未购买=0）	-0.012 ***	0.944	-0.058	1.001	0.001
常数项	0.598 ***	—	—	—	—
样本量	10250	11646	11646	11646	11646
R^2	0.133	0.028	0.028	0.034	0.034

注：*** $p<0.001$，** $p<0.05$，* $p<0.01$。

回归结果显示，在控制了相关因素后，接受生涯教育对于学生的标准成绩与学习负担存在着显著的正向影响，而跟学生的学习投入水平没有显著相关。未接受生涯教育的学生在学习成绩上的表现更差，这一定程度上证明了生涯教育对学生的学业成绩的积极作用。

究其原因，可能是因为生涯教育的内容涉及学生自我性格、规划能力、未来志向等维度的探索，这对于学生产生学习内驱力、合理安排高中学业、避免承受过度学业负担有一定的帮助。因此，生涯教育对于缓解学生的学习压力、帮助学生更科学合理地应对高中繁重的学业任务、以更好的心态面对高中的学习有着重要作用。

总的来说，统计描述的对比结果、相关性检验结果以及最终的回归分析结果，均逐步验证了生涯教育对学生学业发展的作用。生涯教育有利于学生提高学业成绩、减轻学业负担的作用得到了验证。

（二）学校生涯教育对于学生生涯决策的影响

与学业发展类似，研究针对学生生涯发展维度，选择了信息掌握程度以及是否达成志愿填报目标作为测量指标。

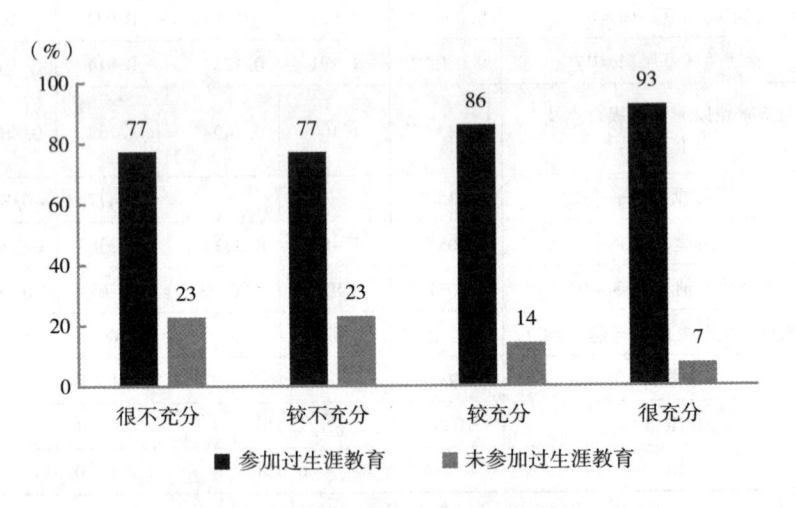

信息掌握程度	参加过生涯教育	未参加过生涯教育
很不充分	77	23
较不充分	77	23
较充分	86	14
很充分	93	7

图 27　生涯教育与信息掌握程度关系

从图 27 中可以看出，生涯教育在学生的生涯决策信息补充上起到了非常重要的作用。在信息掌握较为充分的两个选项中，接受过生涯教育的学生占到了约 86% 以上。在信息掌握不够充分的两个选项中,接受过生涯教育的学生也占到了更多数,但比例差相对较小。

为进一步验证生涯教育的积极作用,研究同样进行了 Person 相关性检验。根据检验结果,生涯教育跟学生的信息掌握程度在 0.01 水平上存在显著相关（$r=0.123$）,而与志愿目标达成相关不显著。为了排除其他因素的干扰,研究对学生的生涯发展进行了同样的处理,并进行回归分析。回归结果如表 2 所示。

表 2 　　生涯教育与学生生涯决策的回归分析结果

变量	信息掌握 Odds Ratio	信息掌握 回归系数	志愿目标
生涯教育（否=0）	1.791	0.583***	-0.023
男性（女=0）	1.202	0.184**	0.096**
城市户口（农村=0）	1.127	0.120	0.189***
独生子女（否=0）	1.229	0.206**	0.178***
家庭教养方式	1.524	0.422***	0.192***
父母至少一方受过高等教育（均未=0）	0.972	-0.029	0.048
技术岗（基层岗=0）	1.262	0.233**	0.029
管理岗（基层岗=0）	1.121	0.114	0.038
县级重点以上（县级重点及以下=0）	1.055	0.053	-0.135***
学习投入水平	1.497	0.404***	0.052*
师生关系	1.444	0.367***	0.162***
接受校外辅导（否=0）	0.856	-0.156*	-0.108***
购买校外生涯教育（未购买=0）	0.968	-0.033	0.138***
常数项	—	—	-1.762***
样本量	2567		11646
R^2	0.053		0.016

注：*** $p<0.001$, ** $p<0.05$, * $p<0.01$。

回归结果表明,在控制了相关影响因素后,生涯教育对于学生决策信息的掌握程度起到了显著的积极作用，而跟学生的志愿满意度之间不存在显著的相关性。这一结果证明，生涯教育对学生获得充分的决策信息有着十分重要的作用。对高中生而言，随着新高考改革的推进，选科选考和大学志愿填报两个步骤都至关重要，而生涯教育在这两个环节中又扮演着重要角色。在选科选考过程中，生涯教育通过评估学生的个性特点与优势，在充分尊重学生个性化发展的前提下补充学科组合信息，帮助学生最优化学科组合，以获得更好的发展；在大学志愿填报上，生涯教育对大学、专业及未来就业等方面的信息进行补充，使得学生的决策更加科学合理，也更加精准有效。

志愿满意度结果反而不显著可能与影响它的核心因素有关，对于学生来说，大学的选择、专业的选择区间一方面受到自身学习投入和最终成绩的影响，另一方面还受到当年的招生规模、招生政策等社会环境影响；另外，个人的志趣、家庭的辅助抉择等都会对学生的最终决策产生影响，背后的影响机制更加复杂。

总体来看，生涯教育对于学生发展有着重要意义。一方面，生涯教育对学生的学业发展起着积极的促进作用，它有利于提高学生的学习成绩，同时帮助学生缓解学习压力；另一方面，生涯教育对于学生的未来生涯发展意义重大，它通过为学生提供丰富的决策信息，帮助学生更好地进行事关未来的规划决策。

六　微观组织形式对学校生涯教育质量的影响

在证明了生涯教育起显著作用的前提下，本节进一步从生涯教育在高中学校的微观组织形式出发，探索什么样的生涯教育是真正有效的、高质量的生涯教育。

本节首先对测量生涯教育质量的核心变量进行描述统计，以了解高中毕业生在生涯教育质量上的整体情况。第一，为了解学生的整体收获，本节选取了学生对学校提供生涯教育的自评，其题项为"学校提供的生涯教育对我的帮助很大",有"低""中""高"三个维度;第二,选取了学生在高考后志愿填报指导上的满意度,将满意度区分为"不满意"和"满意"两个结果;第三,根据对生涯发展能力评价的文献整理,生成了个人生涯能力指标得分,其得分为十项具体能力(见表3)加总后的平均值,作为衡量生涯教育质量的指标。

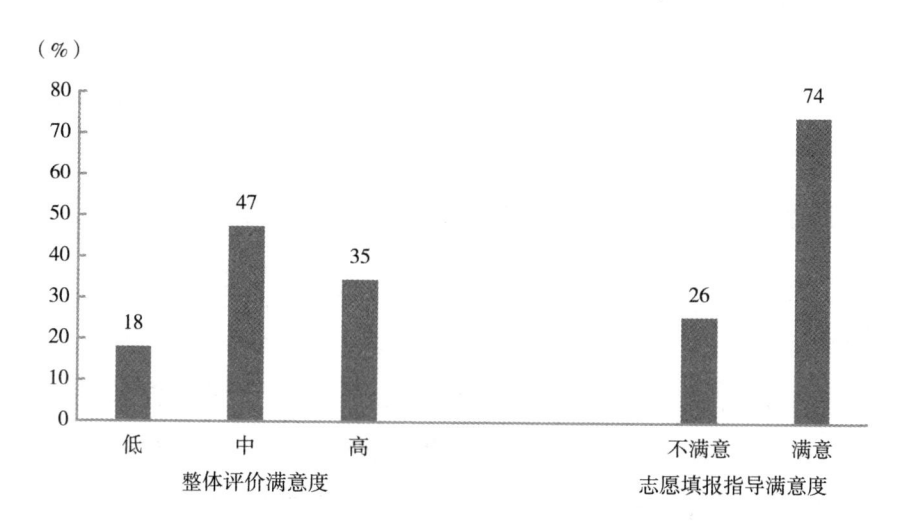

图28 学校生涯教育整体评价与志愿填报指导满意度分布

如图28所示,对于学校提供的生涯教育活动,学生整体表现出认可的态度,仅有18%的学生不满意;而对于学校提供的志愿填报指导,有26%的学生不满意。从学生生涯发展能力各个维度的得分来看,学生整体上认为生涯教育对自身的核心能力起到了积极的作用,在满分为4分的测评中,各个维度的平均得分均在3分以上(见表3)。

表3　学校生涯教育对于个人生涯能力发展帮助自评均值得分

变量名	M	SD
1. 促进我真正了解学习的意义	3.181	0.754
2. 更加了解自己(兴趣、能力、特点等)	3.263	0.721

续表

变量名	M	SD
3. 让我更加自信，对未来更有信心	3.215	0.739
4. 让我明白自己所珍惜和重视的是什么（价值观）	3.268	0.718
5. 让我的梦想、理想、未来职业方向更加清晰	3.233	0.727
6. 了解了不同行业的职业精神、素养和能力	3.237	0.718
7. 学习了实现目标的行动策略和方法（时间、情绪管理等）	3.223	0.725
8. 增强了我依据个人目标制定学业规划的能力	3.237	0.721
9. 教我如何进行选择和决策	3.212	0.729
10. 使我更了解作为公民和员工的责任与义务	3.256	0.717

在自变量的选择中，根据校园生涯教育微观组织形式的主体差异性，区分了学校主体因素和学生主体因素两个维度，进行分层回归以观察其效果。学校主体因素中主要包括生涯教育的课时频率、内容丰富度、形式丰富度、是否有专门的机构、教师的类型（是否有专门的生涯教师、是否有班主任参与）以及体验式活动在生涯教育过程中的占比情况等；学生主体因素则主要包括学生对生涯教育的了解情况、对生涯教育必要性的认可程度以及在学校生涯教育活动中的参与度等。

控制变量将性别、户口类型、是否独生子女、父母受教育程度、父亲职业、高中类型、师生关系、学习投入、校外生涯等因素纳入考察。

（一）生涯教育微观组织形式对整体效果自评的影响

在分析生涯教育的具体组织形式对整体效果的影响时，以学生对生涯教育效果的整体评价（是否有帮助）为因变量。

回归模型在控制变量的基础上依次引入学校生涯教育微观组织形式以及学生生涯教育自主参与两个维度，共计得到三层模型结果。分析结果如表4所示。

表4　学校生涯教育微观组织形式与整体评价关系的回归结果

分层	自变量	整体评价					
		模型1		模型2		模型3	
		Odds Ratio	回归系数	Odds Ratio	回归系数	Odds Ratio	回归系数
第一层	男性（女性=0）	1.083	0.080	1.101	0.096*	1.358	0.306***
	城市户口（农村=0）	1.012	0.012	1.010	0.010	1.084	0.080
	独生子女（否=0）	1.231	0.208***	1.194	0.178***	0.984	-0.016
	父母至少一方受过高等教育（均未=0）	0.842	-0.172**	0.808	-0.213***	0.773	-0.258***
	父亲管理岗/技术岗（基层岗=0）	1.036	0.036	1.024	0.024	1.013	0.013
	县级重点以上（县级重点及其他=0）	0.884	-0.123**	0.828	-0.189***	0.771	-0.260***
	师生关系	2.990	1.095***	2.510	0.920***	1.513	0.414***
	学习投入	1.233	0.210***	1.189	0.173***	1.007	0.006
	购买校外生涯服务（未购买=0）	1.553	0.440***	1.340	0.292***	1.431	0.358***
第二层	课时频率	—	—	1.084	0.081***	1.102	0.097***
	教育内容丰富度			1.095	0.091***	1.035	0.034*
	教育形式多样性			1.104	0.099***	1.076	0.074***
	设置生涯机构（没有=0）			1.401	0.337***	1.157	0.146**
	班主任（未参与=0）			1.483	0.394***	1.579	0.457***
	生涯教师（没有=0）			1.054	0.053	1.066	0.064
	体验式活动			1.292	0.256***	1.281	0.248***
第三层	学生参与	—	—	—	—	12.990	2.564***
	了解程度					1.142	0.133*
	认可程度					2.447	0.895***
	cut1	—	2.516***	—	4.249***	—	12.614***
	cut2	—	4.996***	—	7.005***	—	16.714***
	R^2	0.089		0.160		0.396	
	样本量	6646		6645		6645	

注：*** $p<0.001$，** $p<0.05$，* $p<0.01$。

在只有控制变量的模型 1 中，R^2 为 0.089，表示所有的控制变量能够解释生涯教育整体评价 8.9% 的差异。

在学校层面的控制因素中，师生关系、学习投入均对生涯教育整体评价有着显著的正向影响，也就是说，师生关系越融洽，沟通越积极频繁，学生对生涯教育的整体满意程度就越高；学生学习投入越高，对生涯教育质量的认可程度也就越高。这跟目前的高中教育特点一致，学生对课程或活动的评价往往与其跟相应授课教师的亲密度以及对课程的投入程度有关。

校外生涯教育服务也能提高学生对于学校生涯教育活动的评价，这可能与校外生涯教育服务的特点有关。校外生涯教育往往针对特定学生或特定需要，在更加有限的时间内努力完成特定目标，因此其内容的丰富程度和趣味性有限，导致学生对于学校生涯教育的整体评价会更好。

与之相对的是，父母受教育程度和高中类型对于生涯教育的整体评价有着显著的负向影响，即父母受教育程度越高，高中越优质，学生对学校生涯教育的认可程度反而越低。这种结果可能与生涯教育在我国的普及率及其本身特点相关，对于父母受教育程度较高家庭的学生或重点高中的学生来说，他们对于生涯教育的熟悉和了解程度更高。一方面，占据资源优势的家庭的学生可能在家庭中已经接受了更充分、更优质的生涯指导，其中高学历的父母在这方面的作用十分突出；另一方面，重点高中的学生接触更多的生涯教育资源，因而对于生涯教育质量的判断能力和判断标准可能会与普通高中的学生有着一定的区别。因此学校生涯教育，尤其是重点学校的生涯教育实践往往面临着更大的挑战——他们需要充分调动学校资源以满足生涯教育要求上限更高的学生的要求。

在模型 2 中，研究引入了生涯教育的微观组织形式，R^2 为 0.160，也就是说，新加入的学校生涯教育微观组织形式变量解释了约 7% 的因变量的差异。其中，生涯教育的课时频率、内容、形式等与整体评价显著正相关。生涯教育的课时越多，每个学生能够接受到的生涯教育内容越丰富，所参与的生涯教育实践形式越多元，生涯教育对学生个人发展的作用越高。这一结果与研究假设保持一致，也与正常的教育活动规律保持一致。

学校内生涯教育机构的设立也十分重要，有专门的生涯教育机构的学校学生对于生涯教育的整体评价优于没有这一机构的学校学生。针对生涯教育的开展情况，学校需要关注众多要素。一方面，集体教育与个体教育相结合的方式十分重要，学生在生涯指导上涉及较为隐私的话题，需要特定的时间空间来进行交流；另一方面，部分生涯教育的教具和教学空间也有着特殊的要求，如针对学生焦虑症/压力过大而设置的沙包，针对学生动手能力的模拟沙盘或培养协作创新能力的活动空间等。

体验式生涯教育活动的作用在回归方程中得到展现。体验式活动越充分，学生对于生涯教育活动的整体评价也越好。这可能与"做中学"的教学方式特点有关，学生通过观察、思考并实践反思的方式参与生涯教育活动时，能更直观也更真切地感受到自我与生活的联结、与他人的联结、与职业和社会的联结，从而获得更好的个人发展。

在教师类型中，班主任参与的生涯教育效果要更好，而专门的生涯教育老师则与学生对于生涯教育的评价没有显著相关性。对比生涯教育的开展形式会发现，以班会的形式开展的学校占比较高，再加上高中班主任与学生关系的密切程度，这一结果符合常识。而专门的生涯教师作用有限的结果可能与生涯教师的本身的教学能力以及与学生熟悉程度相关，目前我国未形成系统的生涯教育培养和考核体系，教师质量参差不齐。另外，课时有限的专任生涯教师往往难以快速跟学生建立起高度亲密的关系。

对比模型2跟模型1的控制变量系数，在引入学校层面的变量后，父母受教育程度以及高中类型的回归系数所代表的负相关程度更加明显。这一方面表明，高学历家庭所能提供的生涯教育指导在跟学校所能提供的生涯教育对比后，会明显影响学校生涯教育对学生发展的作用；另一方面也表明，重点高中所提供的生涯教育并不绝对优于普通高中。

模型3进一步引入了学生层面的自变量，R^2上升到0.396，对比模型

2 提高了约 24% 的解释力，证明学生对于生涯教育的认知和参与会极大影响到学校生涯教育的实践效果。回归结果表明，学生越了解生涯教育、对生涯教育必要性的认可度越高、对学校教育活动的参与积极性越高，生涯教育对个人成长的帮助越大。这一结果意味着学校生涯教育的目标并不局限于选科选考和志愿填报等任务的完成，帮助学生转变观念态度、培养正确认识的意义更加重大。通过学校生涯教育的课程或活动，学生进一步了解了生涯教育，对其作用形成高度认可，提高参与的积极性，则学校生涯教育的价值发挥会更加充分有效。

在引入学生层面的变量后，父母受教育程度和高中类型的回归系数仍然显著且变大，这也进一步证明了上文对于学校生涯教育质量的分析。

（二）生涯教育微观组织形式对志愿填报指导满意度的影响

当针对学校的志愿填报指导活动时，微观组织形式的作用产生了明显的变化，回归结果如表 5 所示。

表 5　学校生涯教育具体组织形式与志愿填报满意度关系的回归结果

分层	自变量	志愿指导满意度 模型 1	模型 2	模型 3
		标准系数		
第一层	男性（女性 =0）	-0.124***	-0.115*	-0.105
	城市户口（农村 =0）	0.097*	0.072	0.052
	独生子女（否 =0）	0.216***	0.302***	0.261***
	父母至少一方受过高等教育（均未 =0）	-0.052	-0.051	-0.039
	父亲管理岗/技术岗（基层岗 =0）	0.042	0.049	0.037
	县级重点以上（县级重点及其他 =0）	0.029	-0.096	-0.094
	师生关系	0.585***	0.455***	0.405***
	学习投入	0.153***	0.207***	0.177***
	购买校外生涯服务（未购买 =0）	-0.109*	-0.259***	-0.289***

续表

| 分层 | 自变量 | 志愿指导满意度 |||
| | | 模型1 | 模型2 | 模型3 |
		标准系数		
第二层	课时频率	—	0.094 ***	0.084 ***
	教育内容丰富度	—	0.080 ***	0.065 ***
	教育形式多样性	—	0.030	0.021
	设置生涯机构（没有=0）	—	0.122 *	0.058
	班主任（未参与=0）	—	0.308 ***	0.282 ***
	生涯教师（没有=0）	—	0.138	0.116
	体验式活动	—	0.118 ***	0.098 ***
第三层	学生参与	—	—	0.303 ***
	了解程度	—	—	0.399 ***
	认可程度	—	—	-0.182 ***
	样本量	11552	6584	6584
	R^2	0.049	0.070	0.080

注：*** $p<0.001$，** $p<0.05$，* $p<0.01$。

模型1中，师生关系以及学习投入与志愿填报活动的满意度显著正相关，这证明师生关系的融洽以及高度的学习投入对于生涯教育活动的育人效果始终发挥着积极影响。

校外生涯服务的购买体验对于学校的志愿填报指导活动评价呈现出显著的负向影响，这表示购买了校外生涯服务的学生对学校的志愿填报指导活动是更不满意的。这与上文对于整体评价影响的解释相互印证，即校外所提供的高考志愿服务能发挥出一定的替代作用。

模型2的结果与整体评价的结果保持了相对的一致，充分的课时、更丰富的内容以及班主任的参与仍然发挥着显著的积极作用。此外，形式的多元在具体的志愿指导上没有发挥作用，意味着"临门一脚"的志愿填报需要更加高效和直观的手段。与模型1相比，校外生涯服务的影响变得更加明显，这可能使校外生涯服务更集中在高考志愿填报领域，与学校生涯教育存在差异性。

模型3进一步证实了学校生涯教育所存在的质量问题。尽管学生的参与度和了解程度对于学校志愿填报指导满意度的积极影响依然显著，但学生对于生涯教育必要性的认可却呈现出显著的负向影响。当学生越需要生涯教育，尤其是需要学校提供某项具体的生涯指导时，如果学校难以满足学生的需求，学生对生涯教育必要性的认可与对学校所提供的生涯教育满意度之间的冲突就会呈现出来。也就是说，尽管学校所提供的生涯教育指导依然发挥着一定的作用，学生的积极参与也仍然能够为其最终决策提供一定的帮助，但实际上其效果未能达到学生的预期。校外生涯服务影响的进一步负强化也间接证明了这一点。

（三）生涯教育微观组织形式对个人生涯能力自评的影响

为了进一步评价学校生涯教育的质量问题，研究以"美国生涯技术教育共同核心标准"为基础①，结合我国高中生涯教育现状，制作了符合我国生涯教育特点的生涯目标评价量表，通过学生自评，得到个人生涯能力得分。其回归结果如表6所示。

在引入控制变量的模型1中，R^2为0.215，表示这些变量具备21.5%的解释力。其中，为独生子女的学生、师生关系更融洽的学生、学习投入更高的学生以及购买过校外生涯服务的学生个人生涯能力得分更高。

---

① 付雪凌、石伟平：《美、澳、欧盟职业教育教师专业能力标准比较研究》，《比较教育研究》2010年第12期。

表6　学校生涯教育具体组织形式与生涯能力自评得分关系的回归结果

分层	自变量	个人生涯能力		
		模型1	模型2	模型3
		标准系数		
第一层	男性（女性=0）	0.015	0.022	0.054 ***
	城市户口（农村=0）	-0.015	-0.017	-0.005
	独生子女（否=0）	0.075 ***	0.062 ***	0.012
	父母至少一方受过高等教育（均未=0）	-0.051 **	-0.057 ***	-0.038 **
	父亲管理岗/技术岗（基层岗=0）	0.015	0.009	0.006
	县级重点以上（县级重点及其他=0）	-0.048 ***	-0.067 ***	-0.065 ***
	师生关系	0.385 ***	0.313 ***	0.160 ***
	学习投入	0.083 ***	0.067 ***	0.025 ***
	购买校外生涯服务（未购买=0）	0.123 ***	0.069 ***	0.054 ***
第二层	课时频率	—	0.035 ***	0.031 ***
	教育内容丰富度	—	0.034 ***	0.014 ***
	教育形式多样性	—	0.022 ***	0.012 ***
	设置生涯机构（没有=0）	—	0.098 ***	0.037 ***
	班主任（未参与=0）	—	0.096 ***	0.069 ***
	生涯教师（没有=0）	—	0.013	0.008
	体验式活动	—	0.062 ***	0.041 ***
第三层	学生参与	—	—	0.408 ***
	了解程度	—	—	0.069 ***
	认可程度	—	—	0.228 ***
	常数项	1.727 ***	1.281 ***	-0.020
	样本	6646	6645	6645
	R^2	0.215	0.318	0.564

注：*** $p<0.001$，** $p<0.05$，* $p<0.01$。

在模型2中，R^2变化为0.318，对比模型1提高了0.1，模型增加了10%的解释力，意味着高中学校的生涯教育实践对于提高学生的自我生涯能力评价起着重要作用。对比模型1中的控制变量回归系数，校外生涯服务的回归系数下降明显，而其他控制变量的系数变化较小，进一步说明学校生涯教育活动对于学生生涯能力的评价有着积极作用。同时，模型2的结果显示，学校生涯教育的课时越多，内容越丰富，形式越多元，学生的生涯能力自评得分就越高。另外，体验式活动的积极作用也再次得到证明，学生通过体验式的活动能够充分培养和锻炼自身的生涯能力。在教师类型上，专职生涯教师的作用仍然不显著，而班主任的积极作用显著。

模型3的R^2变化到0.564，较模型2提高了约0.25，也就是说解释力提高了25%。其中，学生对生涯教育的充分了解，对其必要性的高度认可以及对学校生涯活动的积极参与都起到了显著的积极影响。而对比系数变化发现，引入学生的主观态度后，学校生涯教育机构的积极作用明显下降，这证明即使学校生涯教育机构能够提供有效的帮助，也需要学生更加积极主动地去寻求帮助，被动等待学校生涯教育开展的效果是较差的。另外，性别因素在模型3中变得显著，男生比女生生涯能力自评更高，显示出在未来生涯教育中，需更多关注女生群体。

值得注意的是，父母受教育程度和高中类型在模型中呈现出显著的消极作用。在此项量表题目中，题项为"学校生涯教育对你的帮助体现在"，也就是说，父母受教育程度越高，学生对于学校生涯教育作用的评价越差。这与之前的结论保持了一致，不管是对学校生涯教育的整体评价，还是具体到志愿填报指导，抑或是涉及核心的生涯能力评价，学校生涯教育的作用显然都未能达到部分父母为高学历的高中生的预期。另外，高中类型对于个人核心生涯能力评价也呈现出负向作用。这其中的原因除对高中学校的生涯教育质量存疑外，可能也和具体的高中类型有关，并非高中学校越好，其生涯教育开展得就越好。越是重点高中，有可能其教育重心更倾向于升学率的保持和突破，导致对生涯教育的重视程度越低；反而是部分"中间层"的高中，他们在升学率上受到了生源质量和师资力量的限制，因此在探索学生多元发展、全面发展的生涯教育上表现更优。

综合来看，要想真正发挥高中生涯教育的效果，既需要从学校层面，保证充分的课时、丰富的内容、多元的形式同时创造专门的空间，加强班主任的生涯教育意识与能力；又需要从学生角度出发，综合考虑学生对生涯教育的认知和认可程度，提高学生参与的积极性。在此基础上，学校才有希望做到既保证生涯教育的集体教育效果，又满足部分学生的个性化的需求，实现真正的有质量的生涯教育。

七 高中学习经历

（一）高中经历整体情况

1. 教育增值

本节根据学生高一入学时的成绩排名（所在高中全年级）和高考前的成绩排名（所在高中全年级），构建了高中教育增值变量。调查发现，在高中三年，39%的学生成绩基本没变，35%的学生成绩有进步，26%的学生成绩退步。

2. 教学方式

如图29所示，在教学方式方面，86%的学生认为老师经常采取传统型教学方式（老师上课时以讲解课本/讲义/题目方式为主），76%的学生认为老师经常采取建构型教学方式（老师在上课中注重互动、提问、回答、讨论）。相对而言，高中阶段传统型教学方式更为普遍。

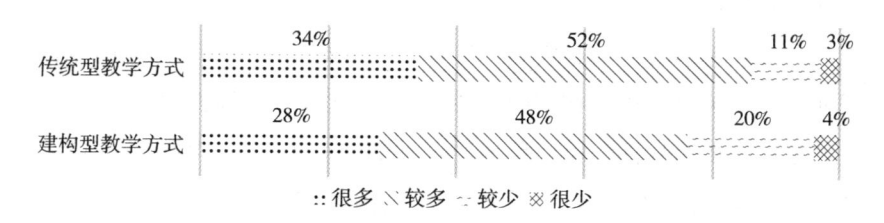

	很多	较多	较少	很少
传统型教学方式	34%	52%	11%	3%
建构型教学方式	28%	48%	20%	4%

图29 传统型教学方式与建构型教学方式情况

3. 师生互动

如图 30 所示，在师生互动方面，80%的学生认为老师与自己的情感互动很多/较多，老师在学习和生活中会给予自己很多鼓励和交流。

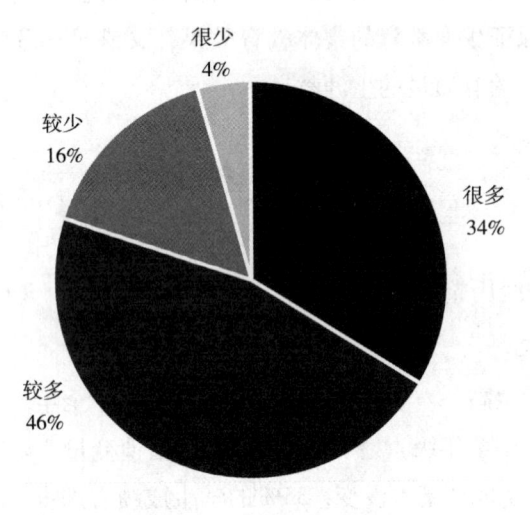

图 30 师生情感互动情况

通过进一步差异性检验发现，是否参加新高考和高中师生情感互动情况存在显著性相关（$p=0.000$），即参加新高考的学生与教师进行情感互动的频次更高，如图 31 所示。

4. 学生学习

（1）学业负担

在调查样本中，11%的学生认为自己在高中阶段的学习负担非常重，64%的学生认为学习负担比较重，仅有 25%的学生认为高中学习负担比较轻或非常轻。可以看出，在高中阶段学生的学业压力普遍较大。

通过进一步差异性检验发现，是否参加新高考和高中学习负担情况不存在显著相关（$p=0.708$），即无论是否参加新高考，学生学习负担都普遍较重，如图 32 所示。

（2）学习投入

根据调查，71%的学生认为自己在高中阶段的学习投入水平非常高或

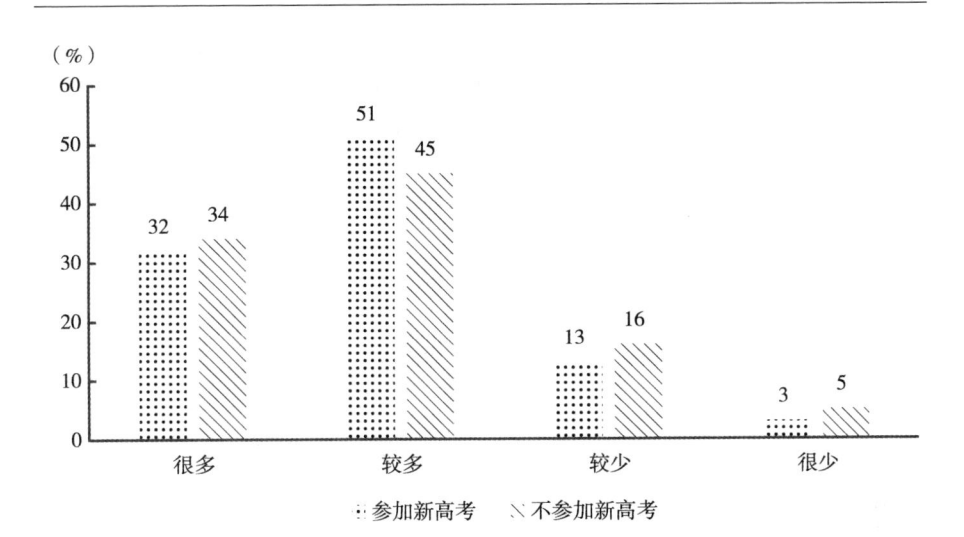

图 31　师生情感互动与新高考的差异分析

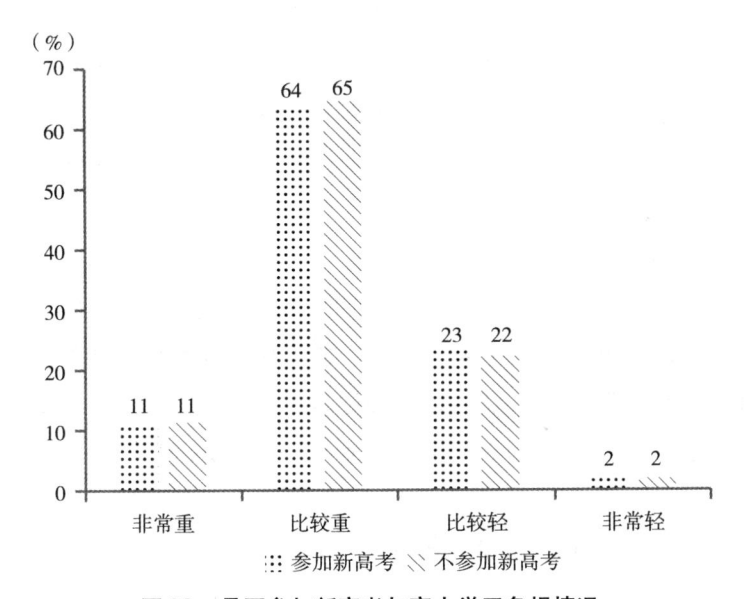

图 32　是否参加新高考与高中学习负担情况

较高，与高中学习负担的占比情况大致相符，如图 33 所示。

（3）时间分配

如图 34 所示，从高三期间学生的时间安排中可以看出，高三期间学生

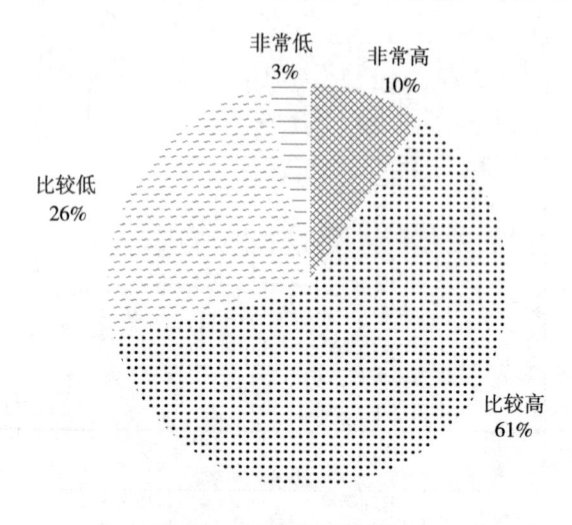

图 33　高中学习投入情况

每天有 45% 的时间用在课堂学习（含线上学习），平均每个学生每天投入 10.85 小时；有 17% 的时间用在课外自主学习，平均每个学生每天投入 4.11 小时，课堂内外平均投入时间共计 14.96 小时。睡眠时间（含午睡）平均每天 7.39 小时，体育锻炼时间平均每天 1.66 小时。数据表明，高三期间学生学业压力较大。[①]

5. 课外辅导

如图 35 所示，在课外辅导方面，约一半的学生在高中期间并没有参加课外辅导，占比 56%，也有 44% 的同学在高中期间参加了课外辅导。在参加了课外辅导的学生中，报名数学辅导班的人数占比最大，其次是物理、英语、化学。总体上看，除英语课外辅导需求量较高以外，呈现出课外辅导理科多文科少的特征。

如图 36 所示，在参加课外辅导的 5168 名学生中，83% 的学生每周参加课外辅导的时长在 5 小时以内，11% 的学生在 6—10 小时，也有 3% 的学生每周课外辅导时长达到了 20 小时以上。关于课外辅导时长，40% 的学生每周花费 2 小时参加课外辅导；平均每个学生每周投入在课外辅导上的

[①] 筛选了睡眠时间小于 4 和大于 15 的样本后，剩余 10810 个样本。

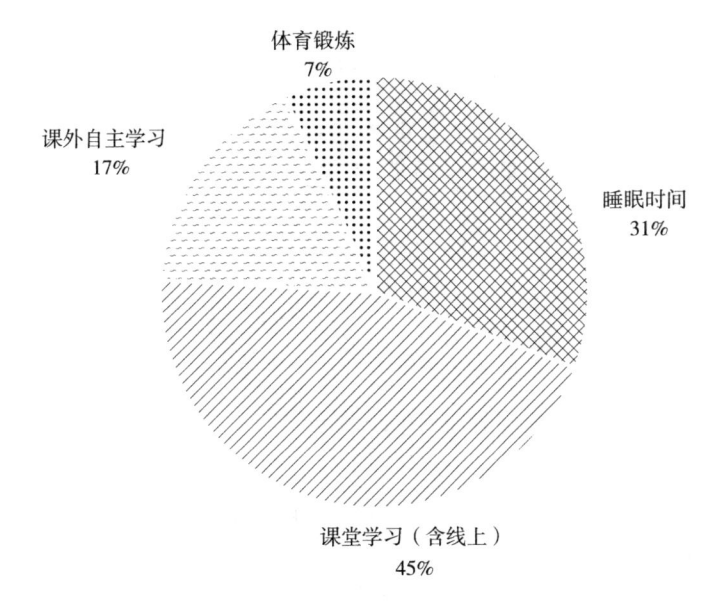

图 34　高三期间学生的时间安排

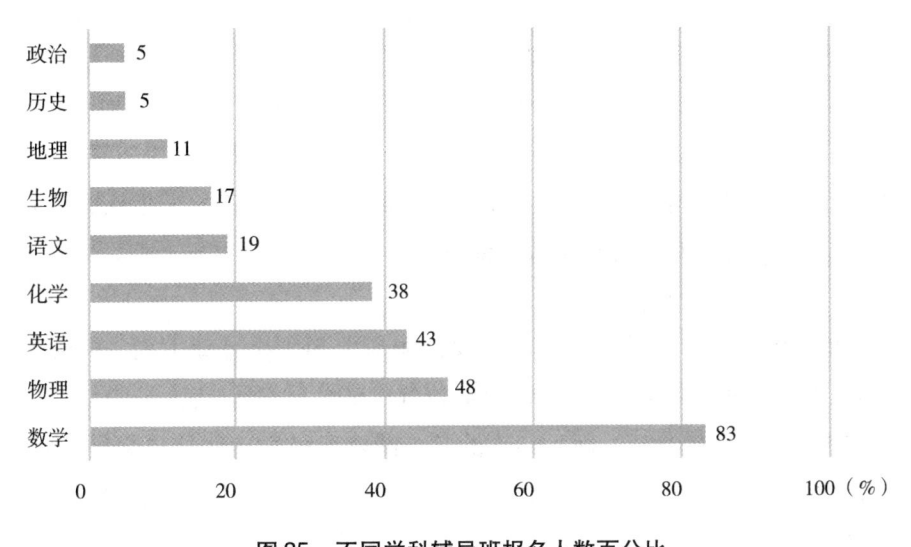

图 35　不同学科辅导班报名人数百分比

时间为 3.46 小时，标准差为 2.707，说明学生在参加课外辅导时长方面的差距较小，分布较均匀。

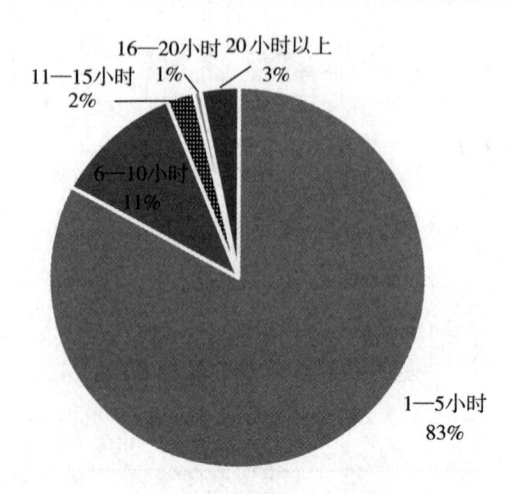

图 36　课外辅导时长情况

通过进一步差异性检验发现，参加新高考的学生高中阶段课外辅导时长显著更低（$F=9.393$，$p=0.002$）。在参加课外辅导的5168名学生中，不参加新高考的学生平均每周课外辅导时间为3.53小时，参加新高考的学生平均每周课外辅导时间为3.28小时。

如图37所示，在参加课外辅导的学生中，10%的学生认为参加课外辅导对提升高考成绩非常有帮助，54%的学生认为比较有帮助；但也有21%的学生认为课外辅导对高考成绩的提升比较没帮助，5%的学生认为课外辅导完全没帮助，10%的学生认为说不清。

6. 疫情期间学习表现

如图38所示，疫情期间学习表现，在师生和生生互动方面，62%的学生认为疫情期间在线师生互动效果较好，60%的学生认为与同学互动效果较好；在课堂参与方面，63%的学生能够积极主动地参与课堂活动，也有55%的学生认为自己经常会在课堂中开小差；在学习投入方面，58%的学生认为自己能够在课后投入很多时间自主学习。可以看到，疫情期间学生的学习效果总体较好，但也存在课堂注意力不集中、课后自主学习不足等问题。

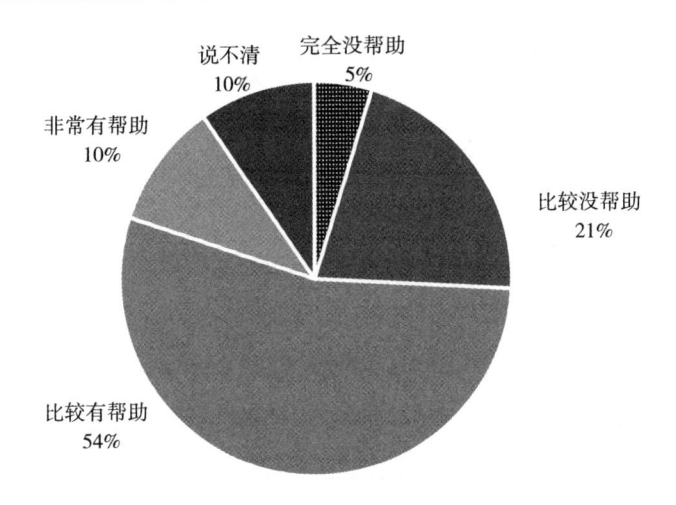

图 37　课外辅导是否有帮助

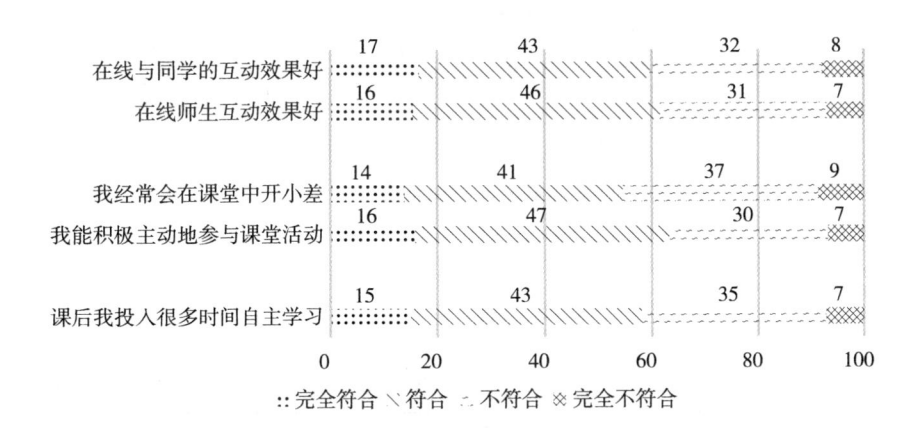

图 38　疫情期间学生学习表现情况

八　新高考改革现状[①]

（一）高考类型基本情况

在整体样本分布中，参加新高考的学生共 2730 名，占比 23%，参加

[①]　此部分数据来源于新高考改革地区。

传统高考的学生共 9308 名，占比 77%。

在新高考省份中，上海、天津的样本数量过少，山东、北京、海南、浙江的样本数量较多，如图 39 所示。

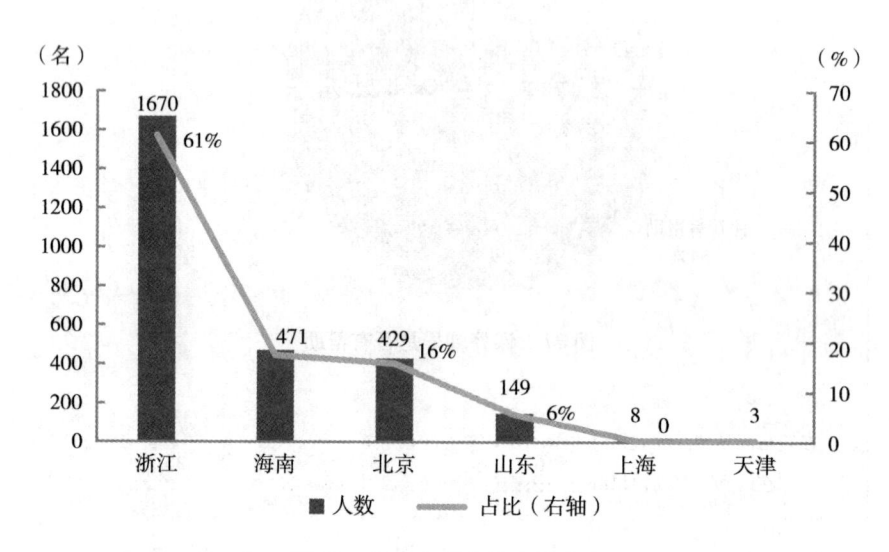

图 39　新高考样本的省份分布

（二）选科选考

1. 等级考试科目组合

如图 40 所示，在浙江省"7 选 3"模式下，政史地（15%）、物化生（14%）这两种传统文理组合是最主要的选考组合，其次选考技物化、化生地、化生政、技化生、技政史的也比较多，剩余组合人数较少（占比太小的科目组合未在图中展示）。

而其他省份施行的"6 选 3"模式中，物化生（15%）、物化地（13%）成为选择人数最多的科目组合，而政史地（9%）这类传统文科组合排到第三位，其次选考物史地、物化史、化生史的学生也比较多，占比前 8 的科目组合中，物化生这三门传统理科学科更受青睐，如图 41 所示。

2. 等级考试科目组合的选择原因

个人的兴趣（81%）、个人的优势学科（62%）、可选择的大学专业更

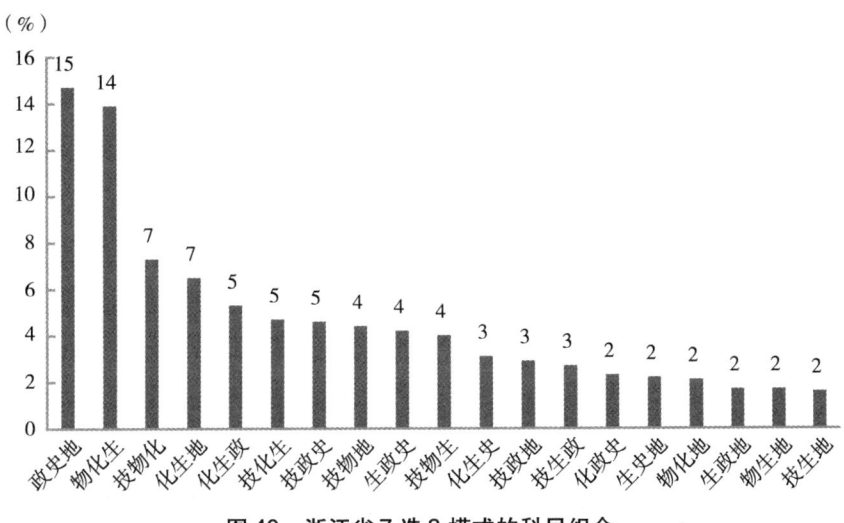

图 40 浙江省 7 选 3 模式的科目组合

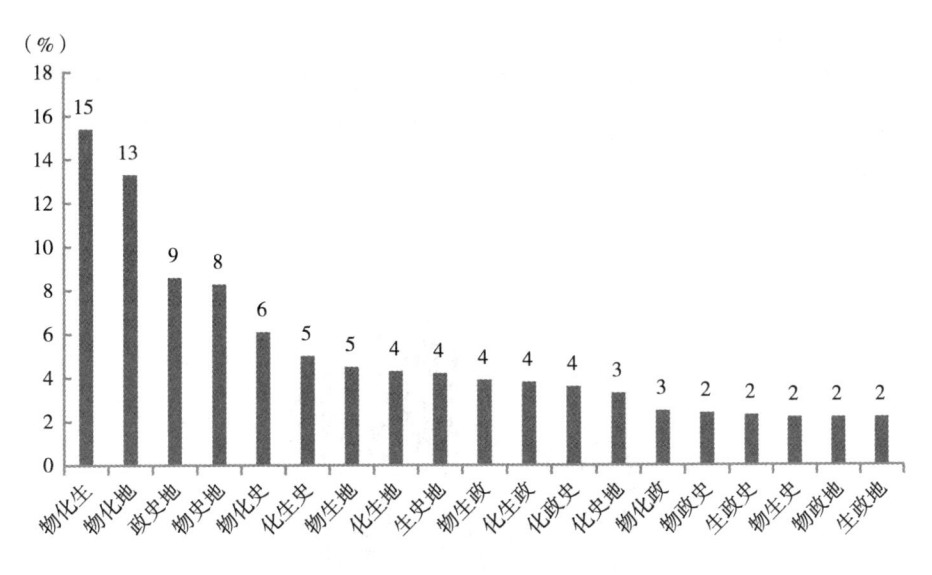

图 41 其他省份 6 选 3 模式的科目组合

多（25%）是学生在选择等级考科目时的主要原因，而避开竞争对手容易得高分、所在高中的选科套餐限制对学生选择等级考科目时影响很小，如图 42 所示。

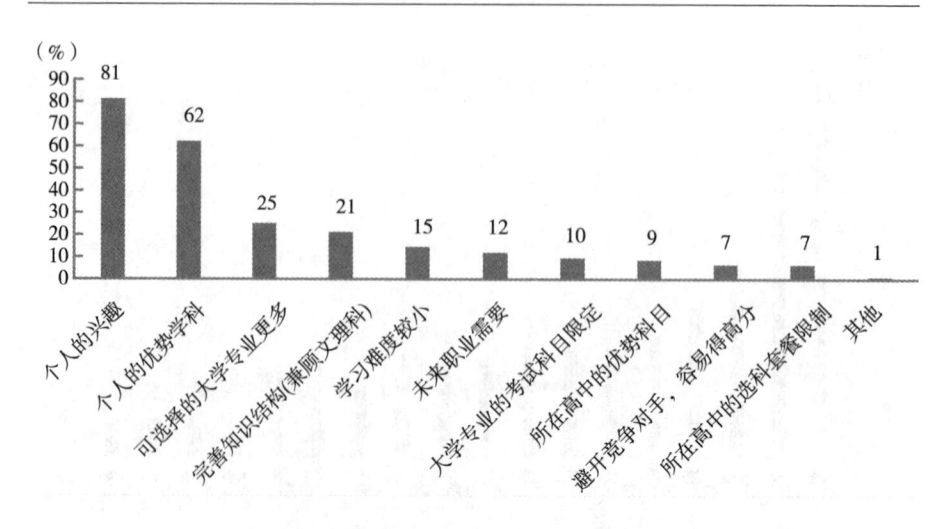

图 42 等级考科目组合的选择原因

3. 等级考制度是否有利于突出特长

有82%的学生认为选考制度有利于突出自身特长，有18%的学生不认同选考制度有利于突出自身特长，学生对选考制度的满意度整体较高，如图43所示。

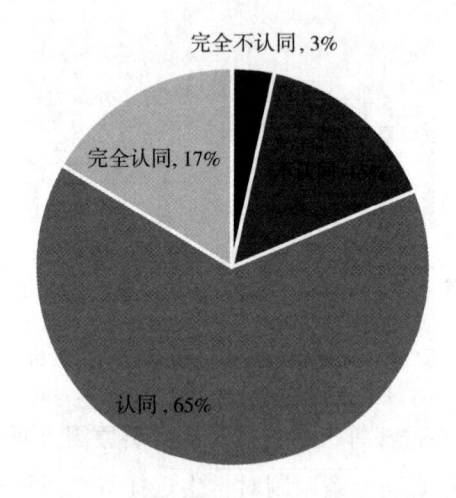

图 43 等级考制度是否有利于突出特长的评价

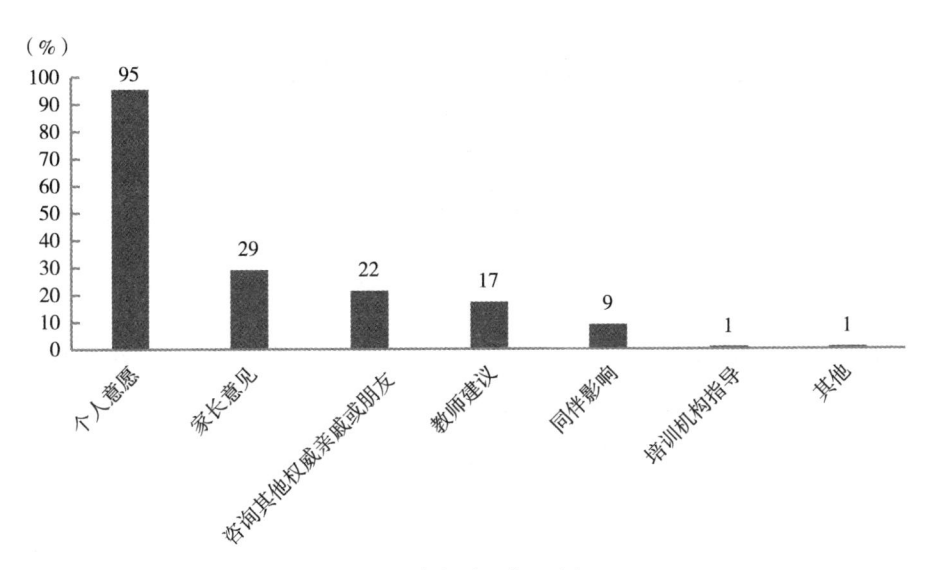

4. 选考科目意见来源

学生选考科目意见来源的多选中，主要还是来自个人意愿（95%），其次是家长意见（29%），也有部分受到亲戚朋友、老师、同学意见的影响，来自培训机构指导的占比非常小（1%），如图44所示。

图44　选考科目意见来源

5. 选科指导满意度

有81%的学生对高中选科指导持非常满意和比较满意的态度，可以看出，学生对高中选科指导的满意度整体较高，有15%的学生对学校选科指导比较不满意，有4%的学生对学校选科指导非常不满意。

6. 确定选考科目的时间

61%的同学在高一下学期确定选考科目，15%的同学在高一上学期确定，13%的同学在高二上学期确定，可以看出，绝大多数同学在高一及高二上确定选考科目，剩余极小部分同学在高中入学前和高二上学期之后确定选考科目，如图45所示。

7. 做出选科决定时掌握信息的充分程度

在做出选科决定时，62%的学生觉得掌握信息比较充分，8%的学生

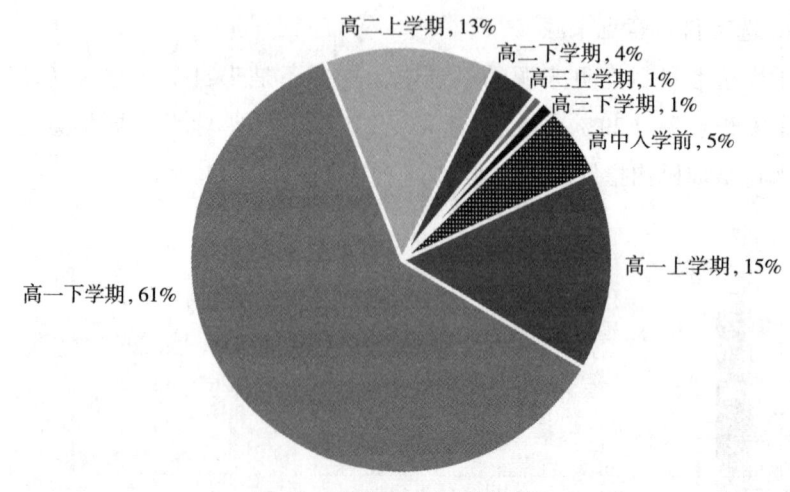

图 45　确定选考科目的时间

觉得掌握信息非常充分，25%的学生觉得比较不充分，5%的学生觉得非常不充分。可以看出，70%的学生做出选科决定时掌握的信息是相对充分的，但也有30%的学生在做出选科决定时信息掌握相对不足。

（三）英语听力考试

有37%的学生只参加了1次英语考试，有63%的学生参加了两次英语考试。其中，只参加1次英语听力考试的学生有47%是对第一次考试成果较为满意（第一次发挥超常或正常），有33%的学生是出于其他原因（其中最主要的原因有两个：一是高考政策只考一次英语听力考试，比如海南省；二是学校及老师的要求），15%的学生是为其他学科省出时间，有5%的学生认为考试压力太大而不参加第二次考试。

参加两次英语听力考试的主要原因（91%）是学生希望多次尝试来实现分数最大化，借助第二次考试来提高最终成绩，7%的学生参加两次考试是从众行为，2%为其他原因，如图46所示。

（四）对考试时间和分数折算的满意度评价

1. 对本省份等级考科目考试组织时间的满意度

如图47所示，有83%的学生赞同或完全赞同本省份等级考科目的考试组织时间安排是合理的，有17%的学生不赞同或完全不赞同本省份等级考科目的考试组织时间安排是合理的，学生对本省份等级考科目的考试组织时间的整体满意度比较高。

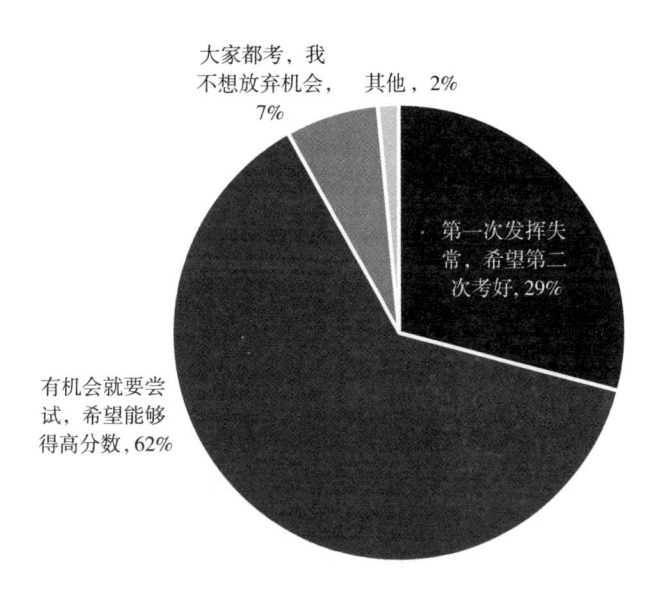

图 46　参加两次英语听力考试的最主要原因

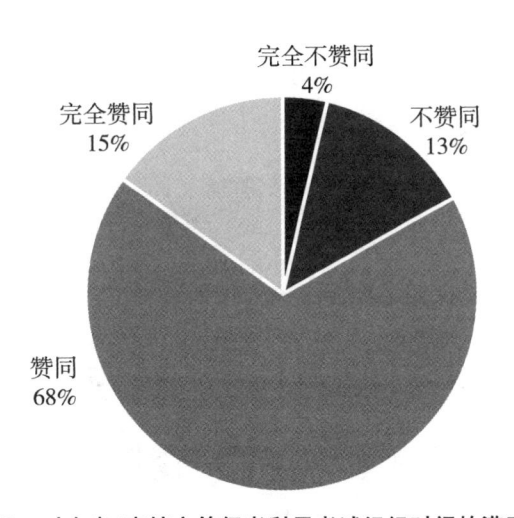

图 47　对本省/直辖市等级考科目考试组织时间的满意度

2. 等级考科目的分数折算方式的满意度

对等级考科目的分数折算方式的满意度，学生群体之间的差异较大。70%的学生认为等级考分数折算方式比原始分更能反映真实水平，而30%的学生不这样认为；57%的学生认为等级考分数折算方式不利于提升高考位，而43%的学生则不这样认为；66%的学生认为等级考分数折算方式降低了分数的区分度，而34%的学生不这么认为，如图48所示。

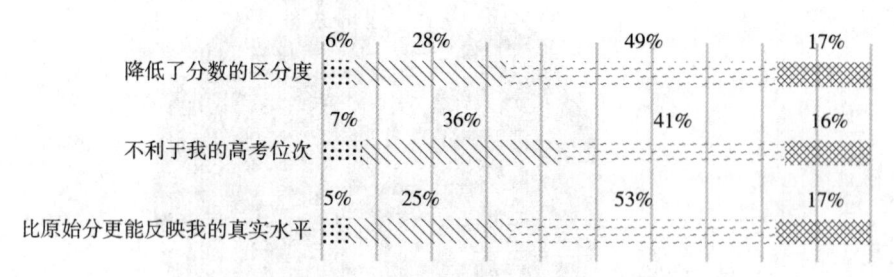

图48　等级考科目分数折算方式的满意度

（五）走班制

1. 走班制参加比例

新高考样本中，参加过走班的学生占58%，没有参加过走班的学生占42%，如图49所示。

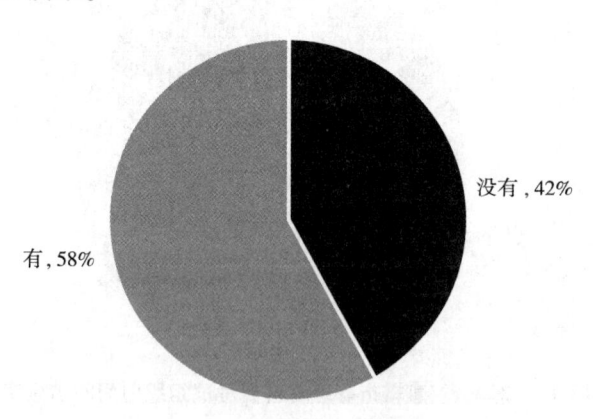

图49　是否参加了走班制

2. 走班制的科目比例

走班科目中，语数外走班数是最少的，只占4%，其他七个选考科目都有不同比例的学生走班，如图50所示；在走班科目的数量上，有50%的学生只走班一个科目，有5%的学生要参与两个科目的走班，有34%的学生要参与三个科目的走班。

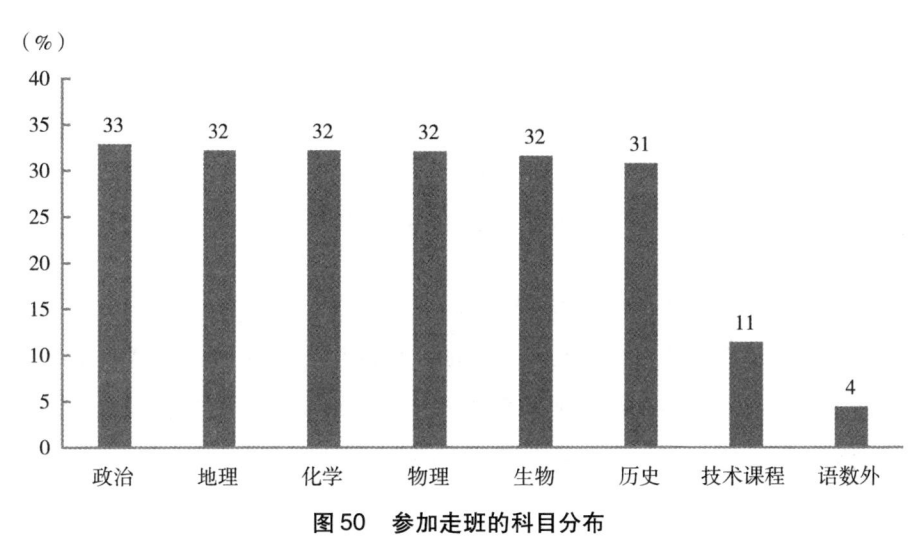

(%)

政治	地理	化学	物理	生物	历史	技术课程	语数外
33	32	32	32	32	31	11	4

图50 参加走班的科目分布

3. 走班制评价

学生对走班制的满意度整体较高，有86%的学生认为走班制满足了自身的个性化学习需求，有80%的学生认为行政班与走班并行的模式很合适自己，如图51所示。

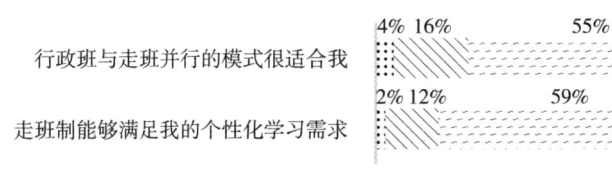

	完全不符合	不符合	符合	完全符合
行政班与走班并行的模式很适合我	4%	16%	55%	25%
走班制能够满足我的个性化学习需求	2%	12%	59%	27%

图51 走班制的评价

而预想中走班制容易出现的一些问题在现实中的确存在,但并不突出;有26%的学生遇到问题不知道找哪位老师,有35%的学生缺乏集体归属感,有16%的学生有过不请假就旷课的经历,如图52所示。

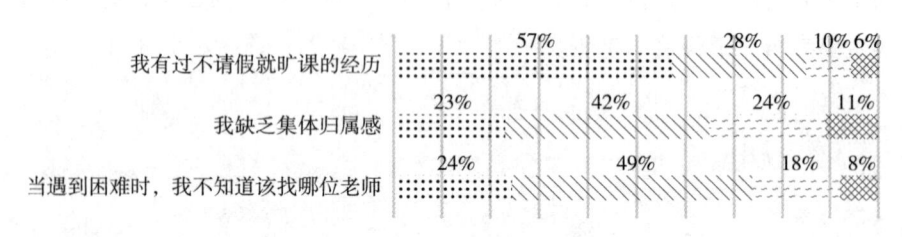

	完全不符合	不符合	符合	完全符合
我有过不请假就旷课的经历	57%	28%	10%	6%
我缺乏集体归属感	23%	42%	24%	11%
当遇到困难时,我不知道该找哪位老师	24%	49%	18%	8%

图52 走班制存在的问题

(六) 学生对综合素质评价的满意度

学生对综合素质评价的整体满意度比较高,有87%的学生认为综合素质评价提升了对自身全面发展的重视程度,有84%的学生认为综合素质评价能够客观反映自身情况,有85%的学生认为高中为自己的综合素质评价提供了充分的指导帮助,如图53所示。

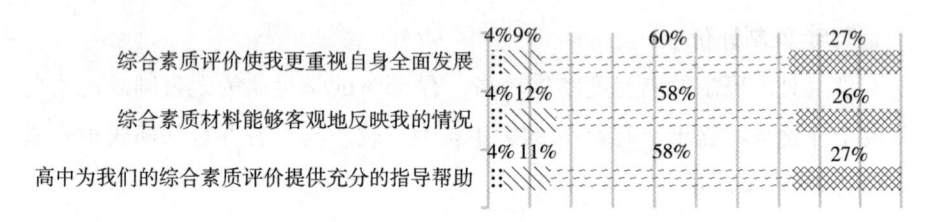

	完全不符合	不符合	符合	完全符合
综合素质评价使我更重视自身全面发展	4%	9%	60%	27%
综合素质材料能够客观地反映我的情况	4%	12%	58%	26%
高中为我们的综合素质评价提供充分的指导帮助	4%	11%	58%	27%

图53 综合素质评价的满意度

(七) 学生对新高考改革的总体评价

如图54所示,有79%的学生对本省份的新高考改革是满意的,满意度整体而言比较高;但在新高考的不同作用上,学生的满意度则不尽相同。学生对新高考的公平性、促进学生自主性发展这两方面较为认可，有74%的学生认为新高考改革是公平公正的，有80%的学生认为新高考改革能够促进学生的自主性发展。但在新高考改革能够促进学生德智体美劳全面发展，改变"分数至上"，以及避免"一考定终身"这几点上，学生的认可度并不太高。有90%的学生认为新高考改革并未改变"分数至上"，有34%的学生认为新高考改革并不能避免"一考定终身"，有37%的学生认为新高考改革并不能促进学生德智体美劳全面发展。

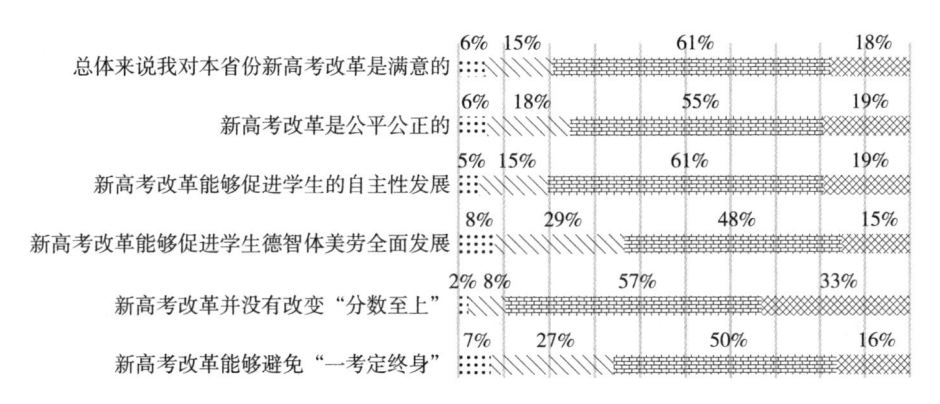

项目	完全不符合	不符合	符合	完全符合
总体来说我对本省份新高考改革是满意的	6%	15%	61%	18%
新高考改革是公平公正的	6%	18%	55%	19%
新高考改革能够促进学生的自主性发展	5%	15%	61%	19%
新高考改革能够促进学生德智体美劳全面发展	8%	29%	48%	15%
新高考改革并没有改变"分数至上"	2%	8%	57%	33%
新高考改革能够避免"一考定终身"	7%	27%	50%	16%

图 54　学生对新高考改革的总体评价

九　高考志愿填报

（一）学生录取情况

1. 学生参加保送情况

本调查对样本参加保送情况进行了调查，发现样本中仅有 98 名学生参加保送，占比 1%。无保送资格的学生占绝大多数（99%），随后此部分的分析将仅考虑参加高考、无保送资格的学生。

2. 高考录取方式

如图55所示，在学生高考录取方式上，仅参与高考的学生最多，占比88.3%；参加自主招生、综合评价与"三位一体""专项计划""特长生"的学生数量差不多，约占比3%；参加强基计划的学生仅占0.4%。

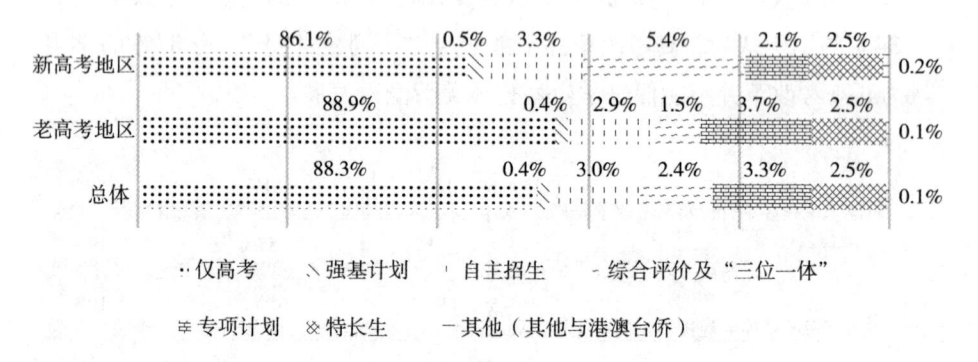

	仅高考	强基计划	自主招生	综合评价及"三位一体"	专项计划	特长生	其他
新高考地区	86.1%	0.5%	3.3%	5.4%	2.1%	2.5%	0.2%
老高考地区	88.9%	0.4%	2.9%	1.5%	3.7%	2.5%	0.1%
总体	88.3%	0.4%	3.0%	2.4%	3.3%	2.5%	0.1%

图55 学生高考录取方式分布

通过新、老高考地区的对比分析可以看到，新高考地区仅参与高考以及参加专项计划的学生比例有所下降，相应地，参加强基计划的学生比例比老高考地区略高，参加综合评价及"三位一体"的学生比例则远高于老高考地区。

（二）志愿填报情况

1. 学生对填报学校、专业的了解程度

如图56所示，在学生对填报学校与专业的了解程度方面，分别有27%和32%的学生不了解填报的学校、专业，57%和55%的学生了解填报的学校、专业，还有16%和13%的学生对填报的学校、专业有的了解、有的不了解。

在不同的高考政策下，对填报学校、专业的了解程度进行对比与相关分析，结果发现，学生对所填报的大学、专业的了解程度自评分数，无论是参加新高考或老高考的学生，均无显著差异。

	7%	25%	48%	7%	13%
填报专业					

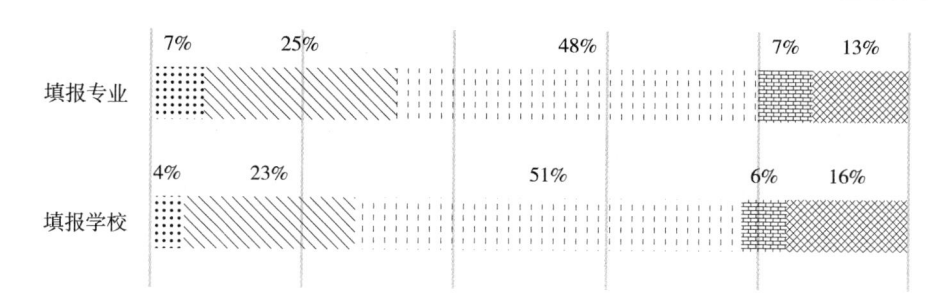

	4%	23%	51%	6%	16%
填报学校					

∷ 非常不了解　╲ 比较不了解　∥ 比较了解　☰ 非常了解　※ 有的了解，有的不了解

图 56　学生对所填报学校、专业的了解程度

2. 获取填报信息方式

如图 57 所示，在学生获取填报信息的方式上，选择自己查资料和咨询他人的学生占比最高，分别占 76% 和 61%；还有 31% 的学生会选择咨询高中老师；而选择咨询辅导机构的学生占比 11%，其中有 9% 的学生会付费咨询辅导机构，人均花费 3077 元。咨询大学老师、参与大学活动及其他方式的学生占比不到 10%。

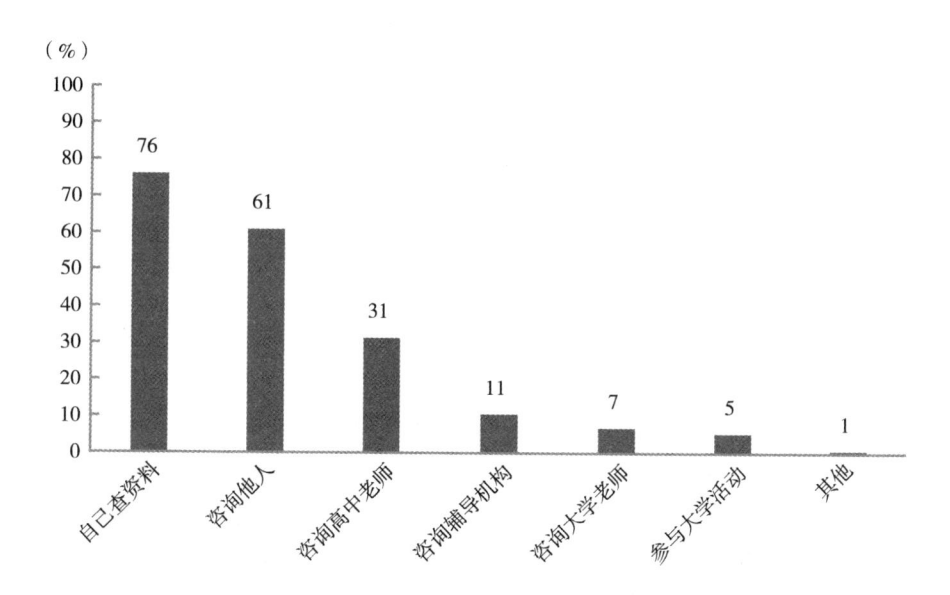

方式	比例(%)
自己查资料	76
咨询他人	61
咨询高中老师	31
咨询辅导机构	11
咨询大学老师	7
参与大学活动	5
其他	1

图 57　学生获取志愿填报信息的方式比例

在5%的显著性水平下，学生父亲受教育程度以及父母积极参与沟通会显著影响学生对各类填报信息获取的方式选择；而学生父亲岗位类型只会显著影响学生选择咨询他人、参与大学活动、咨询大学老师、咨询辅导机构的选择；学生自评家庭SES（社会经济地位）则会显著影响除辅导机构外的其他选择。

3. 学生填报志愿策略

如图58所示，在学生填报志愿策略上，综合考虑学校与专业，认为未来职业优先的学生，以及认为感兴趣的专业优先的学生占比最高，分别占52%和49%；36%的学生认为好学校优先；而认为热门专业优先的学生占比17%。

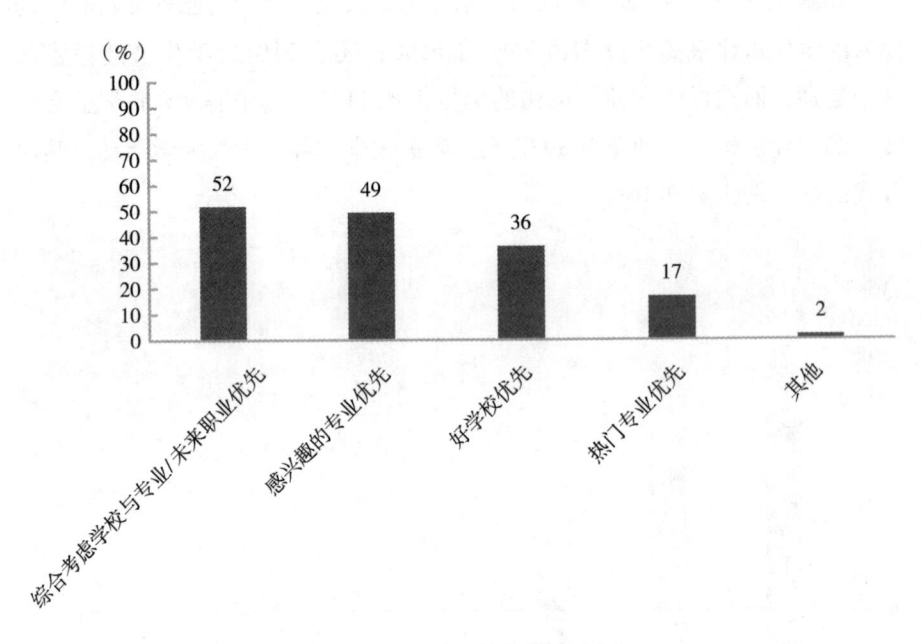

图58 学生志愿填报策略比例

4. 志愿分配比例

在学生填报志愿分配比例上，本调查将"未填写志愿"与"随机填写志愿"视为无策略志愿填报行为，而"上冲志愿""稳妥志愿""保底志愿"则视为有策略的志愿填报行为。45%的学生在填报志愿时有策略的比例更高，另有42%的学生填报志愿是完全有策略，两部分学生共占样本量的87%。而填报志愿的无策略的比例更高的学生有11%，完全无策略的学生仅占比1%，两者共占12%。另外还有1%的学生有策略与无策略比例相当。

5. 填报志愿策略的异质性分析

分析调查结果发现，在5%的显著性水平下，新、老高考地区学生志愿填报策略上存在显著差异，包括志愿填报侧重点和志愿比例分配。在新高考各省市之间，学生志愿填报策略也存在显著差异。

另外，学生自评家庭SES会显著影响学生志愿填报策略。学生父亲受教育程度在学生选择"感兴趣的专业优先"策略上没有差异，但在其他策略上有显著差异；父母积极参与沟通则相反，只在学生选择"感兴趣的专业优先"策略上存在显著差异。父亲岗位类型则会在学生选择"好学校优先"与"综合学校与专业、职业优先"策略上有显著差异。

（三）志愿填报的满意度

1. 中学提供指导的满意度

在学生对中学报考指导的满意度上，75%的学生满意，但也有25%的学生不满意，如图59所示。

2. 大学满意度与专业满意度

在学生对录取大学的满意度方面，55%的学生认为与他理想的大学相当，但也有37%的学生认为不是他理想的大学，另外还有5%的学生认为大学超出他的预期，3%选择其他。总体而言，约六成学生对录取高校整体满意。

在录取专业满意度方面，有46%的学生并未录取到希望专业但表示可以接受，有40%的学生录取到希望专业且表示喜欢，也有6%的学生未录取到希望专业且表示不喜欢录取专业，另外还有7%的学生表示还无法确定，1%选其他。

分析调查结果发现，在5%的显著性水平下，新、老高考地区学生在

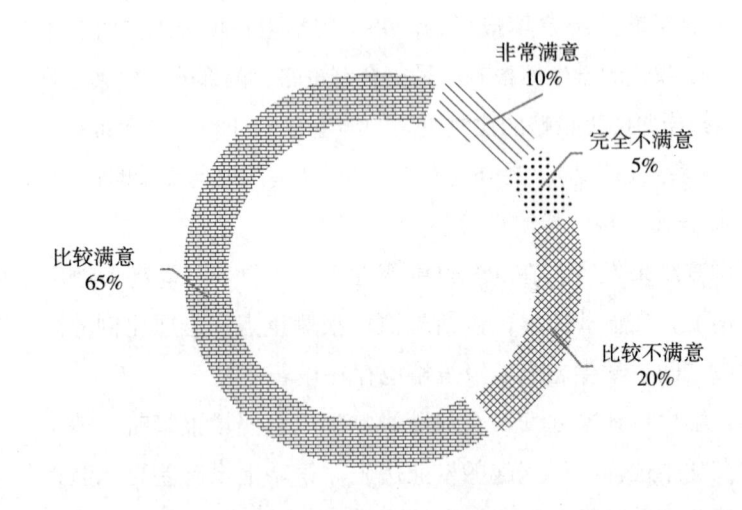

图 59 对中学报考指导的满意度占比

录取专业满意度上存在显著差异,其中老高考地区学生对录取专业的满意度为2.35,新高考地区则为2.42。另外,高考录取方式、对高校或专业的了解程度、志愿填报信息获取方式以及对中学指导的满意度都在录取高校及录取专业满意度上存在显著差异。在学生报考策略方面,选择"好学校优先"及"感兴趣的专业优先"的学生也在录取高校满意度及录取专业满意度上有显著差异,而选择"热门专业优先"的学生只在录取高校满意度上有显著差异。

(四)疫情及在线教学对学生高考的影响

关于疫情及疫情期间开展的在线教学对学生高考产生的影响,41%的学生表示疫情会对高考产生负面影响;9%的学生则认为疫情会对高考产生正面影响;剩余的50%则认为没有影响或是不确定。而对于在线教学,有48%的学生认为在线教学会对高考产生负面影响;10%的学生认为在线教学会对高考产生正面影响;而剩余的42%则认为没有影响或是不确定,如图60所示。

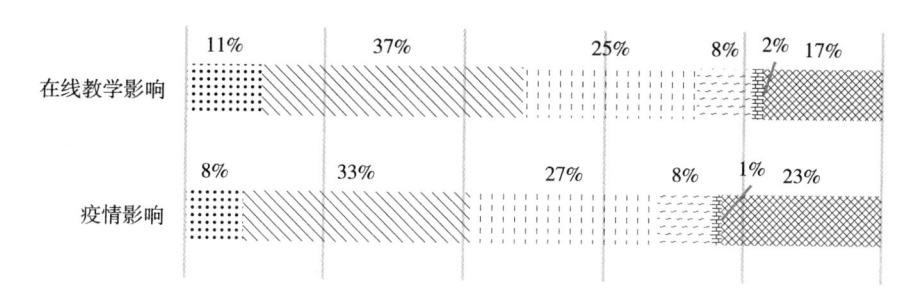

在线教学影响	11%	37%	25%	8%	2% 17%
疫情影响	8%	33%	27%	8%	1% 23%

⋮ 有很大的负面影响　　╲ 有比较大的负面影响　　▭ 没有影响
⁄ 有比较大的正面影响　　▨ 有很大的正面影响　　× 不确定

图 60　疫情和在线教学对学生高考的影响

将样本中选择"不确定"的个体剔除，再分别与家庭社会经济背景和父母积极参与教育沟通进行相关分析，发现在 10% 的显著性水平下，学生父亲受教育程度、父亲岗位类型、学生自评家庭 SES 以及父母积极参与沟通，都会显著影响学生关于疫情及在线教学对高考的影响评价。

十　主要结论

本章利用北京大学教育学院"2020 年全国高中学校生涯教育调查"数据，借助描述性统计、分层回归以及分样本回归分析等方法，总结分析了新高考改革实施、高考志愿填报的整体情况；生涯教育的开展现状、生涯教育与学生发展间的相关关系、生涯教育组织形式对其效果的影响；以及不同家庭社会经济地位的学生在生涯教育上的收获差异等问题，对高中学校生涯教育的整体作用及质量进行了探索。

（一）近八成的学生对新高考改革表示满意，但仍存在一些问题

在抽样的学生中，参加新高考改革的样本占比 23%。近 80% 的学生对本省份的新高考改革表示满意。在新高考改革的具体效果方面，74% 的学生认为新高考改革是公平、公正的，80% 的学生认为新高考改革能够促进学生的自主性发展。然而，90% 的学生认为新高考改革并未改变"分数至

上",34%的学生认为新高考改革并不能避免"一考定终身",此外也有37%的学生认为新高考改革并不能促进学生德智体美劳全面发展。同时,本章从选科选考、走班制实施等方面详细考察了新高考改革实施的情况,可以发现学生对选考制度、走班制的实施、综合素质评价实施等的满意度均较高,但同时也存在着学生缺乏纪律性和集体归属感,无法获得教师的及时有效帮助等问题。

1. 学生对选考制度的满意度整体较高,较多学生基于个人兴趣、优势学科、可选择更多大学专业而作出选考科目决策

通过分析可知,70%的学生认为等级考分数折算方式比原始分更能反映真实水平,83%的学生认为本省(直辖市)等级考科目考试的组织时间安排比较合理,81%的学生对高中选科指导持非常满意和比较满意的态度,82%的学生认为选考制度有利于突出自身特长,且70%的学生能够在掌握相对充分信息的情况下做出选科决定。因此,总体来看,调查样本中经历过新高考改革的高中生对选考制度实施的满意程度整体较高。

在具体等级考科目选择方面,我们发现个人兴趣(81%)、优势学科(62%)、可选择大学专业更多(25%)是学生在选择等级考科目时的主要原因。在浙江"7选3"的模式下,政史地(15%)、物化生(14%)是最主要的选考组合;而其他实施"6选3"模式的省份中,物化生(15%)、物化地(13%)是选择人数最多的科目组合。同时,新高考改革刚实施时出现物理、化学选考人数大幅下降的现象,随着第二轮新高考试点的推进而得到较大程度的缓解,物理和化学成为学生选择比例较高的科目。

考生在选择等级考科目时,主要是根据个人意愿进行选择,同时也会受到家长意见以及亲戚朋友、老师、同学意见的影响。这表明整体来看,实施选考制度后,高中生对学习和考试科目的自主选择权得到较大程度的实现,这些学生能够充分依据个人兴趣、学科特长、未来大学专业而进行选择。

2. 学生对走班教学的满意度整体较高,但也存在学生缺乏集体归属感、纪律性差、无法获得教师有针对性的帮助等问题

参加新高考改革的学生样本中,曾在高中阶段参加过走班的学生占58%。在走班科目数量上,50%的学生只参与过一门科目的走班,5%的学生参与了两门科目的走班,34%的学生参与了三门科目的走班。这些走班科目集中在物理、化学、生物等级性选考科目上。

在对走班教学效果的评价上,86%的新高考地区学生认为走班制满足了自身的个性化学习需要,80%的学生则认为行政班与走班并行的模式很适合自己。整体来看,学生对走班教学的满意度较高。但不可避免的是,走班教学的实施带来了不同程度的教学与管理混乱,16%的学生有过不请假就旷课的经历,26%的学生遇到问题不知道找哪位老师,35%的学生表示缺乏集体归属感。

3. 学生对综合素质评价的满意度整体较高

为了促进学生认识自我、规划人生、积极主动地发展,以及促进评价方式的改革,转变以考试成绩为唯一标准评价学生的做法,为高校招生录取提供重要参考,2014年我国颁布《关于加强和改进普通高中学生综合素质评价的意见》,在实施新高考改革的高中实施学生综合素质评价。根据新高考试点地区的政策安排,各个高中相继开展了高中生综合素质评价活动。

根据调查,87%的学生认为综合素质评价提升了对自身全面发展的重视程度,84%的学生认为综合素质评价能够客观反映自身情况,85%的学生认为高中为自己的综合素质评价提供了充分的指导帮助。总体来看,高中生对综合素质评价的满意程度较高。

(二) 多数学生在高考志愿填报指导与录取结果上的满意度较高,但存在部分学生并不了解填报高校和专业的问题

在调查样本中,88.3%的学生仅参与了高考统招录取;3.4%的学生参加了"强基计划"、综合评价、"三位一体"、"专项计划"、"特长生"等多元录取方式。关于考生对填报大学和专业的了解程度、学生填报志愿的策略、对中学提供志愿指导的满意度、对录取大学和专业的满意度的分析结论如下。

1. 考生通过多种途径获取志愿信息，但近三成的考生表示对填报的学校和专业不了解

调查的学生中，通过自己查询资料和咨询他人来获取填报志愿信息的学生占比分别达到76%和61%，31%的学生会选择咨询高中老师，11%的学生选择咨询辅导机构，此外，还有不到10%的学生会通过咨询大学老师、参与大学活动及其他方式来获取志愿信息。同时，不同的学生在填报高考志愿上的策略存在差异，52%的学生会综合考虑学校与专业，认为未来职业优先；49%会优先选择感兴趣的专业；36%的学生选择好学校优先；17%的学生则选择热门专业优先。通过不同形式的信息获取和志愿探索之后，57%和55%的学生反映他们了解填报的学校、专业，但27%和32%的学生并不了解填报的学校、专业，这意味着30%左右的考生是在不了解填报大学和专业的情况下填报高考志愿的。

2. 3/4的学生对中学提供的报考指导满意，约六成学生对录取高校表示满意，86%的学生对录取专业感到满意

在考生的高考成绩出分前后，一些高中学校会通过组织专题讲座、教师个别交流等方式，为高中毕业生的志愿填报提供一定的指导和支持。经调查，75%的学生对中学报考指导整体感到满意，但仍有20%的学生对高中提供的报考指导比较不满意。

在录取结果上，一方面，55%的考生认为录取的大学与他理想的大学相当，5%的学生认为大学超出他的预期，但也有37%的学生认为不是他理想的大学，总体来看，约六成学生对录取的高校表示满意。另一方面，40%的学生被意向专业录取且表示喜欢该专业，46%的学生尽管并未被意向专业录取但表示可以接受，6%的学生未录取并且明确表示不喜欢该专业。总体来看，多数学生对高考录取结果表示满意。

（三）半数以上的调查高中开设了生涯教育，学生的认可程度高、需求强烈；但仍存在形式单一、内容不合理等问题

从整体上来看，我国生涯教育的普及率已经过半，目前存在学校生涯

教育组织形式单一、组织安排和内容不够合理等问题，但学生生涯观念成长迅速，对生涯教育的认可和需求强烈。

1. 超过半数调查样本的高中开设了生涯教育

在新高考改革推进的省（市），开展生涯教育的学校比例为70%—90%；在未开展新高考改革的省份，也有约50%的学校开展了生涯教育；进一步分析来看，开展了生涯教育的学校主要分布在市级重点及以上的高中学校当中。与此同时，在校外购买生涯服务的学生占调研学生总数的16%。因此总的来说，我国生涯教育的普及率已经达到了一定比例，但仍有很大提升空间，尤其是非重点高中。

2. 高中生涯教育存在形式单一、组织安排不合理等问题

根据调查可知，高中学校生涯教育存在课时少、专业师资匮乏、硬件基础设施差、组织形式效率低等问题。如大部分学校安排的生涯教育课时仅为一周一课时或更少；生涯教师通常由班主任、心理老师或德育老师替代，专门的生涯教师占比较少；多数高中缺少专门的生涯教育机构，没有特定的生涯教育空间或教具支持。

3. 生涯教育的内容相对单一、形式缺乏灵活性

高中组织生涯教育的主要内容集中在个人兴趣、特长和能力的探索上，有关未来规划能力、生涯管理能力以及决策能力的培养较少；开展形式以课程为主，体验式、活动性的教育方式比较欠缺。此外，部分学校的生涯教育集中在选科选考/志愿填报之前。因此，尽管学校生涯教育在内容和形式上呈现出多元化趋势，但实际发挥的作用可能有限。

4. 学生认可生涯教育的价值，但实际效果未能满足需求

调查学生高度认可生涯教育的必要性和价值，尤其是生涯教育在高中阶段对于自我探索、学业探索和职业探索的重要性；然而，多数学生对学校所提供的生涯教育评价较低，生涯教育的具体效果未能满足学生需求。这意味着学生生涯观念成长迅速，需要对应质量的生涯教育来满足其需求。

（四）生涯教育对缓解高中生的学业压力、促进学业发展发挥重要作用

在本调查中，生涯教育促进学生发展的作用得到了验证。这些作用主

要体现在缓解高中生学业压力、在不增加学业投入的情况下提升高考成绩、帮助学生掌握更多更全面的决策信息等方面。

1. 生涯教育对高中生学业压力具有显著的缓冲作用

处于高中阶段的学生往往面临着来自不同方面的压力，如学业压力、人际关系压力、家庭经济压力、未来发展压力等；其中，学业压力是高中生面临的首要压力。[①] 学业压力越大，学生的自我效能感和心理健康水平就越低，并导致学生厌学等行为，进而影响学生的学业成绩；而已有调查指出，我国高中生存在学习压力过大的问题。[②]

根据本研究分析，高中生涯教育有利于显著缓解高中生的学业压力，那些未接受生涯教育的学生所承受的学业压力更强。生涯教育缓解高中生学业压力的可能原因如下。一方面，生涯教育有利于提高学生的学习能力和规划管理能力，在高中繁重的学习任务中找到更适合自己的学习方式，以更高效的学习安排而非加大学业负担的途径，来获得学习成绩上的突破；另一方面，生涯教育中的情绪调整能力培养、生涯时间管理、理想志向的教育、学习动机的加强等内容，均有助于学生掌握缓解压力的各种方法、树立正确的价值观、人生目标，促使其科学及时地处理成长过程中可能遇到的挫折和困境。此外，对于高中生来说，生涯教育涉及学生自我性格和情绪特点的探索，学生通过生涯教育的学习，能够更加准确地把握自身的个性特点，形成对高中教育阶段目标以及自我成长目标的正确认识，并逐渐将自我探索和外部世界探索相结合，形成更强的内在学习动机，从而能够正确看待学业过程中的压力，并适当排解学业压力和焦虑情绪等。

2. 生涯教育显著正向影响高中生的学业成就——高考成绩

已有生涯教育的研究通常从理论或价值层面，讨论了高中生涯教育对

---

① 李育辉、傅婷、魏薇：《高中到大学阶段学生的压力和应对变化：一项追踪研究》，《心理科学》2012年第2期。

② 龙安邦、范蔚、金心红：《中小学生学习压力的测度及归因模型构建》，《教育学报》2013年第1期。

提升高中生的生涯决策能力[①]、学业规划和职业规划[②]、自我认知能力[③]等方面发挥的作用；也有学者通过实证研究发现，高中生涯教育的影响会贯穿于高中生的大学专业志愿选择和毕业职业决策等较长的发展阶段中[④]。但截至目前，少有实证研究检验高中参与生涯教育与学生学业成绩的相互关系。

本研究运用调查数据，在控制了相关因素后发现，接受生涯教育显著地正向影响着学生的标准化高考成绩。这可能是因为，高中阶段的生涯教育，通过帮助学生思考人生重大问题、掌握生涯管理技能（如目标管理、情绪管理、时间管理）等方式，提升了学生的规划能力，促使学生产生较强的学习内驱力以及合理安排高中学业、缓解学习压力，从而能够更加合理地安排学习活动、应对繁重的学习任务等。但生涯教育到底通过何种途径影响学生的学业成绩，有待未来进一步实证检验。

3. 生涯教育没有显著影响高中生的学业投入

根据北京大学教育学院课题组对某个实施新高考改革省市高三毕业生的调研，高三学生平均每天学习时间为11.3小时，占每天时间的比例达到47.6%；平均每天校外自主学习时间为4小时，占每天时间的比例为17.0%，这意味着高三学生每天需投入64.6%的时间用于学习，同时每天的睡眠时间低于7小时。在本研究中，调查的高三毕业生平均每天需投入62%的时间用于课内外的学习，71%的学生认为自己在高中阶段的学习投入水平非常高或较高，与高中学习负担的占比情况大致相符。由此可见，对于高中学生（尤其是高三学生）来说，为了顺利实现升学发展，他们不得不在高中阶段投入大量时间和精力在学习上；然而，由于学生每天的时间并不是可无限拓展的，投入大量时间在学习上无疑会挤占他们正常睡眠、课外活动、社会交往的时间和空间，这显然不利于高中生的综合素质

[①] 朱仲敏：《教育转型背景下普通高中生涯教育内容设计与实施路径研究》，《教育发展研究》2017年第6期。
[②] 郭莲花：《中学生生涯规划教育现状调查》，《中国教育学刊》2014年第12期。
[③] 樊丽芳、乔志宏：《新高考改革倒逼高中强化生涯教育》，《中国教育学刊》2017年第3期。
[④] 靳葛：《生涯教育影响下的专业志愿选择与职业决策》，《江苏高教》2020年第10期。

发展，同时容易产生压力、紧张、焦虑等方面的问题。

本研究通过统计检验发现，在控制了相关因素后，接受生涯教育与学生的学习投入水平没有显著关系，这意味着高中阶段参与生涯教育并没有显著减少或者增加学生的学业投入水平。基于前面关于生涯教育能够显著提升高中毕业生的高考成绩以及缓冲他们学业压力的发现，由此推测得知，高中阶段开设生涯教育，在不增加学生学业负担的情况下，显著正向影响着学生的学业成就（特别是高考成绩），同时在缓解学生学业压力、调节个人情绪等方面发挥重要作用。

4. 生涯教育为高中生的选科选考和志愿填报决策提供了信息支持

根据分析，生涯教育跟学生的信息掌握程度显著相关，在对选科等方面的信息掌握较为充分的学生中，接受过生涯教育的学生占到了约90%。不同于旧的高考模式，新高考模式下的学生不仅需要掌握好各科知识，还需要学会选择规划，从而在满足个性化发展的同时达成自己的高考预期。这要求学生通过生涯教育掌握更充分的信息资源，了解各学科、各专业以及各职业的特点，找到与自身发展相契合、与自我志趣相吻合的未来发展道路。高中阶段的生涯教育活动通过为学生提供个性化探索以及专业职业探索，能够帮助学生进一步认清自我，建立未来的专业志向，并初步跟未来的职业发展相联系，从而有助于学生做出更科学合理的生涯决策。

5. 生涯教育的具体组织形式会影响到其最终效果

本研究聚焦于学生对学校生涯教育的整体评价、志愿填报指导的满意度以及学生自我生涯能力测评三个维度，评价了学校生涯教育的微观组织形式对生涯教育效果的影响。结果表明，生涯教育的微观组织形式会影响其最终效果，适量的课时、丰富的内容、多元的形式、专门的生涯教育空间以及班主任参与教学有利于提升生涯教育的实践效果，学生对生涯教育的了解越多、参与水平越高，生涯教育效果越好。

值得关注的是，学校生涯教育的实际效果还受到父母受教育程度和高中类型的影响。不同家庭背景学生以及不同类型高中学生对于学校生涯教育的质量评价存在显著差异。家庭背景越好、高中越优质的学生对学校所提供的生涯教育的效果评价越差，这可能与这些学生本身可能从更多渠道获取生涯教育指导有关。这部分学生在家庭和学校中接触到更优质、更充分的生涯教育内容，从而提高了对其质量的判断能力和判断标准。因此，学校应当想办法针对不同类型的学生提供不同的生涯教育内容，满足其多元化的需求。

（五）生涯教育会扩大因家庭背景差异带来的学生发展差距

目前的生涯教育会进一步扩大因家庭背景差异所带来的学生发展上的差距。分样本结果表明，不管是弱势家庭学生还是优势家庭学生，都能通过生涯教育获得更好的发展，但这两个样本在获益程度上仍会存在差异。优势家庭的学生能通过生涯教育进一步扩大其因家庭社会经济地位所带来的优势。

这与目前生涯教育的开展情况以及生涯教育观念的推广情况有关。一方面，大部分弱势家庭的学生及家长仍然未能意识到生涯教育的重要性；另一方面，他们也不具备将学校生涯教育所提供的内容转化为学生发展优势的能力和资源。因此，弱势家庭学生更需要通过生涯教育，获得更充分的决策信息支持，同时做出更合理的未来发展规划，避免因家庭条件落后而导致的步步落后。怎样通过学校生涯教育实现这一点，仍然是学校及家长需要思考的难题。

十一 政策建议

高中阶段是中学生自我意识、兴趣、才能逐步形成和发展的时期，也是学业发展、职业理想形成和未来规划定位的关键期。根据本章关于新高考改革实施和高中生涯教育实施的分析结果可知，调查学生对新高考改革的满意度整体较高，但仍存在一些有待完善的空间；同时，高中生涯教育对于学生的学业发展和生涯发展都起着相当重要的作用，而生涯教育的具体组织形式影响着生涯教育的实际效果。基于以上结论，本书分别从新高考改革措施的完善、高中生涯教育的质量提升两个维度提出相应的政策建议。

（一）从高中学校如何实施的角度

1. 优化"走班制"课堂教学与学生管理，提升"走班制"的实践效果

随着新高考改革在全国范围内的逐步推进，高中"走班制"教学已经进入深度实践阶段，在课堂管理和学生管理等方面暴露出不少的问题。根据已有研究，走班教学中存在学生在课堂中参与不积极、不主动，师生之间、生生之间的关系淡漠、互动和合作缺乏等现象。① 同样，根据北京大学教育学院课题组对2020年某一个第二批新高考改革试点地区高中生的调查结果显示，28.8%的学生认为自己在走班制教学过程中缺乏集体归属感，17.1%的学生指出"当遇到困难时，不知道该找哪位老师"，8.1%的学生有过"不请假就旷课的经历"。与这一地区的调查结果相比较，本报告的调查样本在上述三个方面上的比例均明显更高，反映了调查地区高中走班教学实施存在的问题可能更为严重。

为了优化走班教学的课堂管理和学生管理效果，高中学校可以从以下几方面予以改进。一是增强学科教师的管理能力和班级组织能力。在传统行政班教学的情况下，班主任承担主要的行政管理职责，对学科教师的管理能力要求并不高，学科教师感受到的主要是教学压力。② 在走班教学模式下，学校可以聘请专家学者为教师开展相关专题讲座，加强对学科教师的培训，增强学科教师的管理意识和责任心，促使教师主动承担相应的教学管理职责，提高教师实施走班教学与班级管理的能力。

二是在课余时间通过组织不同的集体活动项目，增强学生的归属感和集体意识；同时，学校设立学业导师或者辅导员等，对学生进行"点对点"的帮扶和支持，学科教师也应主动与学生进行交流，关注不同学生的

---

① 罗开文、朱德全：《高中"走班制"课堂管理：诉求、路径及保障机制》，《中国教育学刊》2020年第12期。

② 周彬：《高中走班教学：问题、路径与保障机制》，《课程·教材·教法》2018年第1期。

发展需求，及时了解他们在走班教学中遇到的各类问题并提供适时、适切的帮助，增强学生对走班教学的认同感。

三是引导学生自主管理，形成自我管理、自我规范的良好氛围。学校建立学生自主管理委员会，下设学习、纪律、卫生等若干管理分会，负责学生晨读、自习、卫生、上课、考试、作业的具体管理[①]；同时，可以以语数外行政班为基础，将教学班的学生分成若干个管理小组，具体负责本小组内的各类学习事务和活动事务；此外，班主任及学科教师可以充分调动学生自我管理的积极性和主动参与的精神，鼓励学生自主制定教学的管理规范等，增强学生的班级管理意识和自主管理能力，引导他们进行自我教育、自我管理、自我服务的目的。

2. 增强意识，搭建平台，为高中生的志愿报考提供适切的支持

高考后的志愿填报是高等学校入学制度中重要的一环，志愿填报在极大程度上可能影响到学生的最终录取情况。根据以往研究，许多考生和家长是在不了解报考大学和专业的情况下进行志愿报考的[②]，这一结论在本研究中也有体现。很多高三毕业生及其家庭无法获取充足的志愿信息或者虽然能够获取较多信息却无法充分运用这些信息，甚至有一些考生或家长通过网络宣传、口耳相传等方式获取关于高校和专业的"虚假"信息，这往往会影响到考生的报考决策以及录取结果。尤其是在新高考改革的背景下，有些地区的高考志愿填报个数较多，如浙江省试行专业平行投档，考生每次可填报不超过80个志愿；山东省常规批可以填报96个"专业（专业类）+学校"志愿，如果对高考志愿填报方式和填报高校专业缺乏足够了解，很容易造成考生专业和大学录取不理想等结果。

基于此，为了提升高中毕业生与录取高校和专业的适配度，高中学校可以通过多种渠道提供指导和支持。一是搭建中学与大学沟通互动的平

[①] 李军靠、丁一鑫、赵丹：《新高考下普通高中选课走班教学的困境与跨越》，《中国教育学刊》2018年第1期。

[②] Philip Oreopoulos, Ryan Dunn, "Information and College Access: Evidence from a Randomized Field Experiment", *Scandinavian Journal of Economics*, 2013, 15（1）: 3-26.

台，通过相关大学的学科教师或招生人员为高中生开设专题讲座，组织高中生参观访问大学及其院系等，让学生对大学招生政策、学科与专业信息获得直观、准确、充分的了解。二是邀请毕业校友（在不同行业、职业工作的毕业校友，或者在不同高校、不同学科专业、不同年级就读的大学生）返校宣传，向高中学生介绍不同大学的学科专业、不同行业职业的发展前景等情况，帮助高中生获取相关方面的信息，为他们的学业规划、志愿报考和职业规划等提供支持。三是高考结束后填报志愿前，邀请相关的专业学者为高中毕业生及其家长详细介绍高考录取政策、志愿填报模式、志愿填报策略等具体内容，帮助考生和家长获取关于志愿报考的充分信息，为考生合理填报志愿提供适切的指导。

（二）从政府、教师、学生以及家长四个层面

1. 政府通过供给资源等方式助力生涯教育开展

高中生涯教育的实施，离不开顶层的系统设计和充足的资源支持，尤其是在各地推动高中生涯教育的初期阶段。在这个过程中，政府应协调多方力量综合考虑，对高中生涯教育进行统筹规划。具体来看，各地政府对于高中生涯教育可以发挥的领域主要体现在以下方面。

一是组织专家研究高中生涯发展的阶段目标，制定相对完备的生涯规划教育体系。政府应该以高中生身心发展阶段的不同特点以及未来发展的总体需求为着力点，借鉴国外、国内先进的生涯规划教育经验，充分利用校内、社区及其周边的教育资源，立足于地方发展实际，组织专家队伍，研制层次清晰、递进有序、开放有致的学校生涯教育课程体系，以及相对完备的生涯规划教育体系，以供区域内的高中学校参考使用，为学校生涯教育的开展指明大体方向。

二是研究制定高中生涯教师的任职标准和职业职责等，为高中学校培养生涯师资提供指导。受限于我国目前的生涯教育发展水平，当前成体系的生涯教育系统尚未建立，师资培养和考核领域仍然较为空白，因此参与生涯教育的教师水平参差不齐。为了提升高中生涯教育的质量，地方政府

可以借鉴国际经验，组织专家研究制定高中生涯教育师资的入职标准（如他们必备的素养和知识），为高中学校挑选师资、组织教师培训等提供一定的指导，也为未来政府督导高中学校生涯教育的开展情况提供指南。

三是为高中生涯教育开展和生涯教师培训提供必要的资源。高中学校的生涯教育不仅应通过生涯课程的形式开展，也应为学生提供各类生涯实践体验。政府可以为高中组织学生进行生涯实践活动提供必要的支持，比如协调企业、地方大学等资源，为高中开展生涯教育实践提供场所。同时，在生涯教师匮乏、师资水平相对不高的情况下，地方政府和组织在区域内提供统一的生涯师资培训，并提供必要的师资、物力、财力等方面的资源支撑，助力高中生涯教育的顺利开展。

2. 高中学校通过多种途径提升生涯教育的质量

高中学校是生涯教育课程与活动的最主要实施主体。随着新高考改革在全国大范围内的逐步推行，我国高中学校的生涯教育普及率正在稳步增长中，但各所学校的生涯教育具体组织形式仍然呈现出较大的差异。部分学校虽然开展了生涯教育相关教学活动，却由于本身师资力量、学校资源以及课时安排等因素仅仅停留在形式上，无法保证高质量的生涯教育。从研究结论上看，充分的课时、教师生涯观念的培养以及对应的硬件设施对于生涯教育活动的实际效果有着显著的影响。结合研究发现，本文认为高中应充分重视开展高质量生涯教育的价值和意义，通过多种途径提升生涯教育的质量。

一是进一步完善生涯教育的内容与形式，为生涯教育的顺利开展提供必要的支撑条件。因此，学校在组织开展生涯教育活动的过程中，应从不同方面进行完善。在生涯教育的内容形式设计上，应根据学生的发展特点和实际需求，系统、全面地设计高中三年的生涯教育课程与活动，保障生涯教育内容的系统性、递进性和全面性，从而为不同阶段的高中生提供针对性的指导和帮助。在生涯教育的内容上，学校应重视其对学生学业规划能力、职业规划能力、生涯决策能力的重要作用，完善本校的生涯教育内容体系，基于提升学生不同方面能力的考虑来组织本校的生涯教育课程和活动，将生涯教育的内容从指导学生选科和高考志愿填报，拓展到指导学生职业规划、生涯管理（如目标管理、情绪管理、时间管理）、大学专业介绍等方面。在生涯教育课程的安排上，高中应合理安排生涯教育课程的课时，避免仅在高一下学期和高三下学期进行"突击式"的生涯指导，保障学校生涯教育的持续性和连贯性。

二是积极利用社区或家长等资源，为学生开展多种形式的生涯教育活动。生涯教育课程对于帮助学生了解生涯规划、大学学科专业以及职业等方面的知识十分重要，但仅通过传统"填鸭式"的教育形式，往往难以达到预期效果。如何突破单一的生涯教育组织形式，利用多方资源开展多样的生涯教育活动，切实提升学生的生涯决策能力和职业规划意识等，是每一所高中需要重点思考的问题。在此方面，高中学校一方面充分利用社区资源，例如博物馆、青少年活动中心、实体企业等，组织学生进行参观访问和切身体验，让学生直接接触现实的教育情景或者职业环境，帮助学生更好地理解和认识社会，从而建立个体需求与社会、未来的关联。另一方面积极利用校友资源，搭建校友与学生交流的平台，如邀请已考入大学或者在不同职业岗位工作的校友返校，通过专题讲座、小组讨论等多元形式，为学生宣讲大学学科专业、不同职业的现状与体验等，为学生确立未来的职业方向和发展目标提供更真实、更具体的信息和建议。此外，还可以调动学生家长参与学生生涯教育的积极性，邀请任职于不同行业与职业的家长为高中生提供人生经历的分析、职业发展现状与前景等的信息资讯等，这有助于学生了解各类不同的职业、为学生树立不同的榜样人物、激发学生的职业兴趣以及提高他们的职业规划能力等。

三是加强生涯教育师资队伍建设，为教师提供各类可用的资源。师资力量对生涯教育实施效果发挥着直接影响作用。对于高中学校来说，一方面，应注重加强对各科教师培养学生生涯规划能力的意识，促进教师的观念革新；另一方面，建立合理的生涯教育师资团队，为教师提供生涯教育相关培训资源，提高生涯教育的师资水平，并为教师生涯教育活动的有效开展提供充分的时间条件以及专业的空间场域。

对于高中教师而言，一方面从生涯教育的内容和形式上，生涯教育教师既需要提供理论式的、概念式的生涯普及教育，增进学生对生涯教育的了解，同时也需要针对不同学生的发展需要以及不同教育阶段的发展需求，开展个性化辅导和专题教育。同时，教师应积极参与多元化的教学形式，避免传统教学，灵活运用体验式教学，培养学生创造性思维的同时提升学生的自主学习能力。另一方面基于师生关系对于生涯教育作用的影响结论，教师应积极与学生建立起亲密式的交流模式，在满足学生共性需求的同时，关注学生的个性发展，做到勤沟通、有重点，积极主动帮助学生解决生涯困惑。此外，生涯教育的开展并不限于生涯教师，各学科教师也可在教学过程中进行学科渗透式的生涯教育活动。在这种情况下，当前的生涯教师更需要努力提升自我的生涯执教水平，为学生的未来生涯发展提供更高质量的教育和辅导。

3. 家长重视并多元参与子女的生涯发展

生涯教育不仅有赖于教学系统和学生自身的努力，同样还与家庭教育息息相关，本章研究结论对家庭教养方式以及家庭社会经济地位的重要影响证明了这一点。同时，既有研究表明，家长跟子女相处的质量对于孩子各项能力的发展，尤其是非知识性的能力，包括抗压能力、自我评价能力与独立工作能力等关于学生未来发展的重要指标有着重要的影响。然而，在我国，诸多本该由家长承担的教育任务往往被家长转移到了学校或校外辅导机构，家庭教育事实上长期处在缺位或"失效"状态。考虑到家长对学生诸方面发展以及生涯教育效果等的积极影响，本章提出了如下建议。

一是家长首先需要更新教育观念，意识到亲子沟通对于子女教育和生涯发展能力提升的重要价值。一方面营造亲密温暖的家庭教育环境，注重平时与子女的平等沟通和民主互动，深入了解子女的各方面需求，主动关心和参与子女的成长；另一方面采用理性化的方式应对孩子的反应（对子女的行为反应，会进行现象解释、逻辑推理、行为预测等），注重使用正向反馈（如鼓励），并为其生活与学习提供有益的意见和建议。

二是家长应高度注重学生的全面发展，培养子女的兴趣爱好。家长应积极利用各类可用的资源，鼓励和支持子女参加各种社会实践活动，如参加大学组织的夏令营或冬令营、光顾图书馆、参观博物馆或者开展户外拓展训练活动等。通过这些活动，充分挖掘子女的兴趣、能力和特长，帮助子女充分探索自我与了解自我，建立与社会、职业等方面的紧密联系，从而提高他们的生涯认知能力、生涯决策意识与能力等。

三是家长应积极与学校教育机构的相关老师进行沟通互动。家长应以多种方式参与家校合作，包括积极开展家校联系（如参加家长会）、主动参与学校组织的志愿活动、积极与学校老师沟通家庭学习活动和孩子的发展状况、积极参与学校层面的政策决定等。通过这些方式，及时掌握子女的学业发展和心理状态，了解学生选科选考、高考志愿填报、未来职业规划等方面的信息，为子女的未来发展提供有用的决策信息支持。

4. 学生应充分重视并积极参与生涯教育

实证结果发现，学生的自主参与对生涯教育的实际效果有着重要影响，但对大多数学生而言，高考压力下的学业成绩是高中阶段的核心任务，未来的规划往往被推到较为靠后的目标序列中。但事实上，扎根于未来发展的学习动机往往能带给学生更强大的前进动力，被高考压力强迫向前的动机并不牢靠。对于高中学生来说，应当加强对生涯教育的了解，积极利用各种资源和机会并主动认真地参与相关教育活动，培养自身生涯管理、决策和规划能力。基于此，处于升学阶段的高中学生可以从以下方面进行努力与尝试。

一是积极参与学校组织的各类生涯教育活动，深入学习生涯知识，并主动与生涯导师等进行沟通互动，多方了解大学专业以及体验未来职业，等等。二是充分利用学校组织的生涯教育活动（如生涯目标管理、生涯时间管理、情绪管理等），提升自身的生涯管理能力，建立符合自身特点和目标的生涯管理策略，科学合理安排学习任务，正确处理挫败、畏难情绪，调节学习过程中的压力与不良情绪。三是通过积极参与各类生涯教育活动，深入了解个人兴趣、能力与特长，思考人生重大问题（如高考决策、职业规划）；同时结合个人能力与兴趣，提前为自己做好发展规划，在充分的自我探索以及外部世界探索基础上，着眼于整体生命历程的发展规划，并学会根据实际发展情况不断调整和完善规划。四是通过生涯课程和活动（如选科指导辅导、高考志愿填报指导、大学专业介绍等），充分掌握关于未来人生职业发展的决策信息，并结合自身发展目标和特点以及老师、家长等关键人物的意见，自主进行生涯发展决策。

大生涯教育观：普通高中如何有效开展生涯教育

——基于全国十三个省份教育工作者访谈分析*

一 问题提出

随着新高考改革试点的推广，选考科目问题使广大学生和家长陷入信息缺失与多元选择的困境①，普通教育体系中生涯教育缺失问题日益凸显。2018年，国务院办公厅发布《关于新时代推进普通高中育人方式改革的指导意见》，鼓励各级教育部门和学校健全指导机制，注重指导实效，为学生提供咨询和帮助。② 在现实需求与政策引导下，以新高考改革为试点省份学校为首的大多数高中开始推行生涯教育，为不同阶段的学生提供自我认知、信息支持与职业发展指导，培养学生的自主选择能力与未来适应能力。

生涯教育（Career Education）是一种伴随生理发育和生理成长，构建自我认知、引导职业发展、探索人生方向乃至生命意义的整全式

---

* 朱红，北京大学教育学院副教授；吴嘉琦，中国农业大学助理研究员；刘国雄，对外经贸大学附属中学校长；何红华，深圳市新安中学（集团）高中部德育处主任；贾夕涵，北京大学教育学院科研助理。

① 鲍威、金红昊、肖阳：《阶层壁垒与信息鸿沟：新高考改革背景之下的升学信息支持》，《中国高教研究》2019年第5期。

② 教基司：《教育部基础教育司2018年工作要点》，中国政府网，2018年3月13日，http://www.moe.gov.cn/s78/A06/tongzhi/201803/t20180301328370.html，2018。

的教育。① 现代西方的生涯教育可追溯到15世纪对职业选择的指导。② 这种对职业指导的探索到19世纪末已初具规模,涌现了大量辅导职业选择的著作及培训项目。③ 20世纪初,富兰克林·帕森斯(Frank Parsons)提出职业选择与决策的最初概念框架——"三步范式"(后称为"特质—因素模型"),成为日后职业规划与咨询的指导规范。这一强调个体主动性的指导范式也为后期霍兰德、戴维斯和拉奎斯特等学者的生涯选择与发展理论奠定了基础。④ 从20世纪50年代开始,生涯教育在西方逐渐发展为一种指导个体生涯发展、引导个体适应外界环境、帮助个体形成自我意识、塑造生活角色的综合性概念。

我国学者对生涯教育的研究从最初的国际经验介绍⑤、价值意义探索⑥、理论基础普及⑦等,逐渐转向考察生涯教育实践现状、探讨生涯教育的核心问题与应对策略⑧等。由于生涯教育尚未对信息弱势的学生群体发挥出明显的补偿效应⑨,学界关注点逐渐转移到生涯教育的实施情况与改善策略上。相关研究发现,生涯教育意识缺位、教学内容系统性不足、生涯教师数量少且工作负荷大、学校缺少教育主管部门经费支持等是生涯教

---

① Super, D., "Career Education and Career Guidance for the Life Span and for Life Roles", *Journal of Career Education*, 1975, 2 (2): 27-42;中国教育发展战略学会生涯教育专委会:《中国教育发展战略学会生涯教育专委会介绍》,http://www.syjjyzwy.com.cn/h-col-110.html, 2019。

② Zytowski D. G., "Four Hundred Years Before Parsons", *Journal of Counseling and Development*, 1972, 50 (6): 443-450.

③ Brown, D., "Career Choice and Development", *Contemporary Sociology*, 2002, 15 (1): 126.

④ Holland, J. L., "Making Vocational Choices: A Theory of Vocational Personalities and Work Environments", *British Journal of Guidance & Counselling*, 1995, 1 (1): 153-154.

⑤ 朱凌云:《新西兰中小学生涯教育的特点与启示》,《外国教育研究》2013年第8期。

⑥ 顾雪英、魏善春:《新高考背景下普通高中生涯教育:现实意义、价值诉求与体系建构》,《江苏高教》2019年第6期。

⑦ 樊丽芳、乔志宏:《新高考改革倒逼高中强化生涯教育》,《中国教育学刊》2017年第3期。

⑧ 潘松:《普通高中生涯教育的核心问题与有效对策》,《教学与管理》2020年第4期。

⑨ 张文杰、哈巍、朱红:《新高考背景下不同阶层学生入学机会变化及学校生涯教育的补偿效应探究——以某双一流大学为例》,《教育发展研究》2020年增刊第1期。

育开展过程中的主要问题。① 然而，受限于研究数据，已有研究大多使用规范性研究或经验性总结，相对缺少使用严谨方法探究与归纳生涯教育实施现状与改善方向的研究。

为此，本章采用质性研究方法，对普通中学教师进行深度访谈，客观地进行编码与文本分析，归纳概括现阶段高中教师开展生涯教育的挑战，并通过实地考察和案例研究为高中教师有效开展生涯教育提出建议。

二　研究设计

（一）样本数据

本章数据是在 2018 年 11 月对来自东部、中部、西部地区 21 所不同类型高中的教育工作者进行半结构化访谈。访谈对象包括生涯教育专职教师、高中学校领导、政府教育主管部门领导等，多元化访谈对象为本书提供了丰富的信息。

受访者所在学校或政府机构分别位于沪、苏、鲁、粤、闽、琼、辽、冀、鄂、黑、陕、甘、浙 13 个省份，省级示范性高中 8 所，市级示范性高中 3 所，区级示范性高中 3 所，县级示范性高中 1 所，普通公办高中 5 所，民办中学 1 所。对受访者的选择主要考虑所在地区经济发展程度、所在学校层次、生涯教育发展程度等因素，因此样本具有一定的代表性。受访者基本情况如表 1 所示。

表 1　　　　　　　　受访者基本情况（匿名化处理）

受访者	性别	所在中学	中学等级	职务
1	男	黑龙江某中学	省级示范性高中	副校长

---

① Kemble E. , "Possibilities and Shortcomings in Career Education", *Journal of Career Development*, 1978, 4 (4): 6 - 12; Guichard J. , " A Century of Career Education: Review and Perspectives", *International Journal for Educational and Vocational Guidance*, 2001, 1 (3): 155 - 176；赵士果：《徐州市高中生职业生涯规划的调查与分析》，《教育与教学研究》2009 年第 2 期；朱仲敏：《教育转型背景下普通高中生涯教育内容设计与实施路径研究》，《教育发展研究》2017 年第 6 期。

续表

受访者	性别	所在中学	中学等级	职务
2	男	辽宁某中学	民办高中	德育主任
3	女	河北某市教育局	—	生涯规划办公室主任
4	女	甘肃某中学	省级示范性高中	党政综合办公室主任
5	女	陕西某贫困县中学	市级示范性高中	心理教师
6	女	陕西某贫困县中学	市级示范性高中	心理生理健康教育中心主任
7	男	山东某中学	市级示范性高中	职业生涯规划教师
8	女	湖北某中学	省级示范性高中	心理健康教师
9	女	江苏某中学	公办普通高中	副校长
10	女	江苏某中学	公办普通高中	学生部主任
11	女	江苏某中学	公办普通高中	学生部主任
12	女	江苏某中学	省级示范性高中	德育处主任
13	女	上海某中学	区重点高中	校长
14	女	上海某中学	区重点高中	心理教师
15	男	上海某中学	区重点高中	心理教师
16	男	福建省某中学	省级示范性高中	学生发展指导中心主任
17	女	广东省某中学	省级示范性高中	高中生涯规划教师
18	男	广东省某中学	县级示范性高中	年级主任
19	女	广东省某中学	省级示范性高中	高中部学生成长支持中心主任
20	女	海南省某中学	省级示范性高中	学生发展指导中心主任
21	男	浙江省某中学	公办普通高中	校长

（二）研究方法

首先，研究者运用非结构性访谈提纲，深度调研了受访者现阶段开展生涯教育的情况、开展过程中的问题、挑战与诉求等。在访谈过程中，研究者以较为宽泛的问题导入访谈，给受访者自由畅谈的空间，继而逐步聚焦问题，以获得全面真实的信息。在所有受访者知情并同意的情况下，研究者对访谈进行了录音并在访谈结束后根据录音转录成逐字稿。由于部分内容涉及学校、教师隐私，本书在文本分析前对访谈者均进行了匿名化处理。其次，在整理访谈资料后，研究者对访谈资料进行了深度阅读和整体认知，撰写接触摘要单，以便更好地把握访谈整体主题。运用文本分析法，对文本词汇进行编码，通过词频分析、统计出现频率高、感情色彩深的本土化概念。[①] 最后，通过逐句分析，联系上下文，概括提炼出连续、统一的主题。

（三）研究效度

为保证研究效度，研究者在访谈及分析访谈材料的过程中，坚持记录反思日记，不断提醒自己将已有认知悬置起来。在对访谈资料进行分析后，请另外一位教育学博士生对文本进行了二次分析，将提炼概括的主题与第一次结果进行比对，并与反思日记、调研实情相互验证，以确保研究结果的准确性。

三 普通高中教师开展生涯教育的挑战

（一）"目中无人"的生涯教育目标——生涯教育意识有限

生涯教育的目标应面向人的终身发展、培养学生的综合素质，但在教育实践中却存在生涯教育目标狭隘、仅服务高考选科的问题。"现在，生涯在我们省开展得比较火的一个原因是它涉及选科。这个有点儿为高考服务。"（SD-G01，匿名受访者代码，下同）"大部分是从实现学校教育目标、高考成绩或者教学成果去考虑的，就叫作'目中无人'，目中没有学生，而眼里只有学校自己。"（SX-E01）

这种"目中无人"的生涯教育目标，给高中教师开展生涯教育带来了巨大挑战。家长更关注学生的考试分数和录取结果，而培养学生适应能力、规划决策能力的意识较弱。"家长没意识啊，他们眼里只有分数嘛，对

[①] 陈向明、林小英：《如何成为质的研究者》，教育科学出版社2004年版。

这个（生涯教育）不重视啊。……你把他们孩子的课耽误了，天都要塌下来了。"（GS－D01）（SD－G01）学生也没有意识到生涯教育的重要性。正如G教师反映，"我上课的时候，他们甚至拿着别的试卷、别的课本、别的作业，哗哗地写。他们甚至觉得是在浪费他们的时间"（SD－G01）（SH－K02）。

（二）"二道贩子"般的生涯指导内容——生涯知识体系缺乏系统性

现阶段，高中教师开展生涯教育的另一个问题是尚未构建具有系统性和衔接性的生涯知识体系。在理论层面上，目前大多数教师沿用西方教育理论，缺乏扎根中国教育土壤的生涯教育理论。"老师们在机构里学到什么，就拿这些东西原封不动地搬过来，没有把学到的东西根据自己学校的学生特点，生成新的东西，仅仅是做了一个'二道贩子'"（JS－I02）。在课程设计上，大多数学校尚未建立起统筹校本特征、符合学生发展的系统性课程。由于"生涯规划都是片段性的、不成体系"（LJ－B01），教师"现在苦于把它融到一个模型里"（GD－S01）（JS－J01）。

（三）"浅尝辄止"的生涯教育活动——教学活动缺乏理论纵深度

生涯教育活动大都基于课堂教学，内容较为单一，缺乏趣味性。枯燥的课堂讲授、陈旧的专业信息和职业介绍，使"一部分学生觉得（生涯教育课程）无聊，会在课上写作业"（HB－H01）；课程活动缺乏科学设计，过度倚赖国外测评的工具，一些学校让学生笔答测评问卷，被学生认为"好笑"；更有甚者，用职业薪资"激励"学生学习动机，仅认识到外部动机的短期作用，却忽略学生内在动机的长期作用。

在课程之外，学校本应为学生提供更多接触现实工作情境的机会，让学生建立工作技能与学业技能之间的关系，从而加强学业动机与深度学习。然而，从实际情况来看，当前生涯教育活动对外界的探索有限，教育场域限于课堂，缺乏体验的纵深度。"很多社会实践浅尝辄止，没有过多深入的了解，他们的职业体验和职业感知往往对于今后的职业选择起不到很明确的作用"（HLJ – A01）。

（四）"一个人在战斗"的生涯教育——生涯教学缺少全员、全学科参与

仅靠生涯教育有限的课时与活动，学校很难为学生提供充足的指导，而将生涯教育融入日常学科教学中是一种有力的解决措施。① 大部分教师深刻认识到了学科融合的重要性，要"结合课堂，使孩子能够清晰地认识到自己的能力所在、潜力所在、爱好所在。对他进行学科规划，明确方向"（GS – D01），"年级主任，他要主动；学科老师，他要参与；那么这样的话，是一个大生涯的概念，不是我一个人在战斗"（GD – S01）。

但是，由于学科教师本身教学工作繁忙、生涯教育意识有限，难以在实际教学中将学科教学与生涯教育有效结合。"（生涯教育）是与学科渗透相关，但是渗透不渗透我们也不知道"（GD – R01）。

（五）"自发式的民间行为"——生涯教师亟待专业培训

由于市场上涌现了大量以辅导高考选科为噱头的生涯教育培训机构，学校教师表现出对培训质量、测评软件的迷茫与反思，"那种把测评工具夸大到作为'圣经'一样的存在，是不负责任的"（GD – R01）——教师群体表达出了亟待专业培训与政策支持的呼声。

教师群体需要在选择科学的培训机构和测评工具方面的指导。"现在我们也要思考（购置）哪一类教育机构里面提供的信息，信度跟效度比较好的这种。现在市场我总觉得比较乱，没有一个官方的这种"（FJ – P01）（GD – Q01）。同时，教师群体也需要紧密结合课堂教学的生涯教育培训指导。G 教师提出："现在这样的职业生涯老师培训，基本上是理论东西比较多一点儿，但是具体怎么做呢，我们就不知道了"（SH – K02）。"生涯规划到底是什么？你得让老师们知道这个活动应该怎么做？应该注意什

---

① 刘静：《高考改革背景下高中生涯规划教育的重新审视》，《教育发展研究》2015 年第 10 期。

么？然后才能用到学生身上"(SD-G01)。

四 有效开展生涯教育的努力方向

基于我国13个省份21位高中教育工作者的生涯教育访谈，本章总结了当前普通高中开展生涯教育的现实挑战，结合国际先进经验和本土实地调研，本章提出了以下有利于高中有效开展生涯教育的理念和策略。

（一）倡导"大生涯教育观"，超越功利化、市场化导向

我国生涯教育是在新高考改革背景下，为解决选科选考、走班教学等燃眉之急而应运而生的"新事物"。然而，"生涯教育绝不是一个关于选择权的战术问题，而是一个关于人才培养方式转型、构建高中教育多样化发展大格局的战略问题"。[1] 生涯发展不仅仅是让学生做好"升学和就业"的准备，更要为他们"过一种好的人生"做准备。这要求教育理论者与实践者以生命意义的终极视角来看待生涯教育、构建生涯教育体系，形成"大生涯教育观"。"大生涯教育观"要以促进学生发展为核心，将学生视为鲜活的完整生命；要秉持"以终为始"的理念，从培养青少年自主性发展，接纳个体发展路径多样化、敞开胸怀拥抱未来的不确定，从终身生涯适应力的视角出发，设计和开展学校的生涯教育实践。

在大生涯教育观下，卓越的生涯教育与高考成绩并不矛盾。生涯教育是"工欲善其事"之前的"必先利其器"。通过生涯教育，学校可以推动学生自主性发展、明晰人生目标和学习意义，激发学习的内驱力，从而加强学习参与度和深度，最终摘取优秀学业成绩的"果实"。随着生涯教育的不断深入，以促进学生全面发展为导向的"大生涯教育观"已经在很多学校形成气候。[2] 在案例调查中，研究团队发现，卓越的学校生涯教育实

---

[1] 樊丽芳、乔志宏：《新高考改革倒逼高中强化生涯教育》，《中国教育学刊》2017年第3期。
[2] 周旭荣：《高中生涯教育的理解与实践》（内文文章），《中国教育发展战略学会生涯教育专委会2020学术年会文集》，2020年。

践都是基于"大生涯教育观"。深圳新安中学以"促进学生自主发展"为核心目标,"双自模式(自主学习+自主管理)"为生涯教育开展的基点,连续十二年获得了区"高考成绩进步奖"。北京对外经济贸易附属中学的生涯教育,以培养学生"幸福生活"能力为目标,大力开展"城市生存挑战""发现美好特质""建设幸福学习共同体""与父母共同成长"等各种体验式生涯教育活动,2020 年该校高考实现历史最大增值,再次荣获区"教育教学质量优秀奖"。

在"大生涯教育观"下,生涯教育才能真正发挥其价值和意义,才能在新高考的背景下切实推动高中育人方式的改革,才能使我们的孩子更有可能获得有尊严、有价值、有幸福的职业发展,从而激活生命状态,实现生命完整而幸福的成长。如果偏离了"大生涯教育观"的根本方向,生涯教育即便有再丰满的理想,也难免会在教育焦虑、全民"鸡娃"、普遍内卷的强大社会现实和千年科举的文化惯习面前节节败退,难逃"雷声大、雨点小"的运动式教育改革宿命,难以和学校现有的教学管理形式、教学内容有机融合,不堪重负的教学负担和压力很有可能让生涯教育边缘化。

(二)生涯教育与德育、劳育、学科教育有机融合

基于"大生涯教育观",教师应以现实教育问题为中心,结合心理学、教育学、认知科学、职业发展等不同领域的理论,让生涯教育与德育劳育、学科教育有机融合,真正实现"五育并举"。正如生涯教育的概念创始人、美国教育总署前署长马兰德所说,"所有的学校教育都是,或者都应该是生涯教育"。生涯教育与学校教育需要广泛有机地融合,才能在高中课时有限、不增加学生负担的前提下,有效促进学生发展。

生涯教育与立德树人有着天然的融合基因。生涯教育中"了解自我"的维度包含"自我价值观的澄清和明晰";"探索职业"的维度包含"职业价值观""职业精神"的探索和建构;最重要的是,生涯教育的核心内容之一——人生目标、生命愿景的建构,实质就是理想、信念教育的另一种话语表现形式。借助生涯教育中的各种实操工具和技术,可以让远在云

端中的宏大"立德树人"落地，更容易走进学生的内心、贴近学生的生活，促进学生个性化发展与社会性发展的和谐共生，实现五育并举。因此，生涯教育可以说是德育落地的有力抓手。

生涯教育也需要和学科进行有机的融合。每一门学科中都有自身领域的"生涯人物"，都有对应的"职业精神"，都可以引领学生去思考未来职业发展的可能性，引领学生将所学的学科知识与生活、与社会、与未来建立关联。这些学科内容，正是生涯教育的内容。学科教师可以借助生涯教育的理论、知识和工具，更好地传授学科知识和相关的职业精神、学科价值，让学科教学不再仅仅传授"学科知识和技能"，更能在学科领域中引导学生"明明德，亲民，止于至善"，从学科的"教书匠"变成学生生命中的"生涯明师"——一座精神和知识的灯塔，照亮年轻人的世界和未来。浙江省教育厅教研室从2017年开始倡导学科渗透式的生涯教育，每年举行生涯规划教育学科渗透案例征集以及课堂教学评审活动。目前生涯教育的学科渗透已逐渐成为浙江普通高中生涯规划教育的重要板块，在各市县生涯规划教育教研活动和学校推进策略中占据主要板块。①

在后期调研过程中，我们还了解到，很多学校除了常规的课程和活动外，开展了多种多样的隐性生涯教育。浙江海宁高级中学以生涯教育主题设计运动会入场式；河北师范大学附属中学在每个教室门上装一面大大的镜子，给学生创设情境"遇见最美的自己"；一位高中班主任在亲人去世之际，与学生一起感悟亲情和生命。总之，生命有多鲜活、灵动，生涯教育就可以有多鲜活、灵动。"心中有生命，处处皆生涯"。当我们秉持大生涯教育观，以学生的生命和发展为中心时，学校的角角落落都可以成为开展生涯教育的机会和情境。

（三）融入中华优秀传统文化，形成"中国特色生涯教育经验"

在借鉴西方生涯发展理论的基础上，应深入思考如何将中华优秀传统

---

① 王小平：《学科渗透：高中生涯规划教育的必经途径》（内文文章），《中国教育发展战略学会生涯教育专委会2020学术年会》，2020年。

文化融入生涯教育的理论和实践中，最终形成既能与全球生涯教育学术界对话交流，又充满文化自信和特色的"中国生涯教育经验"。

　　政府部门、大学学者和学校教师应通力合作，共同开展生涯教育研究，通过区域性联盟、课题研究、科研成果传播等方式推动开展生涯教育。企业、教育机构和学校应互惠合作，共建分享合作平台，总结提炼实践智慧。基于实证研究数据，形成科学化、本土化的生涯教育成效分析和市场产品。在这个过程中，不仅应融入我国传统文化的核心思想，还应结合当地经济社会发展的特色。

第二部分
学校案例

◎ 浙江衢州第二中学

生涯教育如何在中学落地生根*

生涯教育并不是一个新话题，早在20世纪，就已经走进国内，最先在高校开展。在各地的高校中，有一批专家，已经在这个领域潜心研究了很多年，在国内生涯教育领域具有很大的影响力。他们是先行者，是我们的前辈。生涯教育走进中学，来到我们的身边，是在新高考改革之后。新高考改革的核心思想是把更多的选择权交给学生。以浙江省的方案为例，选择包括考试科目的选择、考试时间的选择、升学方式的选择、高考志愿的选择，同时也附带大学专业方向的选择等。老高考的"套餐"，变成了新高考的"自助餐"，甚至"私人订制"。这是一个重大的变化。

浙江省是最早启动新高考改革的先行先试者。2014年启动，至今已经走过了7个年头，先后有4届学生走完新高考背景下的高中学习全程，升入高校。衢州二中作为浙江省的一所重点中学，在应对新高考的过程中，也同样面临如何开展学生生涯教育的问题。本案例拟就我们学校生涯教育

---

* 周旭荣，浙江省衢州第二中学生涯指导中心主任。

的发展历程做了一次回顾与梳理，以期有助于生涯教育如何在中学落地的思考。

一　学校生涯教育归口部门

生涯教育如果要成为学校工作的内容之一，势必会面临一个问题——该由哪个部门来领导实施？以目前浙江省内中学的做法来看，不同学校的处理办法不一。有的学校归口在教务处，有的在学生处，有的在教科室，还有的学校由心理教师兼任。

从学校工作分工的角度来看，生涯教育归口在上述的部门，都有一定的道理。一般来说，选科指导和志愿填报归口教务处，班主任一定会参与实施，与高校对接大多数学校归口校办，活动组织归口政教处（学生处），学生社团归口团委，而要牵手所有学生和家长，一般要通过学生处、年级组（段）、班主任。

从生涯教育的具体实施来看，要将每项内容执行到位，很可能会牵涉到学校的多个职能部门。那么，不管归口在上述的哪一个部门，都有可能带来中间环节多、时间成本高、效率降低的结果。所以，近几年来，浙江省的不少高中开始在校内增设了一个新的中层部门，有的学校称之为学生发展中心（或生涯指导中心等）。单设一个中层部门的好处是专人专事，便于沟通校内各职能部门，整合资源，提高工作效率，如图1所示。

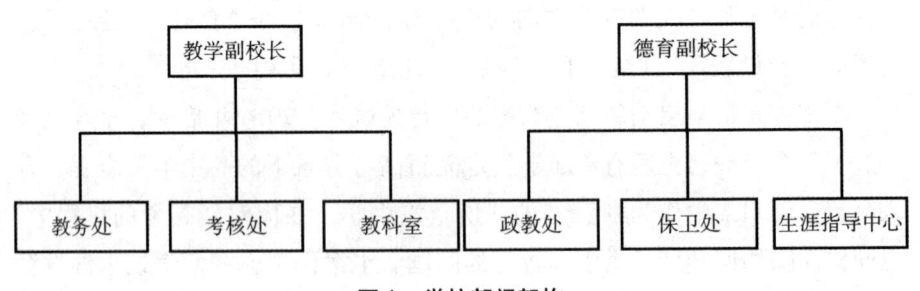

图1　学校部门架构

二　基础设施建设

（一）场地和功能室

在部分条件允许的中学，有专门的场地供生涯教育之用，一般会设生涯专用教室、小团体活动室、生涯测评室、职业体验室、生涯咨询室、生涯阅览区（室）等功能室。这样可以满足学生"一站式"服务的需求，也便于学校整合各种资源供学生使用。但是，在条件尚不允许的情况下，也可以采取折中方案，比如在教学楼或学生活动的公共区域分置生涯教育相关的内容（宣传栏、阅读区、活动室等），或者对原有的公共区域进行适当的改造，变单功能为多功能。

（二）软件系统

根据学校生涯教育的需要，除了开设课程、举办活动等手段外，学校有必要借助一些辅助手段，来更好地服务于学生。这些辅助手段中，包括与生涯教育有关的一些软件和平台。

目前我们使用过的生涯测评软件大致有如下的内容，职业兴趣、价值观、人格类型、学科兴趣、学科能力、选科方案推荐等。这项测试一般用于高一学生在自我认知阶段对自己做一个初步的探索，测试通过在线答卷的方式进行，可在校统一组织，也可由学生单独在家完成。

经过几年的实践，软件开发方不断地修改调整，我们感觉到了这类测评软件的进步；但是需要特别指出的是，测评的结果仅仅是学生探索自我的开始，而不是最终的结论。一方面是软件受采样建模等影响，必然带有局限性；另一方面是学生测评时的心智水平、状态、环境等都会给测评结果带来影响。如果仅仅根据软件测评的结果来给学生做结论性的判断，那存在着极大限定学生，甚至误导学生的风险。所以，如果使用类似的软件让学生进行自我测评，需要相关的指导老师在测评前后做好必要的引导和解读，甚至是个别的分析澄清。

目前我们在使用的另一类软件，是为学生的选科及专业选择提供信息的，其使用率和效果都不错。我们将这类软件（App）植入教室门口的电子班牌上，学生可以很方便地实现信息的查询。上述软件，目前市面上有不少，各校可以根据自己的实际需要选择购买。除了购买的软件，我们学校也基于实际的需要，自行开发了一些软件。比如我们使用频率很高的活动报名系统和咨询预约系统。两个系统主要是为了满足学生个人咨询和参与活动的实际需求，让服务更高效和精准。两个软件系统的流程如图2所示。

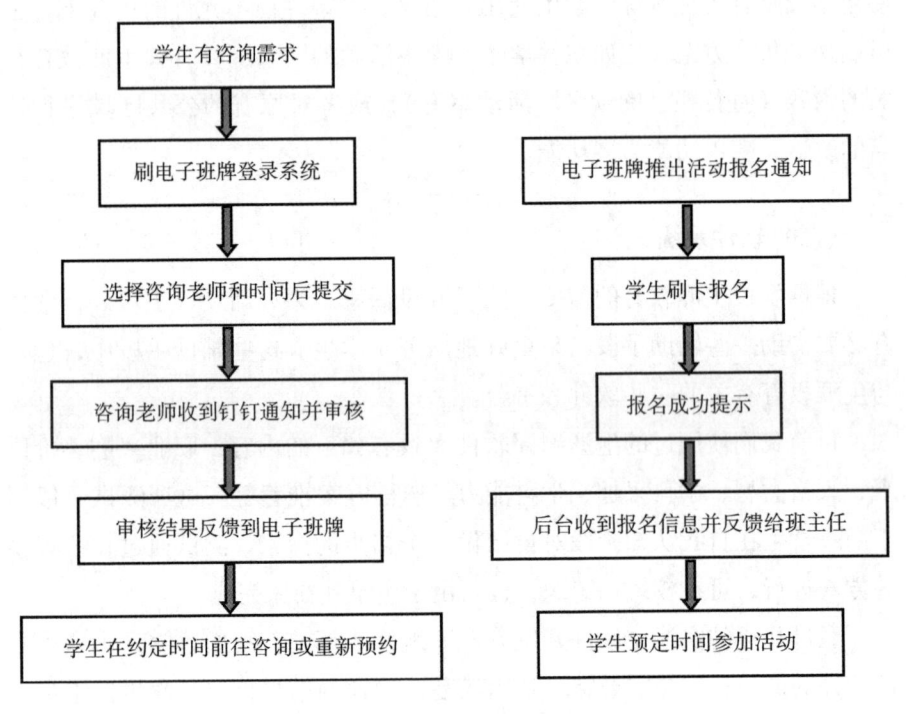

```
学生有咨询需求                      
    ↓                              
刷电子班牌登录系统           电子班牌推出活动报名通知
    ↓                              ↓
选择咨询老师和时间后提交         学生刷卡报名
    ↓                              ↓
咨询老师收到钉钉通知并审核         报名成功提示
    ↓                              ↓
审核结果反馈到电子班牌       后台收到报名信息并反馈给班主任
    ↓                              ↓
学生在约定时间前往咨询或重新预约   学生预定时间参加活动
```

图2　软件系统流程

　　预约系统，主要是为了解决学生个人咨询的"潮汐现象"，通过提前预约，既方便了学生，也避免了资源的浪费。活动报名系统，主要是解决生涯指导中心推出的各种生涯活动、讲座如何更精准地投放给有需求的学生的问题。借助这个系统，学生可以根据自己的喜好和时间安排，自主选择是否参加活动，避免了之前统一指派某些学生参与活动这种简单粗暴的做法。

三 学校生涯教育内容与实施主体

在过去的五年时间里，衢州二中的生涯教育内容先后经历了三次调整，下文分四个版本一一介绍。

（一）1.0版：解决新高考背景下的选科、学业规划和志愿填报问题

在浙江省新高考改革实施的第一个三年，最为迫切的问题是新高考政策的解读、选考科目如何选择和高考志愿如何填报。这也是我们学校生涯指导工作最初围绕的中心。这些问题，包括浙江"7选3"的组合之多、赋分制给选考物理带来的影响、高考志愿填报缺乏数据参考等，一度都很让人纠结。经过浙江省的先行先试之后，后续推出的方案，大多采用了"3+1+2"的模式，使得新老高考之间的过渡更加平稳，也从制度上避免了类似问题的出现。

同时，我们也应该看到，选考科目的选择和志愿填报，已经有了较清晰的政策指引；公开的数据分享，也催生了一批从事该领域研究的专家和专业的第三方机构。这项工作，借助专业人士的研究和分享，可以基本满足大家的需求。

（二）2.0版：对接高校、开设课程、举办活动

在帮助学生解决最基本的技术问题的同时，我们也在思考和探索如何拓宽渠道，帮助学生获取更多信息。这也是2.0版的生涯教育工作的指导思想。由学校生涯指导中心牵头，在其他职能部门的配合下，在如下方面做了一些尝试。

1. 对接高校，签订合作协议

在学校和生涯指导中心的共同推动下，目前我们已经与省内外46所高

校签订了"优质生涯基地校"合作协议。我们对过去十年衢州二中毕业生录取高校的数据进行了分析，与录取衢州二中毕业生人数多的高校建立了更加密切的校际联系。借助在读校友的资源，分享更加全面丰富的高校信息，供学弟、学妹参考。我们也关注到省外一些品质较高但尚未引起衢州二中学生关注的高校，邀请这些高校的招生老师、在读校友为学生开设讲座，推介相关信息，增强了解，以此拓宽学生视野。

2. 引进高校的科普讲座，承办高校推介会

很多高校为了扩大在中学的影响，吸引更多优秀学生，都组建了面向中学的专家团队，负责为中学生开设科普讲座，内容涉及大学专业的方方面面。如此丰富优质的资源，中学要好好珍惜，用足用好。同时，还可以通过举办专项推介会，搭建平台，欢迎高校走进中学。比如衢州二中曾经举办过"农业类高校走进浙江""西安高校走进衢州二中"等活动，颇受高校和学生的欢迎。

3. 组织学生走进高校实地体验

截至目前，衢州二中先后组织二十余批学生近 500 人次走进省内外 30 多所高校，足迹遍及杭州、上海、北京、深圳、武汉、长沙、温州等地。走进高校，实地考察，与在读校友交流，给了学生很多课堂上接触不到的知识，也让他们对高校有了更加直观的认识和理解。

4. 开设生涯课程，举办各种生涯活动

衢州二中自 2017 年开始，在高一年级增设生涯必修课，共 10 课时。举办个人生涯设计比赛、生涯小报比赛、生涯人物访谈、校友青春分享会等生涯活动，拓宽学生的视野，增强学生的生涯意识，促进学生积极主动地思考未来。

(三) 3.0 版：与德育融合、学科渗透、家庭教育

3.0 版的生涯教育希望让更多的人参与学生的生涯教育工作。

将生涯教育与德育融合，参与的对象主要是班主任。班主任有自己的两个主阵地，都可以融合生涯教育的内容。一是每周一次的班会课，二是

与学生的个别交流。如何实现？从提升班主任的生涯启蒙意识开始。2018年我们邀请致力于研究浙江省新高考改革下高中生生涯规划的知名生涯规划师杨冬青老师为全体班主任开设了《MBTI与中学生学业规划专题研修》课程，2019年邀请生涯教育专家李萍教授为全体班主任开设《如何发现学生的天赋》课程。通过这两次集中研修，让班主任从了解学生的天赋和性格入手，"看见"学生的长处。当班主任有了一定的生涯教育意识之后，在与学生接触和交流的过程中，可以尝试着从生涯发展的角度，给出一定的建议。同时，我们借助举办班会课比赛的平台，在过去的三年中，将生涯教育确立为班会课的主题，以此来倒逼班主任学习和思考如何在班会课的舞台上，植入生涯教育的内容。

在让班主任参与生涯教育之后，我们开始尝试让学科老师介入生涯教育的有效途径。2016年前后，浙江省内有几所中学开始学科生涯渗透课的尝试，并且取得了一定的效果。2018年，衢州二中开始组织学科教师外出考察学习，并实施本校生涯渗透课程的开发计划。历时一年，推出了涵盖所有学科的生涯精品课18节，并组织各学科教师学习交流。我们希望通过这个开发与分享的过程，让所有的学科教师能够借助学科教学的舞台，点滴渗透生涯内容，在教学中进行生涯启蒙。

还有一个需要团结并激活的群体，那就是广大的学生家长。学校教育与学生的自我探索，都可以按照既定的设想进行，但是到了最终的决策环节，家长的意见至关重要。所以，生涯教育离不开家长的共同参与，家长也要学习提升。我们开发了家长必修课程，包括《新高考政策解读》《选科与未来专业》《如何助力孩子长远发展》《新高考多元升学通道与应对》《新高考志愿填报一二三》等，让家长在学习中不断加深对新高考的理解、对孩子未来的思考。

这个阶段的生涯教育实施主体已经由单一的生涯职能部门转换为班主任、学科教师和学生家长。这是一个非常重要的阶段，也是生涯教育真正得以落到实处的重要一环。

（四）4.0 版：助力学生的长远发展

生涯教育要实现的目标是什么？首先是激发学生的学习动力，助力学生学业水平的提升。离开了这一点，学校的生涯教育将失去生存的土壤，这是不争的事实。但是，生涯教育也绝不能沦为提分的工具。它最终的指向应该是每一个学生个体的未来发展，换句话说，是让学生保有自我完善与发展的动力。

曾经有很多专家提出过类似的问题：生涯是否可以规划？我们看到了人生有无数种可能，规划是一个方面，是否按照规划的路径发展是另一个问题。我们认为，让不知道该往哪里去的人知道自己要往哪里去，是生涯规划；让知道该往哪里去的人，跌跌撞撞依然心中有远方，是生涯规划；让不知道往哪里去的人，知道一定有一个远方在等待着他，是生涯规划；让不知道往哪里去的人，面对生活的不如意，依然拥有生活的信心和勇气，也是生涯规划。

所以，我们认为，生涯教育的终极目标应该是助力学生的长远发展。围绕着这个目标，我们推出了 4.0 版的生涯教育，旨在解决两个问题。第一，身心健康是生涯发展的必要前提；第二，整合校本资源是生涯教育的根本之道。目前我们做出的尝试如下。

1. 将学生的身心健康纳入学校工作的重点

生涯部门会同政教处，借助体育组的力量，将学生的身体素质纳入考评。我们提出"无体育，不二中"的口号，开发学生喜闻乐见的体育项目，促进学生参与体育运动，实现学生身心健康。我们推出了"校园马拉松""夜跑""毅行"等群体活动项目，分年级开展"跳绳""鬼步舞""踢毽子"等特色项目，定期组织"学生个人体质大赛"，让所有学生都有选择地参与体育运动，并形成长效的考核机制。

2. 深入整合校本资源，形成全员参与的生涯教育体系

2020 年 9 月，生涯指导中心推出了"生涯故事分享会"专题活动，搭建新的平台，邀请校内教师、历届校友、学生家长和在校学生分享自己的

生涯成长故事，将之打造成常态化的生涯选修课程。

目前我们已经推出了 8 个分享活动，主题分别是《印度，不可思议国度之旅》（历史组周玲老师主讲，跨国旅行），《我有佳木消闲时》（化学组郑志信老师主讲，手工木雕），《跑过了风景跑过了你》（政治组王春华老师主讲，跑马拉松经历），《一路西行，一路季风》（语文组彭建老师主讲，文化理解），《往事并不如烟》（历史组张苏法老师主讲，个人成长），《莫道书生空议论》（历史组胡欣红老师主讲，个人成长），《校园情思》（物理组茅波老师主讲，人文情怀），《成长日记》（技术组刘惠震老师主讲，校园画册拍摄制作）。不同学科背景的教师，分享自己的成长经历，讲述本职工作之外的兴趣爱好，启发学生思考生活的本真，感受个体生命不断追求完美的美好经历，深受学生的欢迎。我们也完全有理由相信，学生们走出高中的校门之后，或许会忘记学过的很多学科知识，但是老师分享的真实故事，会成为他们日后学习的榜样，给他们的人生发展提供新的启发和动力。

目前我们开发了部分教师资源，紧随其后的是将校友资源、家长资源、学生资源整合到这个系列活动中来。通过这个平台，展示不同的生涯实践和思考。我们希望不断有新的内容充实进来，吸引更多的学生走进这个课堂，从中获益。我们还展望在后续的工作中，将生涯教育与学科组建设融合、与社团活动融合、与年级组建设融合，形成对校内资源的深入挖掘和重新整合，真正实现"人人心中有未来，时时处处是生涯"的美好局面。

四　关于生涯教育的思考

（一）生涯教育的术与道

任何一门学问，都存在术与道的差别，生涯教育也不例外。同样是选科指导，如果仅仅是站在有利于学校教学和管理的角度、有利于拔高学生的考试分数的角度来思考和实施，那么我们的指导很可能会停留在"术"

的层面，而忽视了每一个学生个体发展的需求。反之，我们也可以基于学生个体的实际情况，给出合理的建议和选择的空间，让学生自己来选。

在生涯教育的过程中，学校之间相互学习借鉴一些好的做法，开展一些有意思、有意义的生涯活动，这并不是一件难事；同样，在"术"的层面解决诸如选科指导、升学通道选择、志愿填报过程中遇到的问题，也是完全可以实现的。但是，如何让我们的活动能拨动学生的心弦，如何让我们的指导能把准学生的脉搏，是对生涯教育之"道"的思考和实践。圣人所谓的"因材施教"，今天提倡的"适合的才是最好的"，应该是我们要追求的目标。这需要学校上下达成共识、同心协力。心中有学生，方能处处见生涯。

（二）如何评价生涯教育的成效

生涯教育一旦纳入学校教育，就涉及如何评价的问题。如果用常规的方式来量化评价，生涯教育的显性成效未必会很突出，甚至有可能很难体现。曾经听到过"生涯教育能不能帮助学生提分"的问题，窃以为提分的手段很多，如果仅仅把生涯教育当作提分的工具，那是学校教育的倒退，也有违新高考改革的初衷。

生涯教育的成效更可能是隐性的。它可以表现在学生选科和高校专业选择时更加理性，表现在升学方式的选择更加多元化，表现在升入高校后对自己的未来有更清晰的目标和强劲的动力……如果我们能抛弃一些对当下显性的、短期的成效的追求，让每一个学生找到适合自己的成长方式和节奏，我们将会更容易抓住教育的本质。

（三）校本资源的整合是生涯教育落地生根的保障

在过去的几年中，我们在开展生涯教育上做了一些尝试，积极地向外寻求各种支持和帮助，也取得了一些成效。比如，与社会机构合作，引进机构的专家资源和研究数据；建立与高校的常态化联系，"请进来，走出去"，形成了良性的互动；借助浙江省学生生涯教育联盟的平台，与省内中学之间互看、互学，开展了一些学生喜闻乐见的生涯活动。这些工作，我们还将坚持做下去。同时，我们也更加深切地体会到，生涯教育要扎根在一所学校，不能仅仅依托外在资源，更重要的是要开发、挖掘校本资源。这样的生涯教育，才是"有源之水"，才更能贴近本校校情，贴近学生的需求。

我们也可以称此为"系统的支持"。学校层面的高度重视是重要前提，各职能部门的支持与配合是重要保障。在此基础上，我们可以不断将生涯教育的内容植入德育工作、学科教学、体艺活动、社团活动，我们也可以让更多的身边人——教师、学生、家长、校友等——成为生涯教育的思考者、实践者、分享者。这样的生涯教育生态才是和谐的、充满生机活力的。

【学校简介】

浙江衢州第二中学

衢州二中创办于1953年,是浙江省首批办得好的18所重点中学之一、省一级重点中学、省首批一级普通高中特色示范学校、省首批现代化学校、北京大学中学校长实名推荐制学校、清华大学"新百年领军计划"学校,荣获全国文明单位、全国文明校园、全国五一劳动奖状单位、全国教育系统先进集体等全国荣誉。

学校占地276亩,在校生2200名左右。学校师资力量雄厚,有在职正高级教师5人,省特级教师7人,市名师25人。学校坚持"以人为本"的办学理念,以培养"博雅二中人"为使命,以把学校办成最中国化、本土化、具有古典魅力的现代化科技型高中为愿景,全力提升师生内心的愉悦度和幸福指数,守住师生快乐的心情,守住师生心底的声音,守住师生温暖的港湾,使师生拥有通达的性情、宽广的胸怀和高贵的修养。学校致力于打造儒学校园、推进国际理解教育、践行绿色低碳生活等特色校园文化,并依托中国科学院——浙江省衢州第二中学创新实践基地和全国首批中小学心理健康教育特色学校(基地),滋养学生儒雅的性情、开阔的视野、环保的理念、创新的精神和健康的心态,全方位提升学生素养。

◎ 陕西西安高新第二学校

"爱注九年，知行一生"思想下的生涯教育实践*

一 引言

20世纪70年代以来，生涯教育被提出，并在美国、日本等发达国家得到重视和发展。近些年来，生涯教育渐渐进入我国，《国家中长期教育改革和发展规划纲要（2010—2020年）》中明确提出生涯教育的具体要求，即致力于挖掘学生自身的潜能和特长，培养学生适应社会、规划未来的能力，形成主动、积极的人生适应观。提出要在普通高中"建立学生发展指导制度"。为此，我国普通高中已经陆续开展生涯规划教育，并制定具体的培养目标和相应的课程。虽然我国已经引入生涯教育理念并在高中探索实施，但在小学和初中阶段却鲜少涉及。而义务教育阶段的学生正处于生涯的成长期、探索期，尤其初中的学生即将面临人生的第一次重要选

---

* 高杨杰，西安高新第二学校校长；侯娟，西安高新第二学校德育主任。

择——继续升入普通高中就读，还是选择职业技术学校或者其他谋生出路，这些选择都与学生的生涯幸福密切相关，因此需要学生具备一定的生涯规划能力，做出理性的判断。①

西安高新第二学校是一所九年制义务教育学校，而这一年龄段（7—15岁）的学生，无论从生理还是心理，都处于快速发展阶段。中考制度的进一步改革，国家对职业教育的重视，越来越影响着中小学要对学生进行必要的生涯教育和规划理念渗透。九年制学校因其教育思想和管理的连贯性，更有利于将生涯教育系统地渗入学科知识的学习、学校的活动，促进每一个学生快乐学习、健康成长。

所以，九年一贯制学校开展生涯教育有非常重要的意义。

二 爱注九年，用心守护

"知行合一，全面发展"是西安高新第二学校的办学理念，对于九年制学校的生涯教育，我们的理解如下：运用系统的课程建构与活动方式，指导学生增强对自我和人生发展的认识与理解，了解感受丰富多彩的世界，使学生能够适应成长中的变化，主动做出人生选择而开展的一系列有主题、有目的的教育活动，为学生一生的幸福筑牢根基。

（一）生涯目标的确立

小学侧重生涯启蒙。主要通过观察、模仿、游戏体验等活动，引导学生发现自身的兴趣爱好，初步建立自我认知，从常识层面了解社会常见职业及需求，提高自我管理和人际交往的能力，建立对未来的好奇与向往，树立正向的生涯信念（见表1）。②

初中侧重生涯探索。主要通过课程与活动实施，以综合实践活动及生

---

① 张恩铭：《我国职业生涯教育研究的现状及审思——基于对知网2008—2018年研究的内容分析》，硕士学位论文，郑州大学，2018年。

② 高艳春：《美国小学生涯教育的经验及启示》，硕士学位论文，河北师范大学，2018年。

涯课程为载体，利用班会课、社团活动、体验课等平台，促进学生拓展自我认知，基于对职业角色的体验与认知进行探索、尝试，初步形成参与社会活动的意识，培养积极的生涯态度，面对"普高""中职"分流，做好升学与专业选择规划（见表2）。

表1　　　　　　　　　　小学学段生涯教育目标

学段		生涯教育目标
小学	低段（一、二年级）	1. 培养好奇心，通过丰富有趣的活动让学生了解自我，认识到人有优点也有缺点。 2. 学会自己的事情自己做，初步学习合理分配时间，安排好自己的学习和生活。 3. 初步了解职业的不同类型，热爱劳动并愿意参加劳动
	中段（三、四年级）	1. 能够主动规划自己的学习和生活，做到有计划、有行动。 2. 培养良好的学习品质，充分认识到学习对个体未来发展的重要性。 3. 进一步了解职业的不同类型及所需要的品德，进行职业体验
	高段（五、六年级）	1. 培养良好的学习品质，明确理想与现实之间的关系，初步建立生涯规划意识。 2. 进一步了解学科知识与职业之间的关系，产生职业向往，培养解决问题的自信和能力。 3. 培养学生的主人翁意识，团结协作，感受集体的力量

表2　　　　　　　　　　初中学段生涯教育目标

学段		生涯教育目标
初中	七年级	1. 对自我有较清晰、较客观的评价，了解自己的兴趣与能力倾向。 2. 制定符合自己的学习和生活的目标，合理进行调整，明确生涯发展离不开个人努力。 3. 进一步了解职业世界，认识到职业与未来发展的关系，初步形成正确的生涯职业观
	八年级	1. 认识到学习的意义以及对未来发展的影响，有一定的生涯规划意识。 2. 使学生掌握一定的独立生活能力和适应能力，能运用逻辑思维解决问题。 3. 了解社会运转所需要的职业类型，通过职业体验，树立责任意识，产生职业向往
	九年级	1. 制定合理的人生目标，并能积极主动地参与各类社会实践。 2. 主动规划自己的学习和生活，学会时间管理并将理想落实到行动上。 3. 学会收集并分析有招生的信息资料，合理甄别，根据自己的能力和倾向择校

（二）课程建设与生涯融入

生涯教育目标的确立提升了广大教师对生涯教育"知"的积累，同时，也明确了学校生涯教育"行"的方向。

1. 强化课程建设，行思相济

把生涯教育与校本德育课程有机融合，以实践活动为路径，进行生命教育、心理疏导以及价值观引领，丰富校本生涯课程建设。

（1）生命教育

1—3年级每学期开展两次以"生命"为主题的年级展览。比如"生命的诞生""自然的循环"等，学生通过收集资料、提取信息、绘制手抄报、手工艺品等方式让学生了解生命的起源和消亡。

4—6年级每月组织一至两次自然体验活动。学生在校园一角开发班级"植物园"，栽种植物，悉心培育，观察植物的生长过程，感知生命成长的意义。

7—9年级每学期开展一次至两次"探索生命"校外实践活动。学生自发组织到动物园或植物馆，比如以"阔叶树木的秘密""哺乳动物的分类"等为探究主题，实地考察，以"生命档案册"为载体进行呈现，感受大自然的奇特，珍爱生命，敬畏生命。还可以通过采访、照顾身边的或养老院的老人，增强对生命的理解与珍惜。结合日常学习中的积累，初中毕业时，每个学生都可以拥有一本原创的《生命档案》册集。

（2）心理健康教育

以心理健康辅导中心为重要阵地，根据不同年段学生认知特点和身心发展规律，开设不同主题的心理健康活动课。

1—3年级，开展以"适应""乐学"为主题的辅导活动课。帮助学生认识并适应新环境，树立时间意识和规则意识；对学习产生兴趣向往，培养探究精神，在学习生活中感受解决困难的快乐。如"我有一双小巧手""和尚抬水""情绪总动员"等。

4—6年级，开展以"乐学""独立"为主题的心理辅导课。树立自信，乐于学习，进一步了解自身与外部世界的关系，初步建立主人翁意识，形成诚实守信、互助合作的品质。如"欣赏自己""我的完美父母""情绪万花筒""美好的星空"等。

7—9年级，主要围绕"学习心理""情感链接""自我调适""青春期心理""学会适应（包括职业指导）"五个方面进行系统的心理健康教育，唤醒学生的生涯意识，提高自主能力，从而学会自我规划。

健康的心理状态是进行生涯教育的基础，九年一贯、分层实施的这一模式，使得学生的心理健康教育能够有序开展，有力地促进了学校德育工作的开展。

（3）研学旅行课程

读万卷书，行万里路。生涯教育目标的实现，需要依靠生涯发展指导课程，也需要借助各种形式的教育实践活动才能实现。针对九年一贯制的特点，学校认真制订研学旅行计划，设计了不同主题和线路，选配特定合理的研学项目和专业教师带团研学，平常省内研学，寒暑假省外、境外研学，覆盖了小学到初中。九年时间，学生将走完所有主题和线路，这也体现了西安高新第二学校生涯教育的九年一贯性（见表3）。

表3　　　　　　　　　　　研学旅行课程

研学主题	研学项目	研学意义
"大美陕西"	"守望兵马俑""走近大雁塔""走进陕博"等	针对小学1—3年级学生，通过参观、游览陕西省的著名景点，了解家乡历史，激发学生热爱家乡的情感
"科技圆梦"	"奇妙科技馆""圆梦航天城""微生物的秘密"	针对小学4—6年级学生，通过参观体验科技馆、航天城、食药品研究所等，让学生了解不同的职业和工作环境，树立科技兴国的理想
"红色之旅"	"重走长征路""走进延安""伟人的故乡"等	为7—9年级初中学生设计，通过到红色革命根据地为期一周的实地体验，感悟红色历史，确立适合自己也适合社会发展的生涯目标
"走出国门看世界"	"新加坡之行""日本的唐文化""艺术之都——法国"	寒暑假的境外研学，针对各年级自由报名的学生，通过走出国门看世界，拓展学生视野，了解其他国家的社会职业，丰富、拓宽自己的生涯理念与视野

2. 实行学科渗透，素养为重

"生命教育""心理健康教育""研学旅行"是一种直接的生涯教育方式，在学科教学中渗透生涯教育，则是一种间接的生涯教育方式。

（1）学科融入

以学科教师在教学相关的基础知识的同时，多方面、多途径来挖掘学科与未来职业的相关联系，教学活动中渗透人文精神、理想信念、劳动价值观、职业幸福感等。学科融入可分为三种不同课型。

渗透课型，即知识与职业、能力的链接。以生物学科为例，七年级下册"合理营养"部分，教师不仅要激发学生学习生物的兴趣，还要普及合理膳食的健康知识，引导学生明确良好生活习惯的重要性。教学中插入营养师职业体验这一生涯教育内容，一方面使学生感受到生物学就在身边，另一方面激发了学生探究性、体验性学习的兴趣，从而使所学知识得到进一步的拓展与延伸。

拓展课型，即挖掘学科与生涯教育的内在联系，培养学生生涯意识，提升学习能力。如小学高段开展的《名人传》系列拓展课程，以提炼各学科、各篇目的名人名言为主要内容，通过分享名人故事，阅读名人传记，追踪名人生涯经历，学习人物精神，在榜样的激励下提升自我规划意识。

体验课型，即通过跨学科教学的实践体验，培养生涯意识。例如，在八年级地理学科《西双版纳》一课中，教师设计了"西双版纳招商引资大会"模拟活动，将地理课、历史课、语言辩论课与生涯教育相结合，学生通过角色扮演，既体验了不同职业角色的特征，又跨界学习了地理、历史、语文知识，提高了学科综合实践能力。

学科融入坚持以课堂为中心，以学生活动、能力提升为动力，贯穿小学一至九年级，借助学科平台，渗透生涯教育，感知知识的价值和生涯的意义。

（2）生涯社团

立足多元智能理论开展丰富多样的社团活动，在活动中激发兴趣，提升创造力。西安高新第二学校的社团也是学校教育的一大亮点，每周二和周四下午开展各级各类社团活动,周五进行年级体育特色社团活动,以确保全校每一位师生"人人有社团,人人有特长"。社团主要有以下分类。

语言类社团,培养学生的口头语言及文字的能力。如小作家、演说、记者、编辑、主持人、配音、课本剧社团等。

逻辑数学类社团,培养学生的逻辑推理能力和数理分析能力,能够发现问题,寻找事物的规律及逻辑顺序,找出解决问题的答案。如华罗庚社团、数独社、速算社、益智桌游社、推理社、围棋社等。

体育活动类社团,培养学生不怕吃苦、追求更快更高的体育精神,坚持锻炼,提高身体素质。如花式篮球、国球乒乓、魅力足球、中考排球、跳高社团等。

音乐舞蹈类社团,培养学生的音乐审美和身体表达能力,有节奏、有韵律、有敏感度。如合唱、腰鼓、古筝、吉他、萨克斯社团等。

自然探索社团,能够发现认识身边的动植物,了解动物的习性特征,探索植物的生长环境,热爱保护大自然。如种植园、动物协会、环保先行、趣味实验社团等。

丰富多样的社团让学生在活动中发现特长、提升自信,并在坚持训练中成为中高考中的体育特长生、艺术特长生,这对学生今后的学业选择、生涯前期规划都产生了深远的影响。

(三)班级管理与生涯规划

九年的基础教育,对学生的一生都有着极其重要的影响,而影响学生成长的最重要的人物就是班主任。在班务管理中实施生涯教育,让每位班主任通过阶梯培训都成为学生的生涯导师,使其成为学生成长的见证者、同行者与指导者,其意义非凡。以八年级为例。八年级是学生身心发展的转折点,也是思想教育的关键期。这一学段的学生既追求独立,又容易感情用事;易受外界影响,但可塑性也很强。针对八年级学情,我们是这样做的。

一个目标,即一个班级,需要强大的信念凝聚,特别是身边榜样人物的激励。为此,八年级每学期都有一个固定活动——"榜样的力量",班主任邀请已毕业的优秀校友给学生作主题演讲,激励学弟学妹奋发向上,端正学习态度,以目标为方向,脚踏实地,不负韶华。

两次探究,即家校合作,发挥社会资源优势,每学年组织两次社会实践活动。例如学生走进食品药品研究院,探究食品药品是如何经过层层检测才能够投放到市面的。走进太白山农夫山泉工厂,探究水源地的选址、纯净水的提取,了解自然水到纯净水的详细流程,进一步感知AI时代,人工智能将代替重复性工作的职业趋势。

十节班会,即主题班会是生涯教育落实的重要途径。八年级一学年共召开30次班会,生涯教育主题班会占比1/3,重在进行时间管理和理想教育,提升学生自我认知,社会认知,做好学业规划,唤醒生涯意识。如开展的"做时间的主人""压力,适度就好""我的生涯菜单""谁来管理我的情绪"等,通过这样的主题班会,促进学生学会管理自己、规划自己。

四十八本成长档案,即每个孩子都有其独一无二的成长轨迹,记录并分析这些数据,可以帮助学生客观地了解自己,明确努力的方向。开学伊始,学生通过"霍兰德"兴趣测试做出自我评价,并找出个人素养提升点,从而使学生认识到自己的现状和理想的距离,师生在此基础上制订个人成长计划。八年级学生的成长档案包括成长历程、学业表现、自我评估、生涯规划、他人评价和心理测试等。

在班级管理中进行生涯渗透只是西安高新第二学校在生涯教育实践中的一个缩影,这套管理模式不仅适用于初中生,小学也可以调整适用,促使学生在九年一贯的学习成长中被唤醒生涯规划意识,提升自主能力,对未来有向往、有方向、有行动。

三 花开校园,知行一生

近几年来,通过苦练内功固根基、强化实践强技能,学校在生涯教育方面积累了丰富经验、取得了丰硕的成果,引领一批批学生更加稳健地走向人生的下一个成长阶段，获得了学生、家长和社会的良好反馈，也进一步增强了我们继续做好生涯教育的信心和动力。

（一）家长给予充分肯定

生涯课程的开展，增强了家长对孩子的生涯规划意识，同时使得部分家长参与学生的生涯课堂。以西安高新第二学校小学五年级开展的JA（Junior Achie-vement）课程[①]为例，邀请不同职业的家长为学生介绍自己的职业特点以及相关的职业知识，学生参与家长的职业规划，以讨论交流、设计方案、解决问题为主要形式进行课堂活动。这样别具一格的课堂形式，成为学生每周最为期待的时刻，也获得了家长的一致好评。JA课程是西安高新第二学校中高段学生生涯教育中的一个特色，以下是部分参与学校JA课程家长的切实感受。

> 李嘉兴家长："课程获益的是孩子，寓教于乐是该课程的一大特色，它将枯燥的理论融入游戏，更方便孩子记忆和理解。同学们喜欢与我交流，他们经常小组合作，共同发问，有些特别内向的孩子也参与了进来。我觉得这样的学习方式大大激发了孩子们的学习热情，孩子喜欢，我也受益。"
>
> 陈尹墨研家长："最大的体验和收获在于：一是成长。我一直觉得JA最大的价值就是在于经验分享。这些经历，会让人觉得自己被孩子们信任的同时，可以看更多学更多思考更多。二是价值观与梦想。正确的价值观才能铸就伟大的梦想，通过我的人生经历，告诉孩子们为社会付出，为他人奉献，脚踏实地不求索取，这样的人生才是最有意义的。"

从参与JA课程家长们的反馈来看，学校生涯教育对于学生成长，有

---

① JA课程是西安高新第二学校与青少年职业、创业和理财教育的非营利教育组织合作开发的一项家校共育的课程体系。

如下三个方面的助力作用。一是学以致用，使学生学习到的课本知识与生活实践有效结合起来，充分体会到知识的实用价值。二是帮助学生建立了生涯意识，产生了职业向往，并初步建立了生涯规划意识。三是在参与活动中，树立了正确的人生观和价值观。

（二）学生综合素养不断发展

以五年级开展的"小小理财师"课程为例，学生通过一系列的调查研究，收集到了大量的数据。如何通过数据分析问题呢？令人为之惊叹的是，这一组小学生对数据的分析是那么的专业，如图1、图2和表4所示。

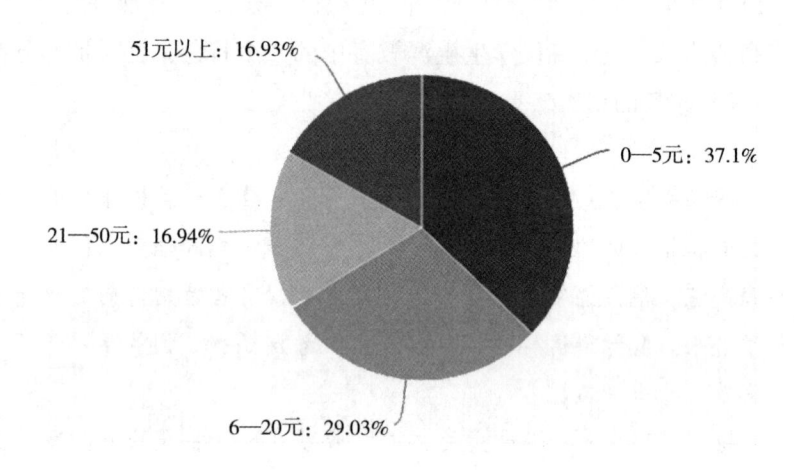

图1　五（3）班学生每月零花钱情况

表4　　五（3）班学生的零花钱来源调查结果（n=124人）

零花钱来源	人数	所占比例（％）
父　母	102人	82.26
亲戚或朋友	2人	1.61
压岁钱	29人	23.39
爷爷奶奶	18人	14.52
其　他	12人	9.68

没教过：15.32%

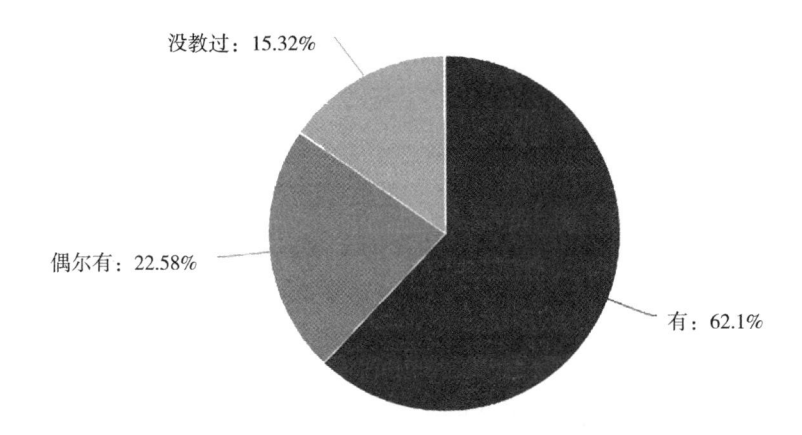

偶尔有：22.58%

有：62.1%

图2　五（3）班家长是否教过学生如何合理安排零花钱

不同的数据的展示，彰显了学生良好的数据处理能力！这让我们不得不认识到一个事实，即在这与时俱进的大数据时代，生涯课程的开展，促进了学生对自我的认知，提升了中小学生整体的研究能力、整理资料的能力、数据分析的能力。学生开始关注环境、关心社会，校园里满满的正能量，学生参与社会的意识进一步增强。

（三）教师专业素养得到提升

从事生涯教育必须具有丰富的专业知识、较强的实践能力，而教师是一个极具学习力的团队。定期有目的的全员培训、多种途径的培训方式以及有针对性的教研活动，满足了不同类型教师的需求，让每一位教师都可以成为孩子的生涯导师。

首先，学校为全体教师开展了"生涯辅导理念和技能"的专业培训。在理论上，丰富了每位教师的头脑，提升了对生涯教育的理解。其次，加强学科教研，以观摩课的形式有针对性地开展生涯教育的指导。最后，结合学校的实际，与校本研修相结合，建立相应的工作室。例如西安高新第二学校开设的"德育名师工作室"，以班主任为主阵营，着力将"生涯教育与班务管理"作为研究主题，研究设计了"测量评估表""生涯手账"

"生涯菜单""目标管理"等系列活动，力求在班务管理上取得创新，助力学生的生涯成长。

广大教师的快速成长，为学校生涯教育走向课程化、系统化、九年一贯化更添动力。

四　以理究物，研精致思

九年制学校开展生涯教育，是为了帮助学生更好地认识自我，了解世界，激发兴趣，坚定毅力；而不是要拟定一种方向让学生循路前行，早早规划好他的人生之路。

格物鼎新，永无止境。通过前面的实践研究和探索以及所取得的点滴成绩，我们发现当前中小学的生涯教育缺乏政府部门的资金支持、社会各界对生涯教育的重要性认识程度不一、学校生涯教育师资力量薄弱、生涯课程构建还有待改进、家庭教育对学生生涯发展的支持不足等问题都一一凸显出来，特别是以下问题需得到重视。

（一）生涯教育与职业规划

美国心理学家舒伯[①]（Donald E. Super）的"生涯发展形态研究"结果表明，一个人的生涯发展可划分为成长—探索—建立—维持—衰退五个阶段。由出生至14岁属于成长阶段，这个阶段，孩子在"角色扮演""发现喜好""培养能力"的过程中开始发展自我概念，以各种不同的方式来表达自己的需要，且经过对现实生活不断地尝试，润饰自己的角色，为将来适应社会做准备。

0—14岁，恰恰包含了一至八年级的学生，也就是说，九年制学校是学生生涯成长的主要阵地，是培养学生生涯意识的最佳场所。将生涯教育下延到小学，绝不是个别人所说的为时尚早的事情。但在实际的生涯教育

[①] Super D. E., "A Life–span, Life–space Approach to Career Development", *Journal of Vocational Behavior*, 1980, 16 (3): 282–298.

过程中，相当一部分的中小学教育者会把生涯教育与学生未来的职业规划等同，学生的兴趣发展、职业体验、知识学习都似乎是在为将来的某一种职业做铺垫。鉴于此，我们认为，在实施生涯教育的过程中，以下几点需要得到重视。

1. 培养生涯意识，关注思维成长

生涯教育的一个核心是要培养学生具有解决问题和正确决策的能力。以此为前提，生涯教育课程更应重视学生生涯意识的培养，关注其思维成长。在日常的学习生活中，通过信息收集、资料分析、活动实践、反思探究、解决问题等，提升逻辑思维及分析判断能力，以达到促进学生完成自我认知、自我管理、了解世界、生涯探索等，从而具备正确的发展决策能力。

2. 完善课程体系，培养生涯自信

对于学校而言，首先要完成国家课程，在此基础上可以进行地方课程、校本课程的开发和使用。对于学生而言，学习时间有限，但学习容量要得到扩充。如何达到双赢，那么就应该重视将生涯教育融入课程建设及活动，使学生在丰富的生涯活动中，建立起生涯自信。

3. 构建合作机制，达成生涯共识

对于当今这个突飞猛进的时代，生涯教育已成为广大青少年成长的必修课，需要各方共同努力、达成共识。还应加强与企业、研究所、医院、社区等社会机构和个人的合作，充分利用一些优质的社会资源，构建完整的生涯教育合作机制，推动建立一批校外生涯体验基地。通过这些合作，促使学校的生涯教育得到全面整合与改进。

生涯教育不等同于职业规划，但生涯教育一定会对学生未来的职业选择产生巨大而有意义的影响。所以，九年制学校的生涯教育，更应侧重学生对自我、对世界的全面认知与感受。

（二）生涯教育与家庭教育

成就一个优秀的学生，需要学生自身的努力、家庭的配合和教师团队的共同协作，而家庭教育对于学生的影响远大于学校课程的设置。截至目前，西安高新第二学校已经进行了一百六十多场针对家庭教育的"知行学堂"活动，而效果却不尽如人意。究其原因，我们对家庭教育的认知还不够深入。

美国加州大学心理学家 Diana Baumrind 在观察研究的基础上将父母的教养方式分为三种类型，即权威型、专制型和宽容型。[①] 其中权威型父母对孩子的态度积极肯定且要求明确，尊重和理解孩子的观点，能与孩子建立良好的亲子关系；专制型父母对孩子缺乏热情，要求孩子无条件遵守规则，很少考虑孩子内心的需要；而宽容型父母对孩子控制不足，缺少要求。许多中外学者通过比对发现，权威型家庭中的孩子情绪稳定、葆有自信、待人平和、具有很强的沟通能力，在集体活动中能自觉体谅他人，父母对子女的期望符合孩子现有的年龄和能力水平。

近年来，在青少年的生涯发展过程中，我国的一些专家学者普遍认为，父母对孩子的未来发展及生涯规划有极其重要的影响，特别是以温情、支持、肯定为特征的"权威型"父母，其教养方式在孩子生涯发展的教育活动中产生积极作用。这些研究成果启示教育工作者，特别是从事家校教育的工作者，我们需要培养更多的"权威型"父母。西安高新第二学校的"知行学堂"是知行课程的发源地，也是建立家校共育的重要平台，因此，在对学生进行生涯教育的同时，借助"知行学堂"开展好"家长课堂"，培养具有"生涯意识"，愿意助力孩子"生涯成长"的家长朋友，也是学校生涯教育不可分割的一部分。

（三）生涯教育与核心素养

《中国学生发展核心素养》明确指出，学生发展核心素养，主要指学生应具备的能够适应终身发展和社会发展需要的必备品格和关键能力。[②]

[①] Baumrind D., "Current Patterns of Parental Authority", *Developmental Psychology*, 1971, 4(1): 1.

[②] 《〈中国学生发展核心素养〉发布》，《上海教育科研》2016 年第 10 期。

它以科学性、时代性和民族性为基本原则，以培养"全面发展的人"为核心，分为文化基础、自主发展、社会参与三个方面，综合表现为人文底蕴、科学精神、学会学习、健康生活、责任担当、实践创新六大素养。今日，无论我们的国家课程的设置，还是学校发展的目标，无不围绕着这"六大核心素养"进行。

九年制学校进行生涯教育是积极落实"中国学生发展核心素养"，以培养人、发展人为目的，为学生一生的幸福生活奠基。提醒我们所有的教育工作者，生涯教育不是要在我们日常的教育教学工作中另起炉灶，而应是对"中国学生发展核心素养"的一种对接、延伸，一种细化、深化。

通过研究比较，我们认为中小学无须增加过多的生涯教育课程，而是应该给予学生更多成长的空间和时间，家校社全面配合，将生涯教育这一宏大的主题，渗透到教育教学活动的方方面面，重视师生的实践创新意识培养，真正将生涯教育做到"润物无声"的境界。

"爱注九年，知行一生"，让生涯教育助力学生的全面发展，为每一个孩子一生的幸福筑牢根基。

【学校简介】

陕西西安高新第二学校

西安高新第二学校是西安高新区管委会于 2006 年创建的高新区第一所义务教育公办学校。学校占地面积 60 亩，在校学生 5000 余人，教师 280 人，正高级教师 1 人，高级教师 50 人，研究生学历 116 人。教育部名校长高杨杰工作室 1 个，省级名师工作室 2 个，省级学科工作室 2 个，三级三类等骨干教师 84 人。

学校以"爱注九年，知行一生"教育思想为指导，积极践行"知行合一，全面发展"的办学理念，倡导以"知行"为特色的校园文化建设，努力实现让学生"快乐学习，健康成长，自信生活，成为综合素质高，具有家国情怀和国际视野的创新人才"的育人目标。

学校先后荣获"全国德育管理科研先进学校""全国国学经典教育实验学校""全国艺术教育先进单位""全国中小学足球示范校""中国教育学会管理分会常务理事单位""中国教育发展战略学会生涯教育专业委员会常务理事单位""教育部中小学影子校长培训实践基地""英国布里斯托大学学习能量先锋学校""联合国教科文组织世界遗产青少年教育基地""陕西省义务教育规范化学校""陕西省素质教育优秀学校""陕西省平安校园""陕西省文明校园""陕西省艺术教育示范学校""陕西省青少年足球基地校""西安市体育传统学校""西安市'名校＋工程'名校"称号。

学校校本知行课程在全国影响广泛，先后荣获"2018 年基础教育国家级教学成果二等奖""2018 年陕西省基础教育教学成果一等奖""2017 年陕西省义务教育学校课程建设优秀成果一等奖"。2020 年 4 月"以大美陕西课程为载体培育学生家国情怀的研究行动"获陕西省第十一届基础教育教学成果一等奖

◎ 深圳新安中学（集团）

学生自主发展的体验式生涯教育实践探索[*]

一 集团及生涯教育概况

南海之滨、珠江口畔，有一颗璀璨的教育明珠——深圳市新安中学（集团）。深圳市新安中学创建于1988年，2017年发展壮大为新安中学（集团）（以下简称"新中集团"），是深圳市宝安区教育局直属的基础教育集团，是宝安区四大教育航母之一。新中集团现由高中部、初中部、第一实验学校、外国语学校、第二外国语学校五个校区组成，贯通小学、初中、高中三个学段，建立起十二年一贯的办学体制。

自办学以来，新中集团各校区均取得了丰硕的教育教学成果，并在生涯教育领域锐意创新、精耕细作，初步取得了一系列的喜人成果。其中，新中集团作为中国教育战略发展学会生涯教育专业委员会理事单位，顺利承办了中国生涯教育2019年学术研讨会；集团生涯教育成果《智慧生涯

---

[*] 谢芳青，深圳市新安中学（集团）副校长兼心理健康与生涯教育指导中心主任、深圳市新安中学（集团）外国语学校校长；何红华，深圳市新安中学（集团）高中部德育处主任；叶婷婷，深圳市新安中学（集团）外国语学校办公室副主任、心理健康与生涯教师。

教育，点亮生命之光，奠基幸福人生》被评为广东省中小学特色学校建设成果一等奖，高中部、初中部、第一实验学校被评为深圳市心理健康教育特色学校，高中部、第一实验学校、外国语学校先后被遴选为深圳市首批生涯教育试点高中、初中、小学。

新中集团认为，培养学生的自主性、能动性和创造性是培养人才的基本要求；教育应致力于培养自主的学习者、自我的管理者，学生应成为自我的发现者、自我的超越者，从而最大限度地实现自我价值，提升生命意义，奠基幸福人生。生涯教育便是学校贯彻立德树人育人方针、落实学校办学理念的有力抓手。基于多年来各校区生涯教育的实践探索与试验成果，新中集团逐渐摸索出一种基于学生自主发展的体验式生涯教育工作模式，助力学生的幸福成长与终身发展。

二 集团生涯教育实施背景

新中集团的生涯教育经历了三个阶段的发展——基于育人理念而开展的"自我管理，自主发展"（以下简称"双自"模式）德育模式研究阶段、基于学生自主发展所需而开启的生涯教育自发试验阶段、基于适应高考综合改革需要而铺开的生涯教育模式整体构建、稳步推进阶段。

（一）从德育传承中走来

秉承着"育人为本，和谐发展"的办学理念，新中集团重视培养学生适应终身发展和社会发展需要的必备品格和关键能力，致力于培养身心和谐发展、心理品质良好、人格独立健全的德、智、体、美、劳全面发展的社会主义建设者和接班人。十多年来，在集团校长、广东省名校长工作室主持人高妙添先生的引领下，集团围绕"双自"的德育模式进行实践探索，如搭建平台让学生自主制定班级公约、让学生以管理者身份参与学校管理等，丰富多彩的校园活动不仅增强了学生作为新中人的主人翁意识，提升了学生的自主能力，也为集团探索基于学生自主发展的生涯教育工作模式奠定了基础与方向。

（二）从生命叩问中走来

2014年，一位高三学生发表博文，疑惑生活是为了什么？读书赚钱是为了什么？为了什么而读书赚钱？……无独有偶，2015年一名新生说："我们每天起早贪黑，不停地做作业、纠错，可我们为什么要这样？难道只是为了取得好成绩？"这一个个来自学生对生命意义的叩问，引起了老师们的关注，我们惊喜于从中看到了新中学子自主性、社会性的发展——他们将视野从校园、班级、日常学习扩展到社会、未来与生命的高度，自发地对校园学习之外的事与物进行思考，开始成为意义的探寻者，而非甘愿做传统学习的"机器"。与此同时，作为教育者，我们也开始反思，是否应该为学生提供更多的时间和更大的空间，让学生可以走出校园、走向社会，去探索更广阔的未知的世界？

基于这样的思考，基于学生自主发展所需，自2015年起，高中部以当时的高一年级为试点，依托《"适性辅导·扬帆起航"高中生生涯规划辅导》课题，率先开启了生涯教育的三年探索与试验。面对没有专业师资、没有教材、没有课时、没有软件、没有外围支持等情况，年级通过班主任兼任生涯导师、购买网络课程、善用班会课时、寻找免费试用的测评资源及发动家长、学长及大学教授参与等方式，不断寻找并整合资源，为生涯教育创设条件、搭建平台、拓宽途径，取得喜人的育人效果，也为集团基于学生自主发展的生涯教育工作模式搭建了框架与雏形。

（三）从高考改革中走来

自2014年国务院印发《关于深化考试招生制度改革的实施意见》以来，我国开始启动新一轮高考综合改革。作为第三批改革试点省份，我省于2018年发布了《广东省深化普通高校考试招生制度综合改革实施方案》，正式推进"3+1+2"的高考新模式。该方案提出，从2018年秋季入学的高一年级开始实施，实行基于统一高考和普通高中学业水平考试成绩、参考综合素质评价的多元录取机制；到2021年，初步建立分类考试、综合评价、多元录取的普通高校考试招生制度。

《国家中长期教育改革和发展规划纲要（2010—2020年）》更明确提出，在教育教学过程中，要着力"全面提高学生的综合素质"，"建立学生发展指导制度，加强对学生的理想、心理、学业等多方面的指导"，"鼓励有条件的普通高中根据需要适当增加职业教育的教学内容"，并"采取多种方式，为在校生和未升学毕业生提供职业教育"。

在这一时代背景下，学生被赋予更多的自主选择权；在中小学校，尤其是高中学校，有序推进生涯教育，引领学生认识自我、了解社会、把握机遇、适时抉择、规划人生、积极主动谋发展，成为必行之势。这也为集团自上而下、继续深入推进基于学生自主发展的生涯教育工作提供了政策支持、坚定了变革决心。

综上所述，在办学与发展过程中的种种机缘下，依托"双自"德育模式研究成果，根据学生自主发展的规律，适应广东省高考综合改革的需要，在各校区取得的生涯教育试验成果的基础上，新中集团高度重视生涯教育工作，将生涯教育视为学校教育的重要组成，融入校园常规工作，并逐渐建构起基于学生自主发展的体验式生涯教育工作模式，致力于提高学生的综合素养，养成学生的美好品质，竭力达成立德树人的教育使命，奠基学生幸福成长与终身发展。

三 集团生涯教育目标定位

为不断提升集团生涯教育工作的科学性与实效性，我们进行了关于生涯教育的理论研究，逐步明确了基于学生的自主发展的体验式生涯教育理念，并构建起了小初高一体化的生涯教育课程目标与内容体系。

（一）理论基础

1. 自主发展与生涯教育

"自主性"是个人成长的根本动力。《中国学生发展核心素养》研究也提出，自主发展是学生适应终身发展和社会发展需要的关键能力之一；它强调学生能有效管理自己的学习与生活，认识和发现自我价值，发掘自身潜力，有效应对复杂多变的环境，发展成为有明确人生方向、有生活品质的人。专家指出，中小学开展生涯教育，应站在学生发展核心素养的大背景下，将培养学生的自主发展能力作为最终目标[①]；诸多实践也证明，开展生涯教育，是培养学生自主发展的探索、决策与自我管理能力的有效途径。因此，我们以培养学生自主发展能力为集团办学的重要目标之一，整体构建并大力推进集团生涯教育工作。

2. 体验式生涯教育

体验，即通过具体接触、实践来认识周围的事物或者亲身经历；它包含个人在外界事物、情境的影响下产生的内心感受、体会或亲身的经历。[②]

美国职业生涯指导专家舒伯认为，生涯是生活中各种事件的演进方向与历程，它统合了人一生中的各种职业和生活角色，同时表现出个人独特的自我发展形态。[③] 因此，学生的成长发展离不开丰富多样的活动与实践，离不开学生对各种职业与生活角色的亲身体验，离不开学生的情感投入与思考领悟，并在此基础上培养起自我认知、自主抉择、适应未来的能力。

我们认为，生涯教育应当是体验式的，注重学生的亲身参与与知、情、意的投入，从而在实践过程中获得新的知识、技能、态度的方式。[④]

[①] 索桂芳：《核心素养背景下普通中学生涯教育的几点思考》，《课程·教材·教法》2018年版第5期。
[②] 黄天中：《生涯体验：生涯发展与规划》，高等教育出版社2015年版。
[③] Super D., *The Psychology of Careers*, New York: Harper and Row, 1957.
[④] 朱丽莉：《体验式生涯发展指导课程的开发与实施初探》，《出国与就业》（就业版）2011年第11期。

正如美国学者库伯①体验式学习圈模型所认为的,学习是"具体体验—观察思考—抽象概括—行动应用"四个元素与阶段循环往复的结果,具体的体验(做与感受)是整个学习过程的核心。② 学生的生涯发展也是如此。

此外,与传统的生涯教育相比,体验式生涯教育具有明显优势(见表1)。体验式生涯教育是当前大、中、小学校推进生涯教育的一种比较适切的操作范式。因此,我们坚持以体验式为集团生涯教育工作模式,努力为学生创设形式多样、内容丰富、尽可能接近真实情境的教育教学活动,并精心设计活动过程,以确保学生体验平台有参与、体验内容可选择、体验过程有深度。

表1　　　　体验式生涯教育与传统生涯教育的比较

维度	体验式生涯教育	传统生涯教育
目标	"面对有差异的学生,实施有差异的教育,实现有差异的发展",个性化	统一的、固定的、标准化
学生	主体性、能动性、充分参与、互动	被动接受知识与影响
教师	学生成长的引领者、陪伴者,强调师生合作	权威的专家、知识讲授者
内容	为学生创设体验的情境,重视学生的活动体验及情感态度价值观的改变	以教师的课堂讲授为主,注重知识、技能的学习
方法	创设活动情境,重视实践,在做中学	说教、灌输

3. 生涯发展阶段任务

子曰:"吾十有五而志于学,三十而立,四十而不惑,五十而知天命,六十而耳顺,七十而从心所欲不逾矩。"在中国传统文化中,中小学生处在未成年人向成年人角色过渡的阶段,其重要任务便是要开始学习承担自我生命发展的责任,不仅要学会立大志,致力于将来能在社会安身立命;而且要在生活与教育中不断增长自身的学问与修养,为进入社会提前做准备。

西方经典的生涯彩虹理论从职业发展的角度,将人的一生划分为成长

---

① Super D. E., "Quality of Life and the Meanings and Values of Work", *Educational & Vocational Guidance Bulletin*, 1984, (41): 2-14.
② [美]库伯:《体验学习——让体验成为学习和发展的源泉》,王灿明、朱水萍译,华东师范大学出版社2008年版,第33页。

期、探索期、建立期、维持期与衰退期五个人生发展阶段。其中，中小学生处于生涯发展的成长期和探索期，需要通过各种各样的活动与社会实践，来让学生发展自我兴趣与能力，了解、探索工作世界，使职业偏好逐渐具体化、特定化。[①]

无论是中国传统文化还是西方的理论，都一致地认为人在一生中每一阶段扮演着不同的主要角色，承担着不同的发展任务。其中，青少年处在人生发展的前期，未来拥有无限的可能；而作为学习者，也需要在接受教育与参与各类实践活动的过程中，面向未来，积极发现自我特点、主动发展自我能力、学会树立职业理想，以便更好地适应社会发展的需要。因此，我们依据学生不同发展阶段的特点与需求，充分利用集团化办学的优势，初步构建起体验式导向的小、初、高一体化的生涯教育目标与内容体系，不同阶段有不同的学生发展指导侧重目标与内容。

（二）目标体系

1. 集团生涯教育总目标

借助各类生涯教育教学活动，一是唤醒学生自主发展的生涯意识，从而敬畏生命、热爱生活、对未来充满信心与期待；二是引领学生认识自我特点、发现自我潜能、发展自我能力、在校内外活动中实现自我价值；三是引导学生主动了解社会，在把握时代机遇与自我特点的基础上，初步树立大学专业与职业理想，并在重要的生涯节点（如选科、选考、大学专业选择等）中学会自主抉择；四是指导学生合理规划人生阶段性目标，并有效管理当前的学习与生活；五是培养学生的生涯适应力，以面对并适应高速发展与充满不确定性的未来社会。

2. 集团生涯教育具体目标

根据学生不同阶段的不同需求及特点，从自我探索、环境探索、生涯抉择与管理三个维度，确立了集团小初高不同学段的生涯教育目标与内容（见表2）。

[①] Super D., *The Psychology of Careers*, New York：Harper and Row, 1957.

表2 新中集团小初高一体化的生涯教育课程目标与内容

维度	一二年级	三四年级	五六年级	初一年级	初二年级	初三年级	高一年级	高二年级	高三年级	总目标
自我探索	了解自我外表、兴趣、爱好、情绪等，情绪中的自我独一无二，感受自我与他人的不同，乐于尝试不同的社会角色，接纳自我	了解不同人眼中的自我，培养学生独立自我，悦纳自己，学会表达自己的同社会角色的适应	正确认识自己，在各种活动中悦纳自己，学会表达自己	了解青春期的身心发展特点，接纳自己的变化	客观和全面地认识自己，评价自己，提高自我意识水平	探索自我兴趣、能力、价值观及适合的发展方向；了解普通高中与职业教育等，根据自身特点作出选择	正确认识自我兴趣、能力、价值观，能客观性性，能主动制订学习与提升自我能力	深入认识自我特点，客观看待自我优势与劣势，学会扬长补短	把握自我特点，确立适合的发展方向；了解本科与专科教育的差别，根据自身特质作出选择	引导学生了解自己、发现自己的长处及优点，认识有关自我的概念与意识；了解我兴趣、能力、价值观与性向；了解自己能力与特质所适合的发展方向
环境探索	了解家庭成员所从事的职业。培养正确的劳动态度和劳动观，尊重劳动者，形成关于劳动的基本概念	扩大学生对周围的职业的认识，引导学生熟悉常见的职业，把劳动环境和劳动与学习相结合	积极参与家庭、学校、社区的服务活动，学会承担家务等社会责任，用自己的行动践行社会主义核心价值观	通过了解职业的基本概念及类型，了解各种工作的角色及其特性，逐步形成收集信息和尊敬他人工作的意识	关注家庭与社区的发展变化，意识到自己的成长与家庭、社会与国家的发展有密切的关系	认识职业与社会发展的关系，了解产业结构及职业变化的影响；把握未来职位需求，形成就业的基本意识，初步选择，根据自身选择学校	通过社团活动及社会体验活动，深入了解该职业的社会价值及对职业的要求等资讯，形成职业意识，明确自身职业兴趣	聚焦并深入探索某类职业，了解职业内涵和职业基本精神，树立正确的职业观，以导向为大学专业和职业理想，广泛了解大学专业和职业理想，初步确立专业兴趣	认识专业、职业与未来社会发展关系密切的职业大学专业及职业理想，职业理想并自觉将当前学习相联系	引导学生探索职业世界，了解自己家庭所在社区，认识不同类型的职业角色及对人才的要求；了解教育的机会与职业的关系，了解社会经济发展与国家发展的关系。学会平衡各种角色，掌握决策过程，意识到生涯发展的不确定性

· 126 ·

续表

维度	一二年级	三四年级	五六年级	初一年级	初二年级	初三年级	高一年级	高二年级	高三年级	总目标
规划与管理	了解学校,学会自己做、做到生活自理、学习自理,交往自理,适应小学生活	有好奇心,积极关注并体验各种兴趣的活动;启发学生对劳动世界的好奇心,种下"我长大以后想要做什么"的种子	初步觉察责任,形成诚实守信、遵守公德、遵纪守法、热爱劳动和互助合作等好品质,培养生涯的信念与能力	在成人的引导下觉察生长和变化,养成生活自理、学习自理,在自理中合理积极和互助适应中学生活	有积极、合理的人生目标,能自觉地规划和学习、学会合理管理生活,学习时间并向着生活目标不断努力	觉察如何解决问题及做决定,培养合作的工作态度,培养工作时人际互动的能力和技巧	能根据自我特点及职业兴趣等,初步树立职业方向,理性做出选科选考的决策	接纳自己的选科抉择,并自觉规划当下的学习与生活,扎实积累,做好学考准备	为升学和就业做好心理与必备能力上的准备,能自主完成高考志愿填报	引导学生树立规划的意识,有意识地制订学习与生活计划;意识到合理安排时间的重要性,充分认识到学习对个体未来发展的重要性;培养勤备生涯规划的能力,培养发展性的学习态度;发展生涯解决问题的能力和不断解决生涯问题的自信和能力

· 127 ·

四 集团生涯教育实施路径

生涯教育是学校落实全人教育、学生素质教育的重要抓手，它并非单一的生涯教育课程，而是学校教育体系的有机组成部分，融入学校管理、各类课程及教育活动。我们以"一事一物皆教育、时时处处有课程"的生涯大课程观为指导思想，通过整合国家课程、地方课程和校本课程，确立并实施系统、多元的生涯课程体系。

（一）丰富综合素养课程

我们以学生发展核心素养为依据，在小学、初中学段开设了 84 门综合素养课程（中学 35 门，小学 25 门）（见表 3）。学生每学年通过自主选课、自觉参与的方式进行某门素养课程的学习，不仅丰富了自身的课余生活，并在广泛参与各类素养课程的过程中发现与培养自身兴趣与能力，而且能在一次次的自主选择中学会选择，并学会承担选择过程中所伴随的机遇与挑战。

表 3　　　　新中集团综合素养课程（部分）

类型	课程
人文底蕴类	典雅禅茶、南粤醒狮、高雅弦乐、经典国画、兴趣油画、国学鉴赏、古诗新唱、电影欣赏、珠宝鉴赏与设计、书法、葫芦丝、尤克里里、魔术、故事王国、绘本欣赏、电声乐团
科学精神类	MAYA 动画、3D 打印、无线电、细胞机器人、创意编程、玩转乐高、纸上科技
学会学习类	天文竞赛、英语戏剧、思维训练
健康生活类	心理探索/心灵空间、中华围棋、国际象棋、国际橄榄球、国粹乒乓、中华武术、太极拳、贵族击剑、形体健美、健体足球、律动篮球、街舞、跳绳、舞蹈
责任担当类	国旗班、学生会等
实践创新类	创意贴布、羊毛毡 DIY、玲珑安红豆、水彩、动画设计、折纸、黏土工坊、创意软陶

（二）开设生涯探索课程

作为深圳市首批生涯教育试点学校，我们先后在集团高中部、第一实验学校、外国语学校开设高中、初中、小学的生涯探索常规课程，并纳入课程表，每周或每两周一节课（视具体年级而定），由专职心理教师及经过专业培训的部分骨干班主任担任生涯教师。

其中，高中阶段是扎实推进生涯探索课程的重要阶段。根据学生在不同学段的任务与实际需要，我们明确了高中三年生涯探索课程目标与内容。高一年级每周一节生涯课，课程目标侧重于生涯唤醒与自我探索，引导学生快速适应高中生活、开启自我探索之旅；高二年级两周一节生涯课，课程目标侧重于环境探索与筹划发展，指导学生在选科抉择与了解自我特点的基础上进一步明确专业、职业方向，进一步锻炼自己适应社会的沟通、判断、创新、领导能力；高三年级侧重于学业规划、准备未来，以主题班会、主题讲座和个别辅导等形式开展，确保学生快速适应高三的学习和生活状态，具备生涯决策与适应的核心能力，为自主招生、高考及填报志愿做好准备。

在生涯探索课堂教学上，我们倡导并采用体验式教学模式，一改"满堂灌"的教育方式，鼓励学生自主、合作、探究，并依托各类体验式的课堂活动，如游戏体验、小组辩论、角色扮演等，让学生广泛参与其中，丰富学生的生涯体验，并引导学生在活动中进行自我教育与自我反思。学生在生涯课堂中表现出了极高的参与积极性，并充分展示了青年人当有的活力，生成了丰富有益的课堂成果。

（三）融合学科课堂教学

学科教育是学校教育至关重要的组成部分，学科课堂是学生接受教育熏陶的主渠道。中小学各科教材的内容既是未来职业必需的基础知识，又是对学生进行职业生涯教育的好材料。因此，我们认为，各学科教师有其特定的专业背景与经历，在学生发展指导工作中扮演着不可替代的生涯导师角色。我们鼓励各学科教师在教学中渗透生涯教育，充分挖掘蕴藏在各个学科领域中的生涯教育素材，有意识地结合教学内容，引导学生了解与该学科相关的职业及其社会价值、发展趋势等资讯，培养学生的职业兴趣和职业意识，并自觉地将当下学习与未来的职业发展联系起来。

此外，我们以生涯教育为主轴，对国家课程进行整合和开发。例如，外国语学校以"幸福树"为呈现形式，构建富有学校特色的校本课程体系，如图1所示；全员践行"人人皆可给孩子积极影响"的理念，在学科教学中渗透"幸福生涯"教育理念。幸福树校本课程分为仁爱、勇气、正义、修养与节制、智慧与知识、心灵超越等课程，以营养丰富的校本课程为媒，开发学生心理资本，促进学生积极品质的形成，奠基学生生涯发展。

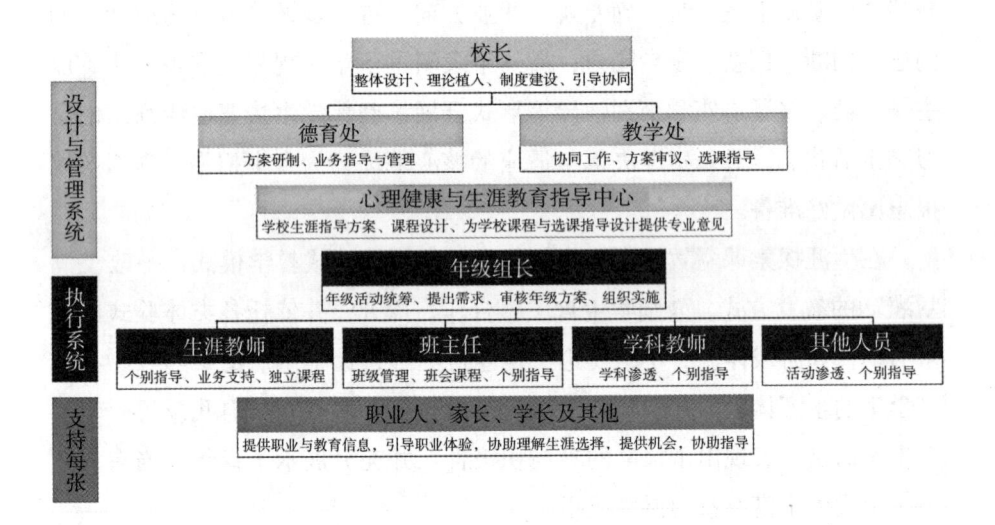

图1　新中集团基于学生自主发展的体验式生涯教育工作机制

注：参考了北京市王红丽老师的构想。

（四）拓展生涯体验活动

活动是丰富学生生涯体验必不可少的载体。为此，我们通过挖掘与整合学长、家长及社会资源，努力拓展丰富多彩的校内外生涯体验活动，引导学生将当前学校的学习与社会、与未来职业生活进行无缝对接，进而更好地定位自己、提升自己、学会自主抉择。

我们重视生涯活动的体系化、序列化与体验性，也精心策划每一场生涯活动，确保学生学习收获最大化。以高中部为例，围绕"职业探索"这一专题，我们根据学生认识职业的规律，从榜样示范、直接接触、探究学习、亲身实践四个层面依次设计并开展学生喜闻乐见的校内外生涯体验活动。

1. 基于榜样学习的"职场人士大讲堂"

每学期末，我们通过家长自愿报名、学校根据学生需求遴选的方式，同时邀请多名来自各行各业的家长、优秀学长同时进课堂，向学生分享各自的职业发展故事及所在行业、职业的发展现状与趋势，引导学生提前思考"如何打造自身适应未来社会的生涯能力"。在这过程中，我们每次开设16个不同行业、职业主题的分论坛，由学生通过线上选科系统，根据自身的兴趣自主报名、抢课（类似选课走班的形式），在活动当天前往自己所报的分论坛，近距离感受自身感兴趣的行业、职业。此活动已成功举办了3届。

2. 基于直接接触的"走进大学与职场"

寒暑假，我们前期通过学生自主报名，分批次带领学生参观本地的知名高校、企事业单位、社会机构，让学生在真实情境中近距离、亲身接触大学与职业世界。截至目前，共有10所知名单位（南方科技大学、联建光电、宝安中医院、深圳联通、比亚迪、康佳集团、大族激光、宝安建行、三诺集团、黄田派出所）首次为新中集团开放生涯体验机会，700余名学生及家长先后参与其中，并对活动的组织与观摩学习的机会赞不绝口。

在开展职场体验前，我们会通过与家长签署《安全责任书》，或要求家长亲自接送、全程陪同等方式确保学生的户外安全；每一场生涯体验，也会事先与接待单位多次进行沟通协调，确保他们能提供单位参观、行业知识科普、优秀员工访谈、职业技能实操等环节，让学生有机会多方面、近距离地接触职场生活；体验活动结束后，要求每位学生完成《个人体验报告》，并以小组合作的方式制作生涯微视频等，以确保学生将生涯体验从简单的感知整合到认知的成长中。

3. 基于探究学习的"寒暑假生涯人物访谈"

我们发动全体学生利用寒暑假期，自主选定一个或多个感兴趣的职业，通过线上线下的方式，对从事该职业的职场人士进行深入访谈，对该职业进行全方位的了解，如职业前景、对大学专业的要求、对求职者能力的要求等，以此启发学生深入思考"为了理想的职业，作为学生，当前需做哪些努力"。先后4次开展此项活动，共收到1000余份《生涯人物访谈报告》，并评选出优秀报告200份。

4. 基于亲身实践的"职场逐梦"模拟招聘

为了让学生亲身体验激烈竞争的求职过程，直观感知自身的求职竞争力，我们鼓励学生利用假期参加求职招聘会，也举办了全员参与式的首届校园模拟招聘会。我们精心设计了自主报名、简历筛选、群体面试、一对一面试、面试官点评、发放《职位录取通知书》等多个环节，全真模拟求职应聘现场。当天共设28个企业摊位、85个职位，由56名受过专业培训的家长担任面试官，832名学生参与其中。活动结束后，要求全体学生完成模拟招聘会的《个人体验报告》，由班主任在班会课上组织学生进行经验分享，确保学生将生涯体验从简单的感知整合到认知的成长中。

上述四项活动已成为新中集团常规的生涯体验系列活动。学生从"听人说"间接了解职业世界、到走进职场"亲眼见"直接感受职业世界，再到"深入谈"与职业人士对话职业生活的方方面面，进而结合自我探索与职业认知的成果选择某一职业"亲身做"。由此可见，学生对某一职业的体验经历着一个由点及面、由远及近、由浅入深的过程。

我们始终认为，学校是学生生涯体验平台的搭建者，老师及家长是引领者和陪伴者，而学生是自我生涯选择与发展的实践者和责任人。我们鼓励每一个学生在客观、全面认识自己的基础上，自主选择想深入探究的某个或某些领域，并亲自参与其中，获得具体而深入的体验。以职场体验活动为例，我们通常安排在学生完成了生涯课自我探索的内容并进行了生涯测评后，通过选取不同行业领域、不同性质的多家单位，然后交由学生自己决定到哪一家具体单位进行观摩学习，这不仅可以让学生将课堂探索成果与具体的体验活动相结合，而且也有助于学生逐渐将生涯目标缩小、聚焦、细化。

五　集团生涯教育保障举措

（一）顶层设计，机制保障

为了加强生涯教育的组织领导、实现生涯教育与指导的制度化，在借鉴王红丽老师对学校生涯教育机制构想的基础上，我们建构了以集团高妙添校长为首的心理健康与生涯教育顶层设计体系，包括设计与管理系统、执行系统、支持系统等，如图1所示，并成立心理健康与生涯教育指导中心具体负责指导学校开展生涯教育，整合各种资源，助力生涯教育。

此外，集团心理健康与生涯教育指导中心已配备12名专职生涯教师，总占地面积达332平方米，馆藏专业期刊达1000册以上，配套心理健康测评与生涯测评系统，还设立心理健康与生涯教育年度专项经费。集团自上而下的重视，为扎实推进体验式生涯教育、全员共育学生自主发展提供了切实有力的保障。

（二）师资培训，专业提升

教师是学校生涯教育的直接推进者，教师的生涯指导意识与能力也直接影响着学校生涯教育工作的质量。因此，我们重视对全体教师进行专业化培训。不仅支持生涯骨干教师积极参与市、区生涯教育试点学校的师资培训，前往各地参加生涯教育学术论坛，不断提升骨干生涯教师的专业性；而且每学年分批次组织班主任、学科教师集体学习新中考、高考下的先进育人模式，定期开展教师职业发展专题讲座，力求最大限度地激发全体教师的生涯意识，提升他们的生涯指导能力，以确保实施全员生涯教育的师资基础。

（三）协同育人，资源整合

学生的生涯发展，离不开家长及社会各界的参与；家长的职业世界也是学生了解工作世界的重要窗口。因此，我们成立职业生涯讲师团，搭建职场成功人士大讲堂、新中外大讲堂、父母成长学院、校园模拟招聘会等平台，通过"引进来"的方式，广泛动员来自不同职业的家长、校友为学生现身说法，提供生涯发展的榜样示范与职业指导；我们积极寻找并整合社会各界的资源，开拓研学旅行、走进职场等生涯体验活动，让学生"走出去"，与职场人士近距离对话、与社会生活多维度接轨，从而更好地定位自己、更有方向地提升自己、更自主地做出抉择、更有担当地为自己负责。实践证明，家、校、社三位一体的生涯教育模式，不仅深受学生的喜爱，而且让学生的生涯体验变得更丰富、更立体、更真实。

六 总结与展望

（一）初见成效，坚定前行

得益于各级领导的重视，感恩于家长、校友的大力支持，在全校师生的共同努力下，新中集团基于学生自主发展的体验式教育初见成效。

在学生发展层面，我们深切地体会到生涯教育让学生更有方向，学生发现了当下学习的意义，进而自觉将当前的个人日常学习、生活与未来的发展紧密结合起来，学习更加有动力，综合素养得以不断提升，对未来越发有期待。

在教师发展层面，借助课程改革与建设活动，教师专业素养得到了较大提升；通过对生涯教育的深入思考，越来越多的教师不仅开始审视自身的职业生涯并积极定位职业发展方向，而且也对学校育人工作有了更高的认同感，对培养学生自主发展的生涯素养有了更强的使命感。

在学校工作层面，集团不断整合生涯资源，关注学生全面而自主的发展，学生综合素养得到显著提升，各校区各项教育活动频频获奖，13次荣获深圳市高考卓越奖，被区政府通令嘉奖。此外，集团以生涯教育为特色，当选深圳市中小学心理健康教育特色学校，成为生涯教育专委会理事单位，承办中国生涯教育学术研讨会，生涯教育成果被评为广东省中小学特色学校建设成果一等奖。这些荣誉均是对我们新中集团生涯教育工作成效的一种肯定。

（二）砥砺前行，特色引领

当然，在生涯教育之路上，我们仍有许多事情要做，还有许多课题需要研究，还有许多问题需要解决。在推进生涯教育实践工作中，我们也将进一步强化生涯教育的引领作用，夯实生涯教育在学校教育中的广度、宽度、深度。

第一，生涯教育+党建工作，为生涯教育指明方向，让党建工作扎根教育。第二，生涯教育+德育工作，为生涯教育夯实基础，让德育工作增加动能。第三，生涯教育+学科教学，为生涯教育强基固本，让学科教育实现价值。第四，生涯教育+社会实践，为生涯体验创造条件，让社会实践富有内涵。

正如我们校歌所言，"发现另一个自己，可以心怀天下，快乐成长；看见另一个世界，从此超越自我，奋发图强"。

每个学生都有其独特的生命特质和生命历程，作为学校，我们积极开拓智慧生涯教育，关注并陪伴学生的成长，引导学生了解自我，发现自己的优势和特长，树立自主发展的信心和决心，把当下的学业和未来的发展相结合，找到校内学习与未来职业世界的联结，让校园成为学生自主发展、梦想实现的摇篮，让生命之光因教育而熠熠生辉，从而为每一位师生的幸福人生奠基！

【学校简介】

深圳新安中学（集团）

深圳市新安中学（集团）是宝安区教育局直属的公办基础教育集团，下属高中部、初中部、第一实验学校、外国语学校、第二外国语学校五个校区。集团师资力量雄厚，有广东省中小学名校长工作室 1 席，广东省名师工作室 2 席，深圳市名师工作室 1 席，宝安区名校长工作室 2 席、名师工作室 10 席、正高级教师 4 人、特级教师 8 人、高级教师近 180 人、区级以上骨干教师 403 人。

集团龙头学校高中部是广东省国家级示范性普通高中、广东省一级学校、广东省德育示范学校、广东省中小学心理健康教育特色学校、深圳市普通高中新课程新教材实施国家级示范区示范校；2020 年，高中教学工作取得了高位突破，获得了深圳市高中教学工作最高荣誉表彰——卓越奖；2019 年，集团获广东省第二届中小学特色学校建设成果一等奖。

◎ 安徽淮北市第一中学

德育与教学工作中的生涯教育框架与成效[*]

一 生涯教育背景分析

2014年中央政治局审议通过了《关于深化考试招生制度改革的实施意见》，新高考改革主要体现在学生的选科和录取形式上，在"增加学生选择权，促进科学选才"的高考改革方案出台后，以往默默无闻的生涯规划教育站上了教育改革的前台，成为一时的热点话题。

安徽省人民政府印发了《安徽省深化考试招生制度改革实施方案》，安徽省可能对2018年秋季入学的普通高中一年级学生开始实施高考综合改革。虽然，安徽省的新高考因各种因素暂未实施，但改革势在必行。

安徽省淮北市第一中学（以下简称"淮北一中"）作为安徽省首批重点中学、省示范高中，学校一直秉持"以人为本，科学发展"的办学理念，围绕"实施精致教育，培育雅致人生，创办中华名校"的办学目标，

---

[*] 马颖，安徽省淮北市第一中学党委书记，校长；郑晓伟，安徽省淮北市第一中学心理与生涯学科中心主任。

坚定不移地走内涵式发展之路，注重学生的终身发展，基于生涯教育，指导和帮助学生形成生涯信念、掌握生涯知识和培养生涯能力。

淮北一中成立以校长为组长的生涯教育指导小组，开展生涯教育顶层设计，成立心理与生涯学科中心，以生涯教育的理念统筹并创新学校的德育活动、校本课程和课堂教学，通过对"生涯教育＋德育"和"生涯教育＋学科"的研究和行动，探索出符合淮北一中实际的教育策略。

学校现有21位国家生涯规划师、一个生涯省级课题《新高考背景下基于生涯教育的行动研究》，是中国教育发展战略学会生涯教育专业委员会常务理事单位，是安徽省心理卫生协会青少年职业生涯发展教育专业委员会会员单位。

二　生涯教育实施过程

学校以生涯教育的理念统筹并创新学校的德育活动、校本课程和课堂教学，通过对"生涯教育＋德育"和"生涯教育＋学科"的研究和行动，探索出符合淮北一中实际的教育策略，帮助学生做出基于生涯规划、面向个人未来的生涯决策。

（一）生涯＋德育

探索生涯教育下的德育活动，帮助学生实现对个人兴趣、能力、性格、价值观以及外部的专业、院校和职业的了解，树立合适的生涯目标，促进学生的生涯成熟，提高学生的生涯适应力。

1. 生涯主题班会课

将生涯主题纳入学校每周一节的班会课，由生涯老师选择一个班级进行生涯主题班会课的展示，经点评修改后打磨成精品课，推广到年级。

生涯教师对班主任进行生涯精品课的培训，班主任掌握后，同年级班级在每周班会课固定时间统一授课。

2. 生涯讲坛

学校成立如松大讲堂、生涯讲坛为其分支讲堂，它是基于学生自我认识和外部探索的生涯规划，它重塑学生学习的意义，帮助学生更加清晰地规划未来，使之对未来的专业、院校和职业有较好的了解，站在未来看现在，并对学生进行生命教育、心理教育、人生教育。

学校邀请淮北一中知名校友、各领域优秀学生家长、淮北市行业精英、校内生涯团队教师，就本行业的核心工作内容、工作环境、自身成长、未来发展趋势等进行介绍，让学生开阔视野，了解自己感兴趣的领域。

3. 职业模拟大赛

举办学校职业模拟赛选拔赛，选拔出优秀的学生，推荐其参加安徽省职业模拟挑战赛。通过职业模拟，让学生提前规划未来的职业生涯，探索自己的潜能。通过生涯规划书展示、情景剧设计与讨论、团队答辩，以及终极大比拼等环节，锻炼学生的沟通能力、谈判能力、创新能力和领导力等未来社会所需的核心能力。

通过职业规划，为学生寻找自主发展的动力，学习的方向从迷茫变得更加实际具体。学生在比赛过程中不断澄清自我，并在评估的基础上能够根据个人特质和环境变化做出对生涯规划的合理调适。

淮北一中学生参加安徽省职业模拟挑战赛，已经获得了团体特等奖、个人一等奖、最佳个人辩论奖、最佳规划奖、最佳指导教师奖、优秀组织奖等荣誉。

4. 生涯故事

通过生涯人物访谈，了解相关职业和行业的信息，包括工作环境、工作内容、对知识技能的要求、工资待遇、未来发展前景等。

高考后对当届优秀毕业生进行生涯访谈、制作优秀毕业生生涯故事集，把优秀毕业生的个人成长经历、成功经验分享给学弟学妹们，把一中人拼搏的精神写下来激励后来者，这也是一种文化的传承。

5. 社团活动

学生通过与生涯相关的社团活动进行生涯探索。建立生涯社团，鼓励同学们在高中学习过程中，树立远大理想，积极进行生涯的自我探索，充分挖掘自我潜能。

在生涯教育指导下成立财经社团等生涯相关社团，提升学生的财经意识，激发其探索的兴趣，增强学生适应未来经济社会发展的能力，发现和培养有学科特长、创新潜质、综合素质优秀的财经类潜质生。淮北一中在全国财经素养大赛中荣获全国一、二、三等奖，全国优秀财经社团二等奖。

6. 家长学校

通过家长会、家长学校，向家长进行生涯教育、志愿填报指导等，力求在家、校联合下对学生进行生涯教育。

针对生涯教育中的热点、难点问题，学校为家长提供专题培训讲座。如针对高一年级家长的文理分科讲座、生涯规划知识讲座，针对高三家长的志愿填报指导讲座、强基计划解读，针对高二、高三家长的自主招生讲座，等等。

（二）生涯+教学

生涯课程是帮助学生探索自我、了解外部职业世界、树立生涯规划理念、进行正确生涯决策的教育课程。学校坚持分年级设计生涯课程，高一年级重点在于对学生进行自我探索，高二年级重点在于生涯管理，高三年级重点在于生涯决策培养。三个年级通过分阶段、递进式讲授不同内容的方式，向学生逐步普及生涯规划理念。

学校积极开展体验式生涯教育，通过开设专门的生涯课程、生涯与学科结合的融合课程等，帮助学生将自我认知、外部探索和学科相结合，学会生涯决策、自我管理。

1. 生涯课程

课程教学借助班级心理与生涯课，通过游戏、情景体验、测试、访谈、讨论等方式，采用教师引导下的学生自主探究模式，让学生在体验中进行自我剖析、自我领悟、自我计划、自我决策等。

2. 生涯与学科融合课程

探索生涯教育与学科融合课程，深度解析学生生涯发展指导目标，在学科教学中，全面落实课堂教学的三维目标，发展学生核心素养，明确学生为适应终身发展和社会发展需要而应具备的必备品格和关键能力，突出强调个人修养、社会关爱、家国情怀，注重自主发展、合作参与、创新实践。

比如，语文学科素养中的思维品质、品德修养、审美情趣、个性品格、学习方向、学习习惯；数学学科核心素养中的逻辑推理思想、数据分析观念；政治学科核心素养中的政治认同、理性精神、公共参与等要素；体育学科核心素养中的健康行为、体育品德；等等，这些人生发展必备的素养离不开学科土壤。

3. 大学生返校宣讲

学校长期开展大学生宣讲活动。毕业生返回母校进行宣讲，向学弟学妹们介绍他们的大学、他们的专业、他们的生活和感悟，并解答疑惑。

搭建高校自主招生平台。通过平台，学生聆听大师教诲，拓宽视野，丰富学识，提升核心竞争力。高校招生组教师介绍大学基本情况，并接受学生的咨询。通过这种零距离互动问答的形式，学生和高校彼此之间能更精准地认识，利于学生报考和专业选择。

4. 高招咨询会

为做好高校招生宣传工作，搭建考生与高校沟通交流平台，助力高校选拔更加优秀的人才，帮助学生找到理想的院校，学校长期举办普通高等学校招生现场咨询会，学生和家长参加，选择自己感兴趣、想了解的大学，进行咨询。

（三）个体咨询

学校开设生涯咨询室，用生涯教育的理念收集、分析并解决学生在生涯方面的问题。生涯教育个别咨询主要包括高一学生的文理分科咨询和针对高二、高三学生的选择大学和专业的咨询，引导学生做出适合自己的科学决策。从而增加学生自我认同、明确目标定位、增强学习动力，了解自己的兴趣、能力和优势，消除学生生涯困惑。

（四）生涯教师队伍建设

生涯教育是包括对学生更为深远影响的"终身发展为目的"的各种教育活动，这和高中生综合素质培养高度契合，也有生涯教育驱动素质教育的深意。因此，它需要学校的全员参与。

为实现生涯教育的全员参与，学校努力实现参与主体的多元化和协作化。通过面向全体教师的生涯讲座、面向全体班主任的生涯校本培训和面向骨干生涯教师的生涯规划师培训，培养教师生涯规划教育意识和能力，形成全体教师参与生涯教育的良好氛围。

学校通过教师的生涯通识培训，让他们掌握生涯基本概念，能对学生常见的生涯问题进行指导。生涯规划导师为生涯教育专（兼）职教师，负责学校生涯教育的顶层设计、校本资源整合、生涯课程开发、中心建设、个体咨询、兼职生涯教师指导等。班主任负责班级生涯规划课程开设、学生生涯规划个别辅导、学校生涯规划活动落实等。学科教师负责学业指导，通过选修课程和讲座等形式普及学科学习方法指导、学科素养与大学相应专业的联系等。

淮北一中自2017年启动生涯教育项目以来，由十几位教师组成心理与生涯学科中心，每周定期进行生涯教研活动，积极开展高中生涯教育，经常进行校内外培训、教师团辅活动、读书沙龙等，积极参与各类型公开课、示范课，积极探索新课程理念下的有效教学模式，注重教师生涯教育教学水平的提升。自主编写生涯教育校本教材，力求让学生在人生起步发展、踏入社会前，形成合理科学的人生规划，为学生人生的发展奠定良好的基础。

学校生涯教育的总框架如图1所示。

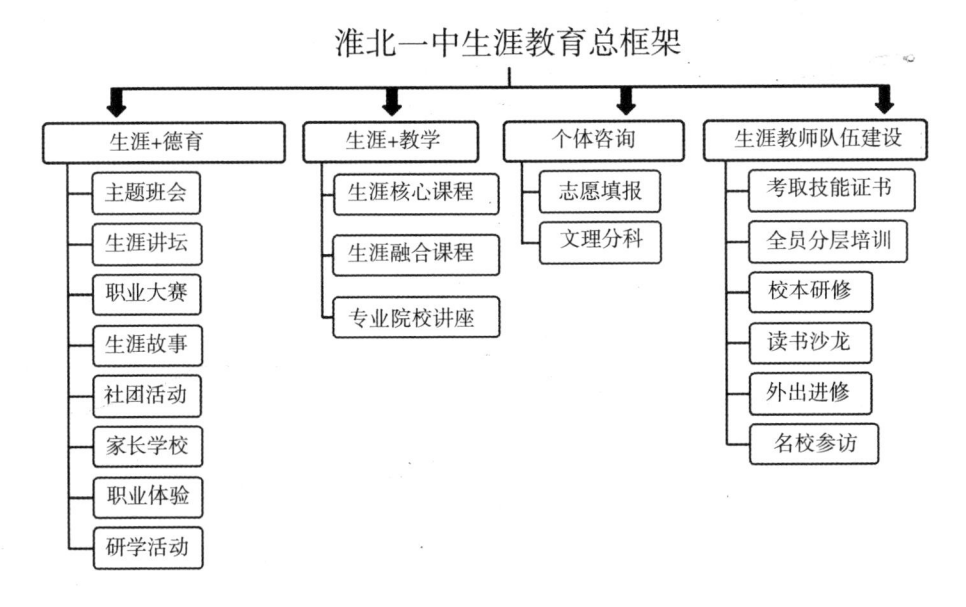

```
淮北一中生涯教育总框架
├── 生涯+德育
│   ├── 主题班会
│   ├── 生涯讲坛
│   ├── 职业大赛
│   ├── 生涯故事
│   ├── 社团活动
│   ├── 家长学校
│   ├── 职业体验
│   └── 研学活动
├── 生涯+教学
│   ├── 生涯核心课程
│   ├── 生涯融合课程
│   └── 专业院校讲座
├── 个体咨询
│   ├── 志愿填报
│   └── 文理分科
└── 生涯教师队伍建设
    ├── 考取技能证书
    ├── 全员分层培训
    ├── 校本研修
    ├── 读书沙龙
    ├── 外出进修
    └── 名校参访
```

图1 学校生涯教育的总框架

三 生涯教育初步成效

通过生涯培训和每周定期教研活动，提高了课题组成员的生涯理论知识，掌握了霍兰德职业类型理论、舒伯生涯发展理论、生涯建构理论、社会学习生涯理论、信息加工生涯理论等相关理论知识。也学到了生涯教育更多的是追求教育大道而非仅仅传授生涯知识技能，应向学生传递"利他""责任""胸怀天下"等社会性精神品质。发展"大生涯"的教育观，建立生涯教育温暖的关联，促进未来一代学习和生命发展。持续的教育努力，促进生涯全体化、全程化、全员化、全人化和跨学科化。通过两年时间，完成了《新高考背景下中学生涯教育的行动研究》省级课题研究，编写校本教材《生涯教育高中读本》和《生涯教育课程教学案例集》，应用于生涯教育教学，部分教师获得生涯课程教学设计、论文获省市级奖项，部分论文在省级以上刊物发表。

学校注重教师生涯教育教学水平的提升，经常组织教师参加组内生涯示范课、生涯班会课等课程的听课、学习、研讨。组织学校每年一次的全市公开课，来自全市及周边地区的教师和班主任参加，范围广、影响大。为带动全市生涯教育发展，淮北一中部分教师被邀请到其他学校授课、讲座、送教下乡，辐射周边地区。

推荐优秀学生参加安徽省职业模拟挑战赛。淮北一中学生取得了团体特等奖、团体一等奖、个人一等奖、最佳规划奖、优秀指导教师奖、优秀组织奖等诸多奖项，在安徽省职模赛中享有盛誉。在 CJSY 财经辩论赛暨全国优秀财经社团评选中，淮北一中财经社团获全国二等奖。在第四届"课堂内外杯"财经素养大赛中，淮北一中学生获全国一、二、三等奖，生涯组成员获全国财经素养大赛优秀指导教师奖。

学校高度重视高考志愿填报工作，每年组织针对高三学生和家长的志愿填报讲座，为高三学生和家长进行为期一周的志愿填报义务咨询和服务。经学生和家长反馈，经过生涯团队教师的志愿指导，学生的大学和专业录取满意率提高。

从学校层面，促进了学校生涯教育工作体系化的开展，开创了学校心理健康教育和生涯教育的新局面。从学生层面，淮北一中普及生涯规划理念，帮助学生认识自我、认识外部世界、学会科学有效的决策；懂得树立合适的发展目标，更加积极主动地学习，提高学习动力；关注学生的个性与发展需求，以实现学生的健全人格、全面发展的教育目标。从教师层面，培养教师先进的生涯教育理念，提升教师职业生涯规划咨询技能，从而更好地科学指导学生文理分科、志愿填报和即将到来的选科走班。"生涯教育＋德育""生涯教育＋学科"，生涯教育融入学校教育教学的多个环节，成为班主任管理班级和任课教师进行学科授课的重要参考。

同时，我们也存在一些问题，如生涯课程与传统教学时间冲突、实践活动场地受限、学科渗透研究难度大等。今后，淮北一中会继续加大对教师的生涯培训，不断更新理念，增加实践活动、职业体验、研学活动等，更好地服务学生的发展。

【学校简介】

安徽淮北市第一中学

淮北一中是安徽省首批重点中学之一，省示范高中，省新课程实验样本校，省名校联盟六校教育研究会成员校，教育部特色高中建设项目培育校，全国现代教育技术实验学校，全国生涯教育实验学校，中国百强中学，国际智慧教育示范学校，联合国教科文组织俱乐部成员校。学校在安徽省基础教育界享有较高的声誉，入围全国中小学德育工作典型经验名单，先后被授予"中国高校自主招生百强中学""全国科技教育创新优秀学校""全国国防特色学校""全国国防教育示范学校""全国群众体育先进单位""全国校园足球、篮球、排球传统特色学校""教育部普通高中学科教研基地""安徽省近视防控示范学校""安徽省文明单位""安徽省文明校园""安徽省教育系统先进集体""安徽省厂（事）务公开民主管理先进单位""淮北市教育工作先进集体"等荣誉称号。

学校环境优美，设施先进，办学特色鲜明，文化底蕴丰厚。学校围绕"实施精致教育，培育雅致人生，创办中华名校"的办学目标，恪守"团结、求实、勤奋、进取"的校训，发扬"超越自我，追求卓越"的一中精神，坚定不移地走内涵式发展之路。

◎ 北京第八中学大兴分校

利用城市发展新区社会资源在中学开展生涯教育的实践研究[*]

一 背景分析

（一）研究缘起

2016年，面临新高考改革，学生如何选择考试科目成为学校里的焦点问题。通过调查问卷和个别访谈，我们发现本校学生、教师对于如何选课选专业知之甚少，对生涯教育更是一无所知；北京市大兴区属于城市发展新区，借助新机场的建设，带来学生选择职业的多种可能和机遇；因此，在参阅学习了国内外生涯教育的理论文献之后，北京市第八中学大兴分校决定结合城市发展新区的社会资源优势进行高中生生涯规划教育的实践研究，寻求有效途径和最佳方法。

---

[*] 徐广业，北师大实验中学常务副校长；许楠，北京市第八中学大兴分校教师。

（二）理论意义

生涯教育是一门新的学科教育，国外已有百年的理论研究和实践经验。由于地域分布和经济状况的不同，国内的高中生涯教育存在着参差不齐的现象。目前，相较于北京市中心城区的中学，像大兴区这样的城市发展新区的生涯发展还较为滞后。因此，结合城市发展新区的实际情况研究生涯教育理论在实践中如何应用具有重要的意义。

（三）实践意义

生涯教育的理论已经成熟，但不同地区实施的方法和途径却需要研究，尤其是在城市发展新区，经济发展迅速，新兴行业异军突起，新的职业应运而生，这些变化为高中生提供了更多选择的职业机会，为高中生涯教育提供了很好的背景素材。

（四）现状分析

城市发展新区有丰富的社会资源，开发潜力巨大，经济发展迅速，发展中所带来的新兴行业和新增工作岗位，为中学生未来的职业选择提供了更广阔的范围和更多样化的机会。有效地利用这些资源开展中学生涯教育，体现了社会对教育的影响，同时教育也对社会发展给予了应有的回应，并以教育的发展彰显区域的特色，有着积极而深远的影响。

二 过程描述

研究伊始，首先要界定城市发展新区的社会资源概念的内涵和外延，采用了问卷调查、参观走访、文献研究等多种方法，但是由于经验不足、认识有限，对这个概念始终不能准确界定。鉴于此，我们决定采取先仿照其他地区和学校的做法开展生涯教育的各项活动，在实践中不断提高认识，边行动边界定的原则。

（一）成立多层次人员的机构

我们成立了生涯教育课题小组，其中包括德育校长、德育主任班主任、学科教师、心理教师和专业的国家生涯规划师，同时，建立了心理咨询教室，配备了生涯规划教材和活动道具。

（二）多手段进行理论教育

我们对高一、高二学生进行问卷调查，内容涉及学生的基本情况（包括性别、年龄、所在年级、学习目的及对未来的设想）、学生的自我认知（兴趣、能力、未来的专业选择）和学生对生涯教育的了解，以及学生对生涯规划的需求（包括活动内容和活动方式）、学生的家庭背景及学校经历等，初步了解了学生的基本情况；根据学生基本情况，通过讲座、班会给学生和教师普及生涯教育基本知识，主要包括自我认知部分，让学生充分认识自己的性格类型、职业兴趣、价值观、多元智能等。这个活动受到了学生的喜欢和重视，生涯教育的种子在他们心中萌芽、成长。为了帮助学生更好、更全面客观地了解自己、认识自我，我们还利用专业测评软件对特殊学生进行 MBTI 性格类型、霍兰德职业兴趣类型、职业价值观等项测评。调查问卷开启了学生生涯教育的大门，讲座普及了生涯教育基本知识，班会帮助学生梳理了对自我的认知，测评软件对学生的准确定位起到了很好的作用。

（三）与德育教育结合的实践探索

为了保证学校正常的教育教学秩序，不给学生和班主任老师增添更多的负担，我们在学校学生原有的教育教学活动中加入了生涯教育内容。

1. 丰富学校专项课程、拓展课程的内容

围绕学生发现自我、提高认知开设的专项课程、学科拓展课程，丰富多彩，魅力无穷。在生活方面，这样的课堂教会了学生下棋（包括国际象棋、围棋、象棋）、品茶、烘焙（蛋糕和面包的制作）、跆拳道、武术等技能；在艺术方面，民乐、合唱、舞蹈、绘画、话剧表演等社团活动，提高了学生的各项表演技能；在科技方面，除了生物课堂教学生对原材料进行深加工（做葡萄酒、点豆腐）、航模课程让学生自己组装和制作小飞机、智能课程带领学生制作单片机和小型智能机器人等，学校还定期举办中小学"毕业季"课程展示活动及"发现自我追求卓越"专项课程展示活动，让与会的同学们感受到了多彩课程的魅力与风采，同学们在丰富的生涯体验中发现自我、唤醒自我，全面而自由地成长。

2. 以生涯教育为主线组织社会大课堂活动

社会大课堂活动是为了让中小学生了解社会、体验生活、培养社会责任感的一项到校外的参观走访活动，这个活动已经开展多年，是学校德育的一项重要的工作。我们给这个活动赋予了生涯教育的内涵。比如，组织学生参观鲁迅故居，我们加入了行前课、行中课、行后课，把鲁迅作为一个生涯人物，除了了解他的作品、感受他的人格魅力，我们还对他职业生涯中选择的不同道路做了分析，使学生认识到学习的过程是不断提升自己的能力和水平，职业选择的最终目标是为社会服务，为国家尽责。此外，为了更好地了解社会职业的分工，我们还开发了地处大兴的一些生涯教育活动基地。

（1）星光影视园

星光影视园位于北京新国门大兴区，是从事电视综艺节目内容创意制作产业链规划和平台运营的特色产业园区。十余年来在这里制作出星光大道、我要上春晚、中国诗词大会、北京春晚、欢乐喜剧人、奇葩说、中国新说唱、机器人争霸赛、Bilibili跨年晚会、快手大年夜等诸多现象级高质量视听节目。学生参加影视园里的影视拓展、影视表演、服装造型、情景剧等实践活动，进一步了解该行业的发展现状，并以鲜明的事例引导学生建立主流社会价值观。也让学生亲身体验影视艺术的魅力，经历课堂和生活之外的生涯体验和实践学习。

（2）红星快乐营和留民营生态农场

红星快乐营位于大兴区南五环外中轴路旁边红星集体农庄内，是一个集观光旅游、餐饮娱乐、农事体验、拓展培训、野炊及青少年科普教育为一体的红色教育基地。留民营生态农场是北京首批农业观光游示范点，位于大兴区长子营镇。针对这两个生涯教育基地，在学生参观游览之前，我们结合生涯教育的内容设计了行前问题：你享用的美食都经过了怎样的播种、收获，层层加工到了你的餐桌上？参观生态园，你最想了解什么？农场里有哪些作物？是否可以现场采摘？农作物有没有病虫害？现代化的农业机械有哪些？参观活动中，要求学生记录下所见所闻，当学生有机会吃到新鲜的蔬菜和水果时，让他们向农场的师傅们询问并了解这些农产品经过播种、收获到加工，总共有几道工序？农产品是否用了农药？农药的残留物是多少？活动结束后，引导学生结合所学知识，提出绿色生态环境保护的建议。

（3）大兴野生动物园

北京野生动物园位于北京市大兴区榆垡镇万亩森林之中，占地面积3600余亩，以散养、混养方式展示野生动物，分为自驾游览区、步行游览区、猛兽体验区三大动物展区，建有主题动物场馆80多个，以现代的无屏障全方位立体观赏取代了传统笼舍观赏方式。将其作为生涯教育社会资源，是考虑到学生参观动物园，可以学习和了解野生动物驯养繁殖和动物保护的科普教育知识；可以感受人与动物、动物与森林以及人与森林三者之间和谐共处的大自然的主题；可以体验动物园工作人员职业生活、工作职责、需要的技能等，进行关于职业的生涯教育。

（四）结合选科选考进行心理咨询辅导

面对高一学生选课选考的需要，由心理老师和生涯规划教师帮助学生进行学业规划教育，针对一些需要帮助的特殊学生进行一对一咨询辅导。帮助学生结合自身的各种情况找准未来职业的方向，解决学习目标不明确、学习动力不足等问题。有两个比较典型的案例。一是生涯目标不明确，学习能力较强的李同学——北京市第八中学大兴分校高考状元，对他的心理辅导历时一年，每月定期或不定期进行1到2次，经过定位、冲刺、稳定、瞄准四个过程，李同学最终获得了首都师范大学的录取通知书。入学后，又和老师一起制定了继续读研的学业目标。二是学业目标明确、学习能力有待提高的学生田同学，她学习努力，有明确学业目标——想从事会计专业，但是由于成绩中等，极度缺乏自信，对自我认知也不够，高考前课题组心理教师帮她分析了自己的优势和不足，教会她管理时间，制订具体的学习计划，提高了她的学习能力和学习成绩，目前该生已经在大学就读，她利用老师教会的学习方法，在大学里成绩优异，已经提前拿到会计资格证书。

（五）家长参与学生生涯教育

通过教师到学生家里家访，邀请家长到学校开会、谈话等方式，让家长参与学校的生涯规划教育。比如，学校德育处编写了《学生德育课程及综合素质评价手册》，分读书养志、躬行践履、自我发现、回归生活、生涯教育等内容，学生人手一册。评价手册中用表格、文字、照片等形式详细记录了学生参加各项实践活动的过程，每学期结束，对照活动记录，结合《我的学期目标规划及总结》让家长参与学生实践活动的评价，检查学生学业规划完成情况。

通过以上系列活动，我们为城市发展新区社会资源做了界定，并且找到了学校开展生涯教育的有效途径。

三 结果评价

通过把生涯教育和学校的德育、心理健康教育融合到一起来开展访谈、参观等活动，使学生有了初步的生涯教育理念，获得了学校领导和师生的好评。尤其是结合生涯教育对学生实行的一对一心理咨询活动，激发了同学们很高的热情，咨询室里经常络绎不绝，一座难求。

四 分析与讨论

利用城市发展新区社会资源在中学开展生涯教育的实践研究，让我们在实践中界定了城市发展新区社会资源的概念。社会资源是指在一定时空条件下，人类通过自身劳动在开发利用自然资源过程中所提供的物质和精神财富的统称。城市发展新区社会资源，包括自然资源、人力资源及文化资源。

自然资源就是我们熟知的物质世界，本课题自然资源包括大兴医药产业基地、大兴工业园、亦庄高科技工业园区等科技和工业资源；星光媒体产业集团、荟聚购物中心等休闲娱乐资源；地铁四号线、北京大兴国际机场等交通资源；红星快乐营、北京野生动物园等农业资源。

人力资源指发展经济和社会事业所需要的具有必要劳动能力的人口。本课题人力资源包括学校内的德育校长、生涯教师、班主任、心理老师及任课教师、外聘专家、学生家长、毕业生等。

文化资源是我们在研究中给出的新概念，涵盖所有的非物质、非人力，包括专业测评软件、教育理念、学校对学生的评价制度、供学生开展生涯教育活动的各类教室、书吧、心理咨询室、学生的家庭背景、家庭环境及生活环境等。

由于以上的概念界定，我们可以分析得出以下几点。

（一）学校生涯教育的理念

第一，自然资源可以充分利用，因地制宜。对于不同地区不同学校，自然资源也不尽相同，每所学校都可以加以利用，成为我们生涯教育的活动基地。第二，生涯教育需要充分利用人力资源。生涯榜样人物可以由社会名流、在校教师、优秀毕业生、在校学生及其家长担任，同时邀请学生家长参与学校的各项活动，对学生发展提出建议，鼓舞和鼓励同学们，形成生涯教育的合力。第三，学校的生涯教育需要利用文化资源。以生涯教育为主线，形成德育、心理健康教育、学科教学一体化。

（二）学校开展生涯教育的基本方法

第一，利用调查问卷和专业测评进行生涯认知教育。第二，利用讲座、班会普及生涯教育基本知识。第三，结合心理咨询活动进行生涯的自我探索教育。第四，结合学校课程和各方面的社会资源进行生涯体验活动。

（三）生涯教育的实施途径

生涯教育初期开展的途径在于和德育教育、心理健康教育融为一体，以生涯教育为主线，以各项活动做辅助，帮助学生建立生涯发展的理念。随着生涯教育的进一步深入发展，频繁的各项活动成为学校、教师、班主任的额外负担，参观走访等非常规教学的课外活动也不能够满足同学们深入探究活动和经常性自我认知的需求，生涯教育的形式由学生外在的体验活动逐渐向学生内心的感悟成长发展，因此，生涯教育的实施途径将逐渐走向常规课堂教学，在各学科教学中渗透生涯教育成为常态，生涯教育的中期将以各学科核心素养为主线、充分发挥学科优势、让学生在每天的学科学习中获得感悟、提高认知为主要途径。生涯教育的后期以跨学科融合为主，以进行项目制学习为主要途径。

以电池为例，电池是中学教学中和学生生活中经常会遇到的一个能量储存和转化装置。关于化学电源的设计原理、类型、利用及废电池的回收等内容，出现在物理、化学、生物、地理、人文等多个学科中，项目制学习由多位学科老师对电池相关知识做了深入、细致、专业化的整合，学生从多个维度获得关于电池的碎片化内容，通过探究活动、体验活动最后在头脑中对电池形成一个完整的、全面的认知。探究过程是培养学生核心素养的有效途径，同时也是学生的一次生涯体验，帮助学生找到自己喜欢的职业方向和感兴趣的行业。

五　结论与启示

充分利用社会资源进行学校生涯教育是目前我们最好、最有效的途径和方法。不同阶段，生涯教育的途径有所侧重和变化。研究给我们的启示有两点。

（一）利用多方面评价体系可以提高学生的自我认知能力

学生参与的专项课、拓展课、社会大课堂、实践活动等各项教学活动，除了教师给的评价分数，再加入学生自评、同学评、家长评其余三个评价分数，最后以一个平均成绩记入学生总评，这种多方面的评价体系对学生的评价是客观的、公正的、多方面的、多角度的，避免了过去教师的一家之言。使学生看到自己的长处和优点，认识到"天生我才必有用"，更好地了解自己、认知自我。从而根据自己的特点，选择适合自己的职业生涯。

（二）重视学校教师"为人师表"的典范作用

教师的角色不只是工作者，还要充当子女、学生、公民、父母、休闲者等多重角色，"学高为师，身正为范；学为人师，行为世范"，教师用良好的形象诠释生涯规划教育的理念，给学生树立生涯榜样人物的典范，对学生的自我认知产生积极而深远的影响。

【学校简介】

北京第八中学大兴分校

学校坐落在大兴区新城北区，是公办直属完全中学，始建于 1995 年，2005 年被北京市教委和发改委批准为北京市第八中学大兴分校。

学校课程总体格局为三类两修，即基础课程、拓展课程、专项课程三大类，共计 45 门，修习方式分为必修和选修；德育课程与教学课程相辅相成，形成了读书养志、躬行践履、发现自我、回归生活、生涯规划五大系列课程。学校获得了中国少年科学院科普教育示范基地、北京市科技教育示范校、大兴区艺术教育先进校等荣誉称号。学校始终秉持"学生喜爱、家长信任、社会尊重"的办学目标，为成为百姓满意的好学校而不懈努力。

◎ 湖南长沙县第一中学

普通高中生涯发展指导体系的构建与实践[*]

一 问题的提出

生涯规划助力孩子终身发展，新高考时代，生涯教育已成为高中教育的必需。立足当下，切合本土化特点，构建符合中国普通高中实际的"全员、全程、全方位"整体化推进的生涯教育体系，以满足学生层面、学校层面、社会层面（包括家庭）的需求，是一项亟待解决的课题。

从学生层面来说，高中生正处于身心发展的重要阶段，也是世界观、人生观和价值观形成的关键时期。如何解决好青少年成长过程中的目标引领、动力促进与价值导向；如何基于充分的自我认知与外部环境认知，如何帮助学生了解并适应社会发展需求，建立学校学习与未来发展的内在联系，形成对人生发展的清晰认识，促进学生自我设计与完善，为终身发展和创造有价值、有意义的幸福人生奠定基础；如何立足终身发展，做好每

---

[*] 吴耀明，长沙县第一中学。

一个阶段的生涯规划，如何做好学业成长中的选科（文理选修）、高考志愿填报等关键性决策，如何在高中三年分别接受连贯性的生涯规划支持与指导，如何加强与初中、大学学业规划的衔接；等等，亟须学校提供专业性、系统性、持续性的生涯教育。

从学校和社会层面上看，教育的本质是满足人的发展需求，以提升生命的质量与生命的价值为使命。生涯教育是一项充分体现这一理念的教育行动。现阶段，大多数学校对生涯教育的重要性认识不够，照搬国外理论，缺少本土化理论构建，推进实施缺乏统筹规划与顶层设计，师资配备、资源投入等方面还很欠缺，实施起来流于形式，社会与家庭的参与度低，无法满足青少年成长及新高考下高中生学业发展的需要。必须以生涯规划理论与系统理论为指导，把生涯教育作为一个全程教育行动，加强小学、初中、高中、高校生涯教育的衔接，构建纵向指导体系；同时，生涯教育不是学校，或学校一个部门的单打独斗，也不只是心理生涯老师的专利，而是一个全员、全要素、全方位的系统工程，必须进行资源整合、系统构建，家、校、社协同配合，须从目标设计、师资队伍、组织结构、通道建设（方法途径）、运行机制、保障与评价等方面探索构建体系，整体化推进，才能真正促进青少年健康成长、核心素养培育，适应教育改革，应对未来人生挑战，创造幸福美好人生。

契合长沙县第一中学（以下简称"长沙县一中"）"为学生终身发展服务"的办学理念，"唤醒、领航、激活、赋能"，通过高中三年周期系统的生涯发展指导及活动参与，使高中生得到全面而有个性的发展，素质得到提升，在目标感、未来感、学习动力、自我管理、学习态度、学习效果等方面有较明显的进步，生涯意识、能力和信念有较大的提升。

本项目也为教育职能部门制定相关的教育政策提供决策依据，供兄弟学校示范与借鉴。

二 解决问题的过程与方法

长沙县一中从2011年接触并向高校专家学习生涯规划理论与实操方

法，参与课题研究开始起步，历时十余年的探索与实践，基本上每年可以用一个关键词来描述我们所走过的每一步。我们经历了从"跟着专家做"转变为"自己独立做"，再发展到"与人合作做"，到现在的"带着别人做"的蜕变过程，在学校进步、师生成长等方面都取得了良好的效果，并引发社会的关注与反响。如图1所示。

图1 长沙县一中生涯教育十一年求索及年度关键词

2011年，长沙县一中就当下高中教育实践中的困惑与问题：如怎样解决学生学习动力不足、目标不明确、文理选修纠结、高考志愿填报茫然等问题，以及如何打造学校德育特色等，与专家研讨的过程中，第一次接触到生涯教育这一全新课题，并确定在学生生涯教育上要有所作为。学校成立了项目组，与高校青少年发展研究中心建立了深度合作关系，参与了教育部课题《基于学习经验的青少年生涯发展研究》的研究，走出去，请进来，带动了一批骨干力量的成长，产生了一批科研成果——论文、教学案例、职业微视频等获奖或发表。并于2012年暑假开发了第一本校本教材《成长导航》，在心理健康教育课程中切入生涯规划主题，在德育工作中渗透生涯教育，如主题班会、专题讲座等。从理论到实践打下了坚实的基础。

2013年，长沙县一中经研究后正式确立了把"生涯发展指导"作为学校特色进行打造的决策，成立了学生生涯发展指导领导小组和执行小组，着手顶层设计和全面规划。把生涯发展指导作为激发学生学习原动力，增强学生素质，打造学校特色，提升办学品位的重点，并开始将生涯发展指导纳入学校发展规划和学生培养体系的总体布局。校长亲自担任生涯发展指导课程领导小组组长，开始着力构建生涯发展指导校本课程。遴选部分骨干教师成立编委会，2013年10月，普通高中实验教材《生涯发展指导》（教育科学出版社）一书正式出版发行，并在全国多所高中推广使用。

2014年，制定了《长沙县一中生涯规划课程实施纲要》。当年下学期在高一年级正式开设《生涯发展指导》校本必修课程。

2015年，投资三百多万元，建成了面积达八百多平米，设施完善、设备先进、功能齐全的长沙县一中学生发展指导中心。这是省内第一个普通高中学生发展指导中心。同年12月，由中国教育学会和东北师大联合主办的"2015全国学生发展指导高端论坛"在长沙县一中成功举办。校级课题《高中生生涯发展课程实施策略研究》历经打磨、成长，成功申报长沙市"十二五"规划重点资助课题。在研究探索、实施教学的过程中，我们发现问题，及时整改，教材反复修订，不断完善。在接下来的几年，我们先后主编和参编的教材、教学参考、学案等课程资源达二十余项，并有论文、教学资源、软件等成果不断涌现。

探索实践过程中，我们发现单纯依靠课程，以及松散零碎、缺乏系统构建的探索体验活动，解决不了学生发展中出现的问题，也保证不了学校生涯教育的落地与取得实效，尤其是难以满足新课程改革与新高考的需要。

我们在学习探索生涯发展理论与系统论等相关理论的基础上，学习借鉴国内外生涯教育体系的先进经验，并在2016年成功申报了湖南省"十三五"规划重点资助课题《高中生涯发展指导体系构建研究》，以课题研究引领与支撑学校如何顶层设计生涯发展指导工作的探索与实践，并力求有所创新突破，取得成果与成功。

做好广泛调查分析与研究，摸清现阶段学校的生涯教育工作现状与需求，发现存在的问题，为课题的研究找准立足点，为项目推进找准突破口。做好项目顶层设计，制订课题研究方案与项目计划，完成课题申报和课题论证工作。

在专家顾问等的指导下，以行动研究为主要方法，"实践—发现问题—完善理论—再实践"，边实践边研究，并积累、发挥团队力量，凝聚智慧，定期开展交流和沟通，将资料整理并进行理论升华，撰写论文与专著，积累成果。

长沙县一中逐步形成了以专兼职心理教师、生涯指导老师为核心、各班主任和德育辅导教师为辅助，全体教师参与，校外导师团队援助能发挥多层次、具有立体作战效能的四层师资队伍体系，这是生涯发展指导工作落实的重要保障。

评价体系是质量的保证，在实践探索中我们逐步构建并完善了生涯发展指导"嵌入式"评价体系。第一，教师评价强调教师对自己教学行为的分析与反思，建立以教师自评为主，重视学生和家长对教师教育教学理念、行为、效果等方面的评价。第二，对学生的评价分别从"课堂表现、活动参与、团队合作、阶段成果展示"四方面进行综合测评。考评分为"平时考核"和"期末综合评定"两部分。一是平时考核内容为出勤情况、提问检测、作业情况（学习单）、活动参与及成果、个体及团队创作；二是期末综合评定内容为生涯规划方案、自我探索成果等。考评按照自评、互评、指导教师评价相结合的原则进行，最后形成综合评定等级。其中，自评权重为20％，互评权重为30％，指导教师评价权重为50％。分优、良、合格与不合格四个等级。

在不断探索实践中，我们不断完善改进，并逐步构建起独具特色的"一核七翼五化"高中生涯发展指导体系模型。

2018年湖南省新高考正式落地，长沙县一中生涯发展指导把聚焦新高考作为工作的重心，并开始在选科指导、综合素质评价、高考志愿填报等核心问题进行研究探索。创建了生涯规划逻辑下的科学选科"四四八二三五"策略系统（见图2）。

我们边探索研究，边收集整理，边实践检验，边提升完善，已形成了一整套成果（见表1）。

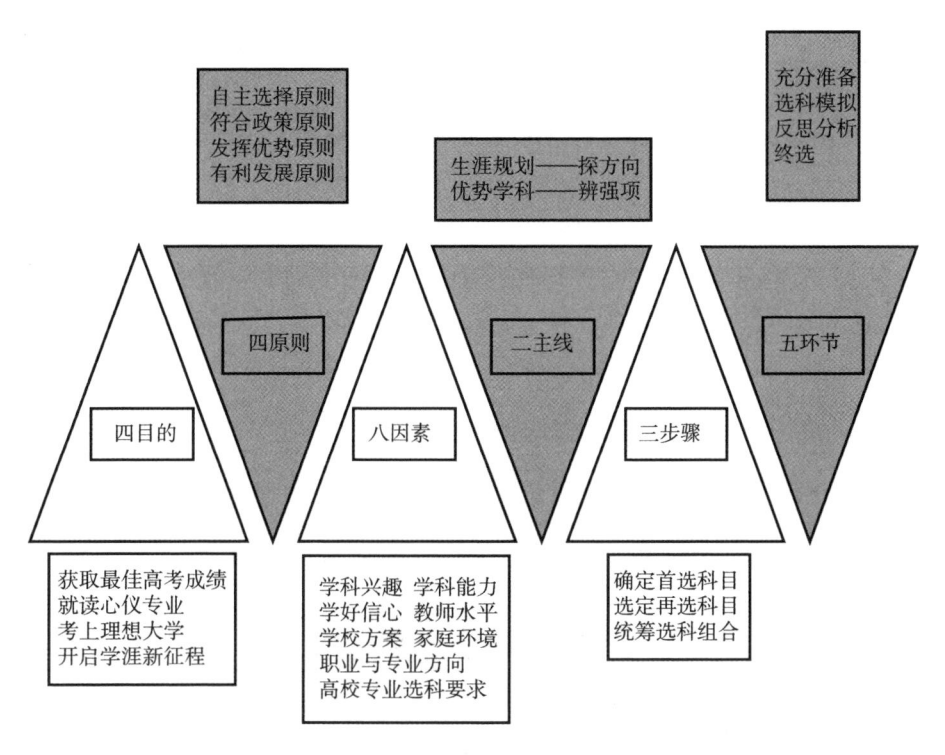

```
自主选择原则                              充分准备
符合政策原则      生涯规划——探方向        选科模拟
发挥优势原则      优势学科——辨强项        反思分析
有利发展原则                              终选
```

```
    四原则           二主线          五环节

    四目的           八因素          三步骤

获取最佳高考成绩   学科兴趣 学科能力   确定首选科目
就读心仪专业      学好信心 教师水平   选定再选科目
考上理想大学      学校方案 家庭环境   统筹选科组合
开启学涯新征程    职业与专业方向
                 高校专业选科要求
```

图2　"3+1+2"新高考模式下学生科学选科"四四八二三五"策略系统

表1　长沙县一中生涯教育研究与探索部分成果一览

序号	成果名称	成果形式
1	"青少年发展指导丛书"(包括《高中生理想指导》《高中生涯发展指导》《高中生心理指导》《高中生学业指导》)《高中生涯规划》等20多部、套	教材、课案、学案等
2	《〈高中生涯发展指导〉》课程纲要	—
3	《高中生生涯发展指导教学设计》	课例
4	《学生发展指导平台》等测评软件	软件平台
5	《长沙县一中发展指导中心》专题网站、"学生生涯发展指导"微信公众号等	网站、公众号
6	《高中生生涯规划课程系列慕课》(中国教育学会"中小学教育资源开发"项目)、《生涯发展指导云课堂》、《生涯发展指导微课：赢在新高考》等	线上课程

续表

序号	成果名称	成果形式
7	《生涯课程资源数据库》《生涯资讯查询系统》《专业微视频》《职业微视频》等	课程资源
8	《生涯规划教育论文集》（一年一期）	论文
9	《学科教学渗透生涯教育课例集》	课例
10	《生涯教育主题班会课例集》	课例
11	高中生涯指导校本选修课程及教材：《跟历史名人学生涯规划》《新高考指南》《中学课程与大学专业》《大学专业面面观》《生涯探索体验活动手册》等	校本课程及教材
12	《高中生生涯探索体验活动手册》	活动手册

三 成果的主要内容

本项目聚焦高中生生涯教育的目标意义、顶层设计运行机制、实施途径、方法、策略等方面的研究与探索，以系统思维全方位统整资源，构建体系，整体化推进高中学校生涯发展指导为核心，是直面当下新课程改革与高考综合改革下高中教育发展急需的、保证生涯教育落地的有效探索与实践。

通过本项目的探索研究与实践应用，提升了学校校长、教师的课程领导力，形成了特色课程体系，提升了师生的生涯发展意识与能力水平，打造出学校生涯教育特色品牌，创造性地构建起了"一核七翼五化"高中生涯发展指导体系模型，为普通高中实施生涯教育探索出了一个可资借鉴的实施方案。近年来，通过论文发表、论坛交流、经验分享、专题培训等多种形式面向全国广泛推广，产生了非常好的社会效益。具体成果如下。

构建起的"一核七翼五化"高中生涯发展指导体系模型，如图3所示，是以长沙县一中办学理念"为学生终身发展服务"为核心要义，以"七翼"为基本实施要素，以"专业化、课程化、数字化、社会化、常态化""五化"为运行机制，强调"全员、全程、全方位"整体化推进，全面铺开，立体融入，"唤醒、领航、激活、赋能"，强调对青少年成长的浸润，以有温度的教育助力学生终身发展，重视具体解决新高考下学生的学科选择、高考志愿填报等学业规划指导程序与方法设计，如图3所示。

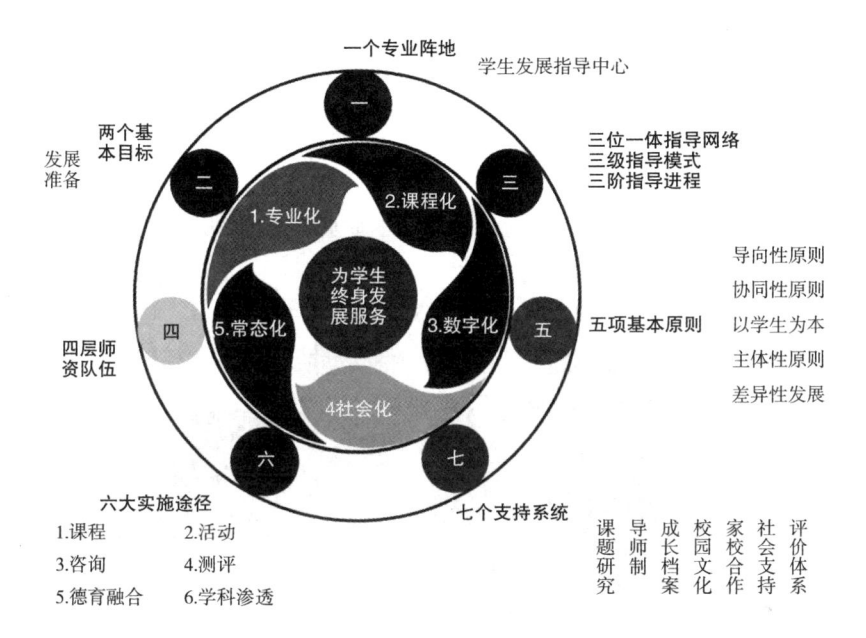

图3 长沙县一中"一核七翼五化"学生生涯发展指导体系模型

"一核"，即生涯发展指导的核心理念是为学生终身发展服务。

"七翼"，即生涯发展指导七大实施要素系统。

一个主阵地，即学生发展指导中心。

两大目标，即促进学生全面而有个性发展，并为未来做好准备。

三位一体指导网络，即学校、家庭、社会密切协同，共同促进学生成长。

三级指导模式，即分别面向全体学生、部分有共性需求的学生和个别有特殊发展需要和问题的学生，以不同指导途径与内容来保证针对性强、科学有效，满足学生的成长需求。

三阶指导进程，即根据不同年级发展特点与成长需求，分别设计高

一、高二、高三年级学生的指导内容与方式方法，以保证生涯指导实施的系统性与延续性。

四层师资团队是指形成一支多层次、结构合理、职能优化配置，具有立体作战效能的师资队伍，成为学生生涯发展指导工作落实的重要保障。

坚持五项基本原则包括导向性原则、协同性原则、以学生为本原则、主体性原则与差异性发展原则等。

六大实施途径包括课程、活动、咨询、测评、德育融合、学科渗透。

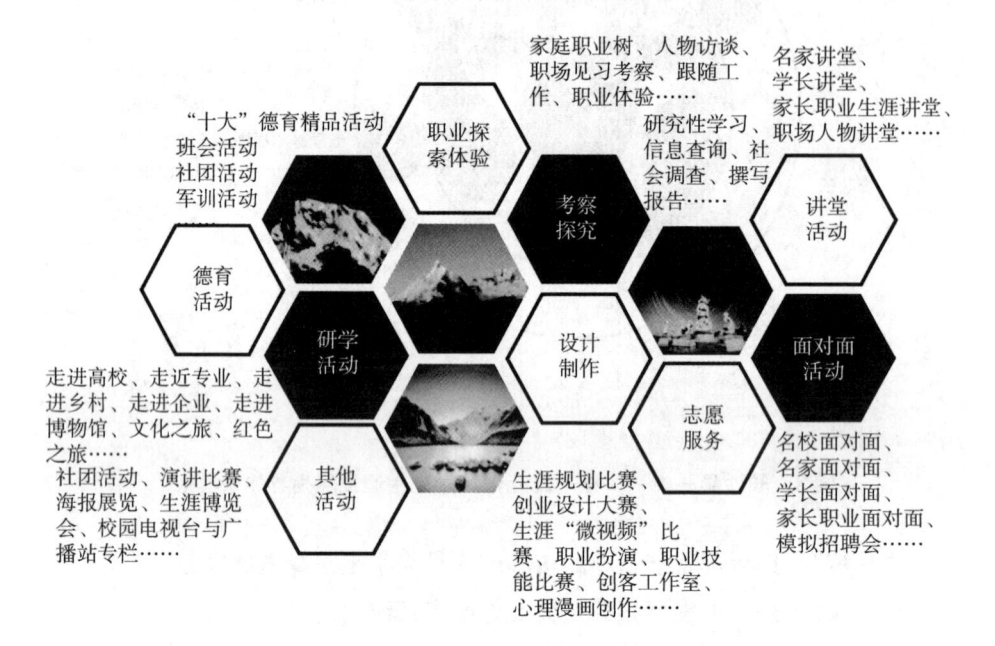

图4　长沙县一中生涯教育综合实践探索体验活动体系

七大支持辅助系统具体包括强化课题研究的支撑引领作用，建立健全导师制，建立学生成长档案（包括电子档案），加强家校合作，建设生涯教育特色校园文化，探索建立一个生涯发展指导社会支持系统，建立高中生涯教育评价体系，等等。

"五化"，即生涯发展指导运行机制。

（一）专业化

专业化包括专业师资、专业阵地和专业研究。专业师资包括专业化的生涯心理教师为核心，以及全校教师的生涯规划专业化水平提升两个方面。专业阵地，即长沙县一中的学生发展指导中心，中心共四层，功能分区明晰合理：一楼心理指导区，二楼生涯发展指导区，三楼学业指导区，主要有多功能体验厅和个性化指导室，四楼特长发展指导区。中心集咨询教学、培训、辅导、体验、测评、研究、交流于一体，是一个助力一中学子自主发展、健康成长的专业阵地。专业研究，即以科研促进发展，实现学校生涯教育不断跨越与升华。长沙县一中以课题为依托，通过与高校的合作，在领域内专家引领下，借助社会机构、家长等社会资源的整合，来促进生涯教育专业研究的不断进步。我们先后主持或参与的课题如表2所示。

表2　　　　　　　　　　　主持或参与的课题

课题	内容
教育部课题	《基于学习经验的青少年生涯发展研究》（已结题）
中国教育学会课题	《地理教学中渗透心理健康教育的研究》（已结题）
省重点规划课题	《高中生涯发展指导体系构建研究》（已结题）
省规划课题	《新高考背景下的高中生行为文化建设研究》（在研）
中国信息协会课题	《中小学生涯发展指导课程体系建设研究》（在研）
市重点规划课题	《高中生涯规划课程实施策略研究》（已结题）
省教研协会课题	《体育高考生备考心理状态归因及调适策略研究》（在研）
省科协课题	《高校科学营营员选拔有效性实践研究》（在研）

（二）课程化

课程是生涯发展指导的主渠道。2014年，学校制定的《长沙县一中生涯规划课程实施纲要》，保证生涯专项课程的严密有效组织实施。我们先后主编和参编的教材、教学参考、学案等课程资源二十余项，并不断丰富课程资源。

根据长沙县一中实际在高一年级分班单双周交叉开设生涯发展指导课程与心理健康指导课程，按照高中生涯发展指导课程主题内容框架，我们精练出全年 20 个左右教学主题。生涯发展指导课程强调轻理论、重实践，轻学术、重体验，最大的特色是体验式教学模式，以有意义、有体验、有感悟、有乐趣的课堂活动使学生投入其中，让学生在感知、思考、体验、讨论、反思和感悟中自主成长（见表3）。

表3　　　　　《生涯发展指导》课程内容及专题目录

模块	主题	模块	主题
生涯唤醒	初识——长沙县一中生涯发展指导	外部世界探索	知彼——我的家庭资源
	唤醒——人生规划需趁早		知彼——大学那些事
自我认知	知己——我的兴趣探索		知彼——亲近专业
	知己——我的性格探索		知彼——变化中的职业世界
	知己——我的能力探索		知彼——职业专业连连看
	知己——我的价值观探索		知彼——升学路径面面观
	认识自我测评	决策与行动	决策与行动——我的生涯可能
生涯管理	生涯管理——目标管理		决策与行动——用好我的选择权
	生涯管理——时间管理		决策与行动——我的选科决策
	生涯管理——情绪管理		
	生涯管理——休闲管理		决策与行动——高考志愿填报攻略

（三）数字化

数字化赋能生涯发展，指导工作向"专精特新"方向发展。第一，不断完善学生发展指导中心的建设。添置学生多元智能探索与测评设备及软件，为学生探索自我、发现并挖掘自我潜能，提升综合素质提供丰富多元的平台。

第二，与高校合作开发并更新"学生发展指导平台"与"生涯咨讯查询系统"等数字化平台，广泛应用到学生测评、查询、教学资源建设等方方面面。

第三，强化《生涯发展指导》校本必修课程建设。加强与数字化的无缝融合，打造生涯教育信息化互动课堂。

第四，构建了基于慕课和微课的翻转课堂教学模式。重点打造了"生涯规划云课堂""生涯发展指导微课：赢在新高考"等线上课程资源。

第五，建设了"发展指导中心网页""学生生涯发展指导"微信公众号等线上平台。这些生涯规划指导专业网络平台与学校的"学业管理系统""德育管理平台""智慧校园App"和"大数据中心"等实现无缝对接、信息整合，构建起一个引领学生成长的数字化指导体系，充分发挥数字化优势，在宣传、教学、测评、查询、评估、决策、记录、管理等方面发挥着不可替代的强大支持和辅助作用。

（四）社会化

广泛开展与社会组织、高校、企事业单位、专家学者、职场人士及校友等的合作与交流。如建立"初中—高中—高校"协同生涯教育衔接体系，广泛开展"名校面对面""走进高校，走近专业"等活动；充分发挥地处星沙国家级经济技术开发区的区位优势，先后与周边的二十多家企事业单位建立了学生行业（职业）体验实践基地联盟，定期组织学生到基地体验和实践活动；依托"中国教育发展战略学会生涯教育专业委员会""全国生涯教育学校联盟"等组织，在专家的引领下，与兄弟学校一起探索、组织各种交流研讨活动，共创学校生涯教育的美好未来；挖掘家长资源，成立"家长讲师团"，定期开展对学生的"家长职业生涯讲堂"活动。邀请专家学者、职场人士和校友等担任生涯教育外援导师团队，组织如生涯讲堂等活动。

（五）常态化

长沙县一中将生涯发展指导工作的常态化开展具体表现如下。第一，常规的生涯教育活动以一个学年为周期，按时间顺序，相对稳定，但又有机动灵活的常态化、序列化运行机制来构建，如图5所示。

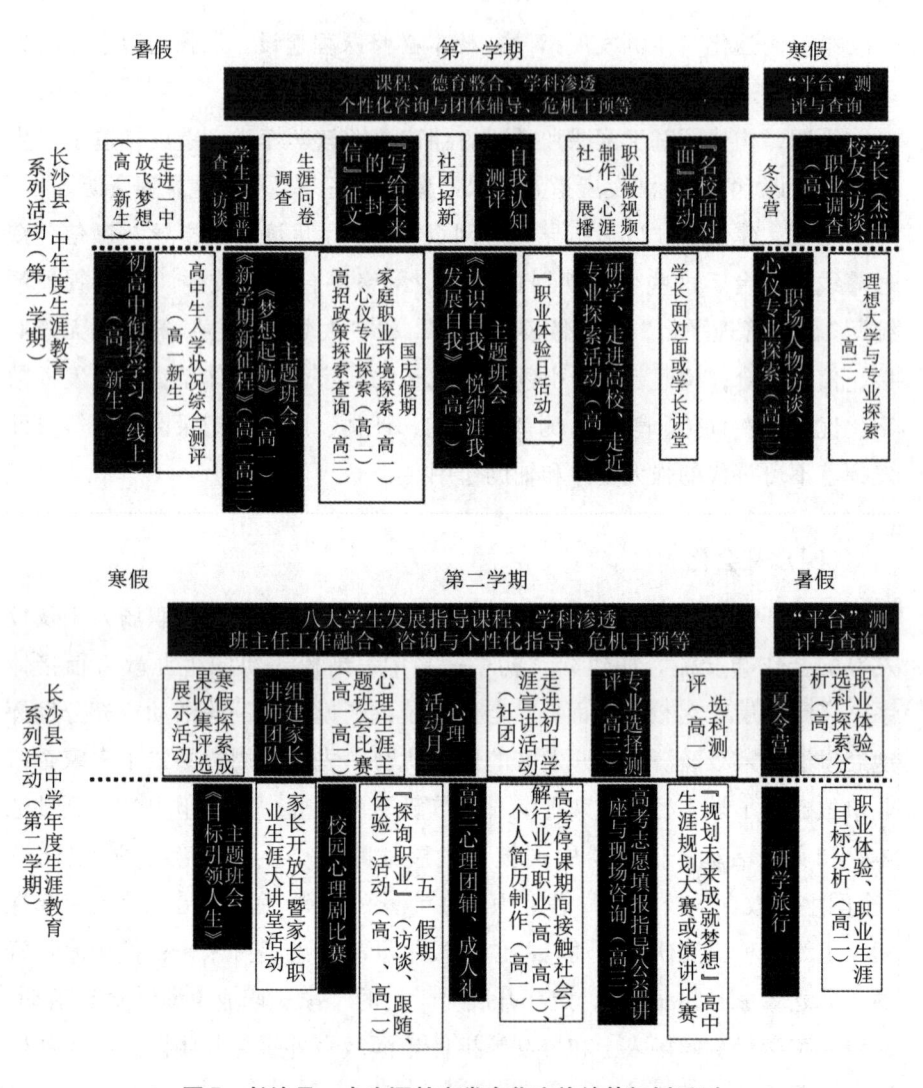

图5 长沙县一中生涯教育常态化实施统筹规划系列

第二，融入德育工作（班主任工作）与学科教学。以德育融合生涯教育为例，生涯发展指导作为长沙县一中德育的重要抓手和主渠道之一，为适应新时代教育发展需要，长沙县一中为加强德育模式创新，凸显生涯教育的重要性，探索变革原来的德育体系，逐步构建起"以学生生涯发展指导为主线的德育实施系统"。本系统以培养学生社会主义核心价值观、学生发展核心素养及长沙县一中学生发展素养为目标，通过学习生活环境、课程与课堂、活动与实践等途径，以"学生生涯发展指导"为主线，串联起生命教育、理想信念教育、革命传统与爱国主义教育等德育内容的落实。与之相对应，长沙县一中打破原有的德育管理体制，重构了"一轴四驱"的德育管理模式，如图6所示。

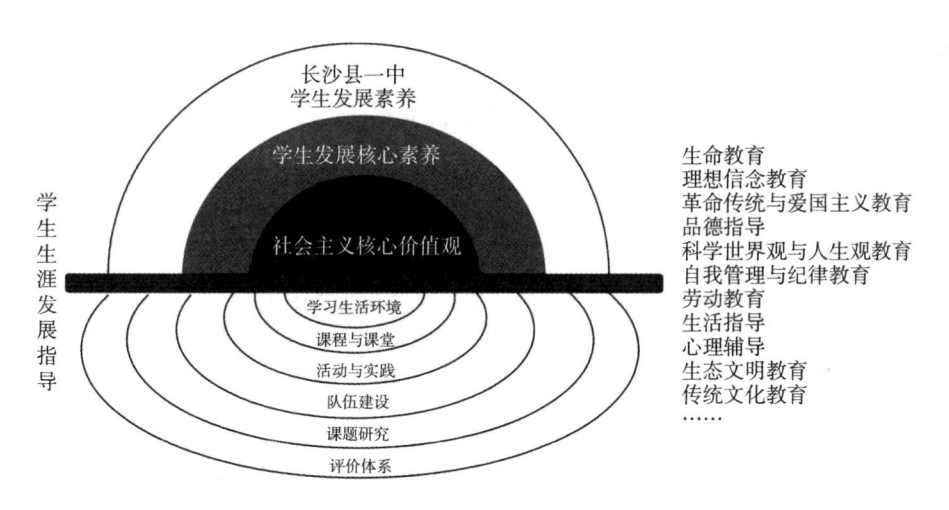

图6　长沙县一中以学生生涯发展指导为主线构建学校德育实施系统

班主任是学校德育工作的主力军，是班级工作的领导者、管理者，班级活动的组织者，也是实施生涯教育的主要力量。在"长沙县一中以学生生涯发展指导为主线构建学校德育实施系统"中，班主任在具备一定的生涯教育理论素养与实操能力，以及在熟悉新高考政策的基础上，将生涯教育融入工作，是最为关键的。我们加强班主任培训，并引导班主任自觉融合，从"应做"到"能做""愿做"，从"自觉做"到"做有收获""做有价值""做有成就"，如图7所示。

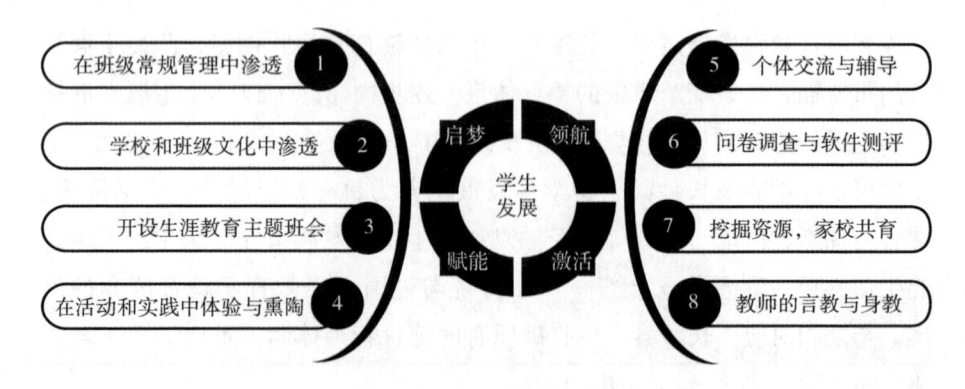

图7　生涯教育融入班主任工作的方方面面

四　效果与反思

（一）成效显著

《高中生涯发展指导体系构建与实践》项目组依据研究计划，按照研究步骤循序渐进开展研究，一步步夯实，一年一个台阶，带来了实实在在的成效。

1. 特色创建出硕果

长沙县一中对该项工作认识到位，环境创设不断优化；师资队伍不断壮大，教师专业化程度逐步提升；学生发展目标更明确，有效地激发并维持其较强的学习动机，促进学生全面而有个性地发展，素质稳步提升，近几年长沙县一中高考成绩逐年上升；学生决策意识加强，文理科选修（"3+1+2"选科）稳定；高考志愿填报更趋理性、合理，毕业生在进入大学后，对所学专业满意度逐年上升；一中学子未来人生走得更好、更具幸福感。

通过调查统计分析，学生受益成效如下。一是近年来教学成效显著，高考一本、二本的上线人数和上线率逐年上升。

二是毕业生在进入大学后，对所学专业满意度逐年上升。表4的调查结果显示，其对大学所学专业的满意度逐年递增。这意味着随着高中期间生涯发展体系的建立与完善，相关课程及活动的开展，高中生规划意识和能力不断提高，他们对自己喜欢和适合的专业更清晰，志愿填报更趋合理。

表4　　　　　　　　高中毕业生对所学专业的满意度情况

毕业生	调查人数	非常满意（%）	比较满意（%）	不大满意（%）	非常不满意（%）
2017级	407	14.0	73.7	11.8	0.5
2018级	571	18.2	72.8	8.6	0.4
2019级	466	23.8	69.4	6.2	0.6

三是毕业生对大学专业的选择更加明确。通过调查结果了解到（见表5），虽然2018年毕业生就读学校985、211和非985、211院校的人数总比例达到了96.15%，较其他年份高，但从整体上可以看出，毕业生选择985、211院校的比例逐年降低，结合对大学专业满意度以及采访的结果来看，学生开始形成了以专业为志愿导向的趋势。

表5　　　　　　　　高中毕业生升学就读院校情况

毕业生	调查人数	985、211（%）	非985、211（%）	专科院校（%）	军事院校（%）	国外留学（%）	其他（%）
2017级	407	30.2	65.6	2.5	0.5	0.2	1.0
2018级	571	23.2	73.0	1.9	0.2	0.5	1.2
2019级	466	17.8	79.6	1.7	0.1	0.2	0.6

2. 经验交流共促发展

长沙县一中的经验与成果通过多种途径广泛推广，为上级教育部门与兄弟学校开展生涯教育提供了宝贵的参考。

2015年10月，湖南省中小学教育科学课题研究成果观摩推广会议上，长沙县一中的生涯教育作为优秀课题成果在会上被当作典型推广；同年12月，长沙县一中承办了由中国教育学会主办的"第二届全国学生发展指导高端论坛",并先后在第二、第三、第四届"全国学生发展指导高端论坛"上做经验交流与典型示范分享;作为湖南省生涯教育的唯一代表在"2018年京湘基础教育论坛"上做主题发言;先后在2017年"湖南省高中生涯规划教育研讨会""湖南省2018年普通高中生涯发展指导研讨会""中国教育发展战略学会生涯教育专业委员会2020年年会(成都,线上)"等会上做经验分享、专题报告和上示范课。先后多次赴全国近二十多个省份,分别面向教育主管领导、校长、老师等做专题讲座与示范交流等近50场,听课人数超5000人,面向学生做生涯规划、励志、选科与志愿填报指导讲座近30场,听课人数近2万人,面向家长及社会人士做报告近20场,听课人数近1万人;每年接待来自全国各地兄弟学校、职能部门和社会机构等超500人次参访交流学习。

我们的研究成果被《湖南教育》《长沙晚报》等报纸杂志报道,或以采访的形式电视报道;在《读懂新高考·通识读本》(2019)一书中多次被作为典型案例采用。

3. 校本科研促成长

长沙县一中的生涯教育项目组人员众多、队伍庞大,课题研究引领着各位成员在学习、探究、实践中不断成长,在学生成长中发挥着越来越重要而有效的作用,为新课程改革与高考改革的顺利落地提供了有力保障。同时,很多教师正是由于积极参与生涯教育的研究与探索,教育理论根底越来越深厚,业务水平不断提高,获得的表彰奖励更是不计其数。更为重要的是,以他们为原点,向更多的教育工作者辐射,引领了生涯教育理念的传播与推广。

高中生生涯发展指导课程的研究促进了学校课程领导力的提升。如在"湖南省2017年普通高中心理健康教育优质课与校园心理剧录像观摩与评比活动"中,《我的兴趣探索》现场赛课,荣获一等奖;《校本课程领导力的实践》发表在《新课程评论》上。

4. 示范基地树形象

近年来,长沙县一中的生涯教育特色越来越彰显在全省乃至全国的示范引领作用,为省市县乃至全国的生涯教育的发展作出了重要贡献。长沙县一中先后被授予"教育部课题研究先进单位""全国生涯教育学校联盟示范学校""东北师范大学生涯教育示范基地"、东北师范大学"双十项目""基础教育合理发展的理论与实践研究"基地校、"长沙市心理健康教育示范校""长沙市区域教育特色发展建设学校"、中国教育发展战略学会生涯教育专业委员会"全国生涯教育实验学校"等称号。2019年10月,湖南省第一个县级生涯规划名师工作室吴耀明生涯规划名师工作室正式挂牌;2021年,课题主持人吴耀明被评选为"全国生涯名师成长工作室"主持人。这些为长沙县一中生涯教育研究成果更好地发挥"示范、指导、辐射"作用提供全新的平台。

(二)实践反思

十余年的探索实践与研究,我们体会到了艰辛,更享受到了收获成功的喜悦。为强化项目研究成效及成果,充分发挥科研引领作用,更好地推动生涯教育探索与研究的深入开展,作如下研究反思。

第一,领导重视,组织得力。学校做好生涯教育特色创建的顶层设计和氛围营造,整合生涯教育资源,通过多种途径开展生涯发展指导,是高中学校的必然选择。

第二,广泛开展合作。积极参与生涯专业学术平台活动,与高校及社会机构合作,在专家引领下,专业化推进生涯发展指导工作,是高中生涯教育向专业化纵深发展的重要保证。

第三,加强初中、高中、高校生涯教育的衔接。构建纵向发展生涯发展指导平台,是落实为学生终身发展服务理念和顺应形势发展需要的重要途径。

第四,挖掘和整合社会资源。利用好社会和家长等多方面资源,如建设一批实践活动职业体验基地,促进学校生涯教育发展。实际证明,以政府为龙头打造区域综合实践职业体验基地联盟(群),供区域内各级学校学生实践体验是一条很好的途径。

第五，建立职业、专业数据库，优化测评系统，构建学生发展数字化平台。利用网络资源，借助软件平台，AI、VR、AR等技术，开拓"互联网+生涯教育""大数据+生涯规划""人工智能+生涯规划"等新领域。

第六，勇于变革。"选择性"是教育"变革时代"的核心理念，开展生涯教育是落实学生选择权、促进学生全面而有个性发展的重要保证。在新课程改革和新高考改革的推动下，生涯教育将成为促进学生成长的重要途径。学生发展指导中心（生涯教育中心等）将成为学校一个新的管理中心，甚至成为学校各项工作的轴心和纽带，促使学校管理体系和学生培养体系的重构，将引发学校教育一次重大变革。近年来，长沙县一中在这方面开始了初步探索与实践。

第七，工作展望。本项目在研究实践过程中过于强调学校生涯发展指导体系的构建，求大而全，在某些细节上落实不够，做得不够精致。如生涯课程教学方法、评价机制等的研究还处于较浅的层次。以后在这方面需要进一步加强研究探索。

"高中生涯发展指导体系构建"是一个很大的课题，可以细分出更多的子项目进行深入研究探索，如新高考下的高中生涯规划（学业规划）课程实施策略，学科渗透生涯教育，德育与生涯教育的融合，学校、社会、家庭三位一体生涯指导，生涯教育与劳动教育的融合，等等，都大有可为。

【学校简介】

湖南长沙县第一中学

湖南省长沙县第一中学是一所历史底蕴厚，现代气息浓，人文荟萃、环境优雅的省级示范性高中。校园占地231.8亩，在校学生近3000人，49个教学班。学校坚持"为学生终身发展服务"的办学理念，秉承"团结、严谨、求实、创新"的校训，以"生态校园、幸福家园、魅力学园、活力智园"四园建设为愿景，致力于打造学校高品质，着力提升学生核心素养。构建起以"生涯发展指导"为主线、"一轴四驱"为基本架构的德育新模式。学校在生涯教育、心理教育、创客教育、体育竞赛、艺术教育等方面已形成鲜明特色。学校拥有一流的惠普e——数学实验室、大数据中心、学生发展指导中心和科技创新工作室等现代化教学设施。近年来，学校先后被授予"全国创新英语人才培养基地""中国生涯教育学校联盟生涯教育示范学校""中国教育发展战略学会生涯教育专业委员会生涯教育实验学校""全国人工智能科普教育示范校"等称号。

◎ 浙江宁波市镇海区龙赛中学

新时代背景下高中生生涯发展指导策略与实施研究[*]

一 背景分析

（一）生涯发展理论的育人需要

根据生涯发展理论，高中生正处于职业生涯探索和初步定向阶段，是个体生涯发展的重要时期，面临着职业定向问题。高中生自我意识开始觉醒，具备了一定的认识自我、认识社会的能力，高中生处于人生观、价值观的探索期，处于潜能开发的最佳期，但因为个人认识、生活阅历、家庭环境等方面的影响，他们往往又不能妥善地处理这一阶段所遇到的很多问题，他们存在着理想与现实的冲突、自我与社会的矛盾，这些冲突与矛盾，常常会给他们带来很大的迷失感和挫折感。通过生涯发展指导，有助于让学生认识到生命成长的阶段性，认识到在人生的每个阶段都会面临不

---

[*] 王海岳，浙江宁波镇海龙赛中学。

同的选择；有利于学生正确认识高中阶段乃至整个人生过程中的各种问题，启迪学生心智的健康成长，有利于对自己的生涯发展做出逐渐清晰的规划，明确人生的目标。

（二）时代发展的育人需要

教育是国之大计、党之大计。教育是民族振兴、社会进步的重要基石，对提高人民综合素质、促进人的全面发展、增强中华民族创新创造活力、实现中华民族伟大复兴具有决定性意义。我们正处于一个全新的中国特色社会主义新时代，我们的教育必须把培养社会主义建设者和接班人作为根本任务，培养一代又一代拥护中国共产党领导和我国社会主义制度、立志为中国特色社会主义奋斗终身的有用人才，这是教育工作的根本任务，也是教育现代化的方向目标。[①] 中学阶段，引导立志与做好生涯发展指导，相辅相成。《国务院办公厅关于新时代推进普通高中育人方式改革的指导意见》（国办发〔2019〕29号）明确指出，要进一步完善德、智、体、美、劳全面培养体系，全面提高普通高中生的综合素质。需要建立学生发展指导制度，加强对学生的理想、心理、学业等方面指导，把立德树人落到实处，办好教育要有大教育观。

（三）实施新课程的育人需要

2014级开始，浙江省实施新课程、新高考，新课程改革聚焦学生核心素养的培养，新课程注重学生的全面发展，扩大学生的选择权利，让核心素养的表达校本化，使核心素养的培养在学校层面落地生根。改革方案的核心理念是在确保"公平、公正"的前提下，"扩大教育的选择性"，强调把更多选择权交给学生，让不同个性品质的学生得到最有利于他们的发展。新高考重点突出学考与选考科目的确定，实际上也是要求学生在高一结束时，就能根

[①] 庞春敏：《70年回眸：新中国普通高中生涯教育的发展之路与未来走向》，《当代教育科学》2019年第6期。

据自己的兴趣、特长，对自己的个体发展有一个初步认识和规划。[①]

然而，当下中学阶段学校、社会等大都以高考成绩作为最主要评价，唯分数论还根深蒂固，有一定数量的学生进入大学可以说是堕落的开始，人生目标被功利化或者根本就没有什么目标，心灵空虚，不能很好地把个人的成长与国家的发展、社会进步相融合。随着普通高中育人方式改革的推进，随着全社会对学生生涯发展指导的重视，相信立德树人一定会不断取得新的成果。

二　过程描述

生涯发展指导的核心归根结底是人生观、世界观、价值取向和行为习惯的培养，中学生的生涯发展指导应从大生涯观和全人观出发。宁波市镇海区龙赛中学（以下简称"龙赛中学"）围绕"以成长为中心"的办学理念；围绕"使学校成为学生良好教养培育的沃土，成为学生过硬学习能力提升的摇篮，成为学生生涯发展规划明晰的基地"的办学愿景；围绕生涯发展隐性能力和显性能力的培养做了一些探索与尝试。

（一）德育工作构建师生成长共同体

如果将人看作一棵树，德就是树的根，我们评价一个人在本质上是否成功与幸福，不是看这个人在学校时的成绩好坏，也不是看他的学历有多高，最重要的是要看这个人的德行。德行表面上看好像与生涯规划没有直接关系，但从大生涯角度而言，立德也是生涯规划重要的内容，生涯规划包括显性层面和隐性层面，德行培养属于隐性层面，它是生涯的根基，对人生发展将产生重大影响。

1. 德育主题教育课程化

主题教育系列课程是高中生人生观、世界观、价值取向和行为习惯形

[①] 何秋玥：《新高考背景下普通高中生涯指导的实施现状及对策研究——以浙江省为例》，硕士学位论文，杭州师范大学，2019年。

成的重要途径；是开展习近平新时代中国特色社会主义思想教育，强化理想信念教育，引导学生树立正确的国家观、历史观、民族观、文化观，切实增强"四个自信"，厚植爱党、爱国、爱人民思想情怀，立志听党话、跟党走，树立为中华民族伟大复兴而勤奋学习的远大志向的重要途径。很多时候德育工作者都是凭着自己零星的经验和片断的感觉在组织开展各种主题教育活动，系统研究并肯定不足。如果从学校层面集中优秀班主任、老师和同学们的集体智慧，构建出高中主题系列教育的校本课程（包括资源库），必将有效提升德育主题教育的效果，同时有助于形成班主任和学生的成长共同体。

（1）德育主题教育系列课程的架构

学校德育智囊团，班主任工作室，研讨高中各阶段最需要的主题教育内容，确定班会课主题教育校本课程的架构和内容选择。我们认为高中生生涯品质提升的四大支柱可以表述为目标教育、执行教育、协作教育和自省教育。通过四大支柱，增强学生的"自我追寻"理念、"体察环境"理念、"目标引领"理念、"魅力人格"理念、"挫折磨砺"等理念，综合提升学生成长过程中所需要的各种品质和能力。

（2）主题教育辅助手册与读本

生涯规划，一定程度上取决于自我反思能力，如果一个学生能养成日规划、日反省、阶段规划、阶段反省、阶段小结的习惯，无疑对他的成长会产生很大的帮助。龙赛中学近二十年来，学生《成长手册》一直陪伴学生，学生成长手册每学期一本，每个寒、暑假一本，每周一篇推荐文章阅读与讨论，做好每日一句、每周一段、每阶段一篇的反省。《成长手册》每年都要修订，做到与时俱进。

《成长手册》中每日自省表，让学生记录成长过程中每日最想说给自己的一句话；一周成长小结表，从上周计划完成情况、做得成功的方面、做得不够的方面、下周计划与展望、心灵成长的足迹、我最开心的事、我的困惑、我最想对老师说的话等方面来写，也有老师、家长或同学的交流心语。《成长手册》可以帮助学生更好地认识自己，帮助学生树立适合自己的阶段性具体目标，启发学生对自己的人生有长远思考，能为自己的成长点一盏灯。

德育主题教育课程和学生成长手册具有开放性，学校层面从内容上、形式上每年都要修订，班主任层面也可根据个性教育特点在学校素材的基础上拓展自己的教育内容，充分发挥班主任个性教育特长。

2. 德育活动特色化

教育需要给学生提供适合他健康成长、养分丰富的土壤，这个土壤，就是学生的成长环境。以人为本、关注中学生的成长特点、积极打造有利于学生个性成长发展的活动平台正是学生的生涯发展需要的。

学校的德育活动，应当从学生的现实生活出发，与本土化的学生现实生活境遇发生关联，理解学生具体生活的每种形态，理解学生所面临的各种生活问题，并通过有益的引导，改变学生的生存状态、生活方式，提升他们的生活质量、生命价值，让每一位学生都能够实现多元发展，促进学生成长品质提高。

"被认可与被需要"是一个人归属感和价值感获得的最重要途径，绝大多数家庭，物质生活已不再需要孩子操心，"被需要"被严重削弱。我认为，现在学生出现的以自我为中心、叛逆、心理问题、沉迷游戏、学习动力不足等很多问题都与被认可感、被需要感缺少有关。为此，学校推出了"日行一善"的德育特色活动，学校把日常卫生值日工作与"日行一善"结合起来，每位同学认领一份卫生值日工作，或是几扇玻璃窗、几块磁砖、一个小区域等，坚持并确保每天把自己认领的卫生责任内容很好地完成，不仅是服务他人，同时也是对自己责任心、坚持每天做好一件小事等品质的培养。"日行一善"对一个学生以后的职业生涯的发展都会产生隐性又巨大的影响。

现代文明最重要的品质就是教养与规矩，一个人的成长过程中既要读好"有字之书"，又要读好"无字之书"。"做一个有教养、守规矩的人"是龙赛中学德育品牌创建工作的抓手，倡导做一个有教养的人要遵循三个原则，一是底线原则，"己所不欲，勿施于人"，自己的任何行为，以不影响他人为基本准则，这是起码要求；二是自我形象原则，穿衣吃饭等行为礼仪要注重自身的形象，与环境相协调；三是与人为善原则，尽量帮助一切需要帮助的人，会让我们的世界温暖而美好。

龙赛中学大门两旁，各有一排8根旗杆，为赋予这一排旗杆教育的意义，学校推出一项有创意的德育活动——升班旗，每个班级都有自己的班旗，学校把升班旗与班级常规考评相联系，活动有力促进了学生良好习惯的培养。

每天在学生到校后，完成基本的卫生打扫和作业收交后，各班每天早晨都要抽出3—5分钟时间，起立齐声朗读中华文化经典诵读校本课程《古风新韵》中的诗词歌赋，我们把这种经典诵读活动作为新的一天开启学习的仪式。短短几分钟的诵读，抖擞了同学们的精神，开启了新的一天的学习，增强了对中华经典的学习与理解，让学生从中历览千载辉煌和古圣先贤的风采，不知不觉中也促进了对人生的思考。

3. 班主任工作目标流程化

班主任作为学生德育工作的核心力量，是学生成长的主要引导者、支持者和鼓励者，是立德树人最直接也最基础的实施者。当下，班主任工作忙而杂，整体效率比较低，特别是新班主任，虽有培训，但效果总体不好。为此，我们借鉴企业上的目标流程化管理，对班主任工作管理方面作出一些尝试。成长学生首先要成长老师，特别是班主任老师。老师与学生是一种共生关系。在"目标流程化"基础上再加上班主任的"个性化"，使立德树人既规范又个性。

（二）精准教育构建老师、家长、学生成长共同体

近些年来，我们发现各种"问题"学生，特别是心理有问题的学生越来越多，2019年龙赛中学借力上海现代家庭指导中心对2018级高一学生的学习动力、自我管理、亲子关系等六个维度做了一次《家庭教育指标安全》的测评（该测评可以在家庭教养方面防患于未然，协助父母有效规避孩子的教育风险）。通过测评，发现确实相当多家庭的教育生态环境令人担忧，学生成长过程中家庭内耗很大，且有一定数量学生的家庭教育存在危机。

"精准教育"是龙赛中学《高中生生涯发展指导课程规划与实施研究》省规划课题的深化研究。

1. 具体目标

第一，构建适合高中学生和家庭教育生态环境的科学全面测评体系。第二，开发帮助班主任根据测评结果读懂学生成长代码的班主任手册。第三，开发并积累基于本校学生的家庭教育家长读本。第四，开发并积累基于本校危机学生的线下学生课程。第五，开发并积累基于本校危机学生的线下家长课程。第六，开发并积累基于本校学习动力不足学生的家长线上课程。第七，开发并积累基于本校亲子关系不佳学生的家长线上课程。第八，开发并积累基于本校情感处理不佳学生的家长线上课程。

2. 具体内容

（1）精准测评

引入第三方专业机构通过 MMTIC 对学生学习特质测评、家庭教育指标安全测评、教师特质测评等软件测评对学生的学习特质、老师的教学特质、家长的教育状态做精准评估，通过 MTTIC 测评评估学生的学习特质和学习状态，并辅以日常观察把学生群体定向分类。

（2）学生层面的精准辅导

个性化教育的本质是促进个体的差异性和独特性，充分挖掘个体的内在潜能，使个体获得全面发展的教育过程。它是一种全纳教育，倡导教育不能用统一的、标准化的模式去教育学生，而是应该根据不同学生的不同特点，通过多样化的教育培养出社会需要的多样化的创新型人才。具体辅导包括对亲子关系、学习动力、情绪管理、自我管理、同伴交往以及自我认知六个维度测试结果处于危机区的学生线下分类、集体辅导，对危机学生线下逐个专业咨询，危机学生线下导师结对，线下专家主题班会以及精准辅导特质潜能明显的学生，帮助他们做好成长规划，必要时提供特殊的帮教服务。

（3）家长层面的精准辅导

习近平总书记指出，家庭是人生的第一所学校，家长是孩子的第一任老师。家庭教育是立德树人最重要的一个环节，习总书记已把家庭教育提升到前所未有的国家发展战略高度。如何协助家长提供有质量的家庭教育，帮助孩子去掉不必要的内耗，引导家长做个学习型家长，共同助力孩子的未来是当下最需要践行的。

尽管家庭教育最关键时期是10岁之前，但根据阿德勒的理论，只要家长开始改变，教育永远都存在转机，我们需要务实并有效做好家长学校工作。在测评基础上，学校做了大量细致、务实的工作，主要包括以下几点。让家长评估孩子在家庭环境中的教养状态；对处于危机区的大部分学生家长进行每月一次的线下主题沙龙；菜单式选课参与学校每月一次的家长课堂，家长课堂在线下学校报告厅举行的同时，采用现场直播，让更多有需要的家长参与家长课堂中来；对于亲子关系、情绪管理、同伴交往、自我认知等处于危机和报警区的学生群体，组织学生家长进入微信群，由专家老师带领家长学习家庭教育的核心内容并进行线上答疑和线上授课，营造从学习共同体成长到幸福共同体。

生涯规划离不开家长的配合，家长的意见往往对学生有决定性作用。在生涯规划课中学生有很多家庭作业需要家长配合，如探索工作世界中的家庭职业树、如何选专业、如何选大学等都需要家长参与探索，并且提供学生必要的支持和意见，帮助学生选择适合自己的职业、专业和大学，进而选出适合自己的高中科目。家长也很关心新高考改革的具体内容，也很迷茫，通过家校合作，给家长提供一个了解信息的平台，了解学生生涯规划的具体措施，共同帮助学生探索自我、探索工作世界，构建老师、家长、学生成长共同体是生涯规划指导最有效的途径。[①]

（三）以宁波商帮为主要特色构建本土化生涯教育资源

龙赛中学地处宁波市镇海区庄市街道，是宁波帮成长的摇篮，小小一

---

① 朱益明：《论我国高中生涯教育与指导的原则立场》，《基础教育》2015年第3期。

个镇（现为街道）走出了宁波商帮领袖叶澄衷、世界船王包玉刚、音视大王邵逸夫、香港甬港联谊会名誉会长赵安中等一大批名扬海内外的宁波商帮名人，还有学术成就显著的两院院士和遍布国内外的各界精英。他们的成长、创业以及爱国爱乡的经历可以提供许多优秀的生源规划指导案例。

1. 编写了一套以宁波帮与商帮文化为特色的生涯课程群

课题群分为基础课程、体验课程、拓展课程三部分，具体如表1所示。

表1　　　　　以宁波帮与商帮文化为特色的生涯课程群

课程	高一	高二	高三
基础课程（限制性选修）	1. 生涯认知课程 2. 宁波帮认知课程 3. 宁波院士认知课程 4. 成长环境认知课程	1. 生涯认知课程 2. 宁波帮认知课程 3. 宁波院士认知课程 4. 成长环境认知课程	1. 生涯认知课程 2. 宁波帮认知课程 3. 宁波院士认知课程 4. 成长环境认知课程
体验课程（选修）	1. 专业体验活动课程（走进大学） 2. 职业体验活动课程 3. 社会实践活动课程 4. 社团体验活动课程 5. 生涯要素体验活动课程	1. 专业体验活动课程（走进大学） 2. 职业体验活动课程 3. 社会实践活动课程 4. 社团体验活动课程 5. 生涯要素体验活动课程	—
拓展课程（选修）	—	—	1. 生涯大讲堂 2. 多元入学通道 3. 面试技巧 4. 简历投递与投递技巧 5. 三位一体考试课程 6. 模拟就业和创业课程 7. 领导力开发的课程 8. 专业分析与大学调研

（1）基础课程

从帮助学生认识自我、认识社会、认识职业和规划未来入手，切实帮助和指导学生学会制订、反思与调整生涯发展规划，为学生生涯开启规划航程。一是认识自己，指导学生了解自己的性格、兴趣、能力、价值观；引导正确价值观的确立。二是认识社会，指导学生了解大学专业、社会职业、留学就业及其社会发展需求，树立正确的职业观；开展升学定向和升学准备以及职业定向和就业准备的指导。三是生涯规划的制订与调整指导：指导学生确立近期学业目标、较长远人生目标与理想；撰写与实施自己的生涯规划，在实践中反思与调整规划，提高自我成长的能力。基础课程教材共 4 本，分别是《高中生生涯规划读本》《高中生生涯认知与自我探索》《宁波商帮》《宁波帮代表人物成长故事》。

（2）体验课程

包括专业体验，职业体验与虚拟体验课程，通过实地走进大学，实现专业体验；走进职业场所实地考察社会实践体验、社团活动的职业体验、模拟场馆操作的模拟体验以及网络环境下的职业虚拟体验，让学生对各种可能感兴趣的职业有个基本体验和认识。体验活动类教材共 6 本，分别是专业体验类活动课教材 1 本（走进大学）、职业体验活动课教材 1 本（内含职高专业课体验、争做金牌销售员、在校大学生访谈、种一棵家庭职业树、职业体验日、生涯人物访谈、专业认识与职业定位、VR 职业体验等 10 个课时）；社会实践活动体验课教材 1 本（内含"宁波城市名片之宁波帮""天一起明州，沧桑四百年""海上丝绸之路"寻踪、"重读河姆渡"、镇海炼化感受体验、毅行·一路有你等 9 个章节）、生涯要素体验活动课教材 1 本（合解手链、快与稳的选择、远与近的选择、信任与责任等 16 个章节）、特色德育体验活动课教材 1 本（内含让班旗高高飘扬在学校门口、《励志成长手册》伴我成长等 10 个章节）、社团体验活动课教材 1 本（内含志愿者社团课、心理社团课、摄影社团课、环保社团课等 11 个章节）。

（3）拓展课程

侧重对学生进行高中阶段的学业、考试升学、就业等方面的指导，使其顺利完成高中学业，达成生涯发展规划和阶段目标，进入理想的适合自己的大学与专业。包括学业发展指导与升学指导，前者是指导学生正确学习目的的树立与端正的学习态度的形成，学会有效管理学习时间，获得适合自我的学习方法以及必要的考试技能，提高他们对自己学习的自我认知、监控、评价、调节的元认知能力。后者侧重于升学与就业指导，如三位一体考试指导、招飞指导、简历投递指导课程等。拓展课程类教材共1本（内含7选3备考指导课程、非正式高考升学指导课程、学生领导力课程、模拟就业与创业课程等）。

另外学校还经常举行生涯类讲座，内容包括"成长、成功、成才"系列讲座，新高考解读系列讲座，青春期系列讲座，志愿、专业、职业相关系列讲座等。活动形式主要是宁波帮的成功案例展示、电影展播、成功校友回母校讲座、家长代表讲座、宁波帮创业故事大赛等。

2. 打造了一座职业生涯体验馆

学校专门安排学校原艺术楼一楼为龙赛中学学生发展指导中心，对整体环境、设备装修都做了全新的布局与改造，如图1所示。

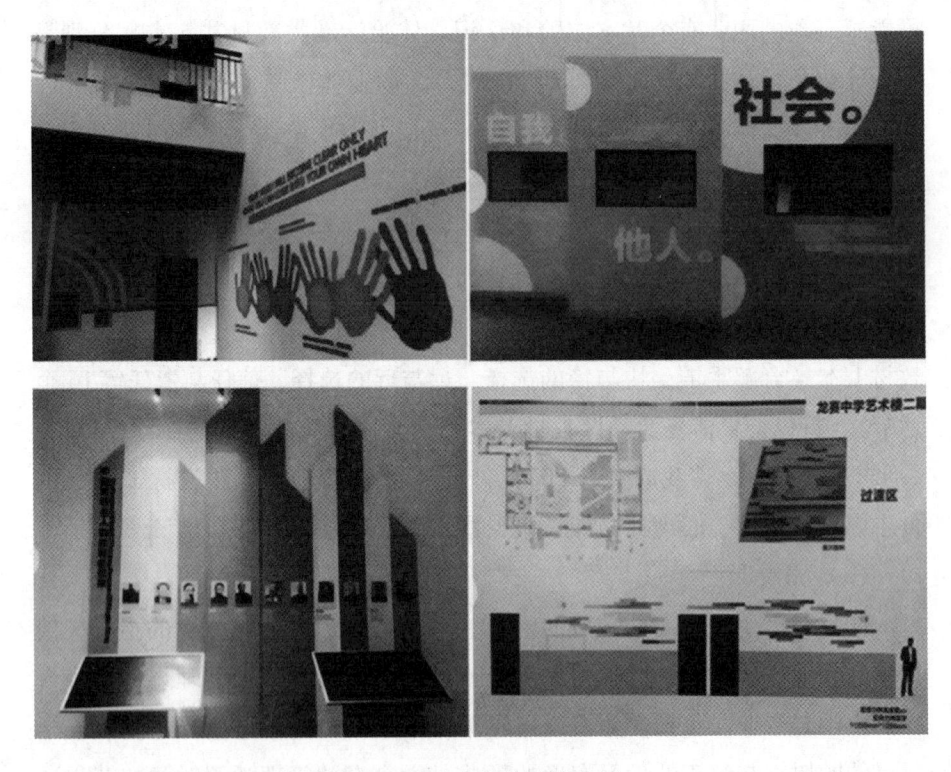

图1　职业生涯体验馆布置

职业生涯体验馆分为生涯团辅室、生涯专用教室、生涯测评室、生涯档案室、未来教室五个功能区。软件部分包括体验馆配套软件采用北森CareerSKY高中生涯发展教育系统、综合性平台焦点生涯（包括大学专业介绍、高考志愿查询、填报等）、"精准教育"实施相关测评软件以及各类心理测评软件等。

职业生涯体验馆现在也成了学生发展指导中心、学生排疑解惑中心，也是浙江省首批心理咨询示范点。生涯规划发展指导也是心理辅导的重要组成部分，充分运用心理健康室的有效工作，如开展"学生积极心理的研究""性格测试"等，将为学生生涯发展指导教育做好心理研究的保证。

3. 建立了一批以体验为主的学生职业生涯体验基地

学校周边3000米范围内就有宁波商帮博物馆、宁波植物园、中科院材料研究所、西电研究院、宁波大学、宁波工程学院、浙江纺织学院、镇海炼化等，所有这些为龙赛中学学生开展生涯体验活动提供了丰富又优质的体验基地，特别是宁波商帮博物馆和宁波植物园已开始开展系列研学活动，新高一开学第一课就是安排徒步去宁波商帮博物馆研学。另外，学校计划打造成植物多样性研究特色学校，依托宁波市普通高中"1122学校特色升级工程"项目，作为科技校园升级工程，把学校打造成为科技特色学校。

科技创新与普及活动，在龙赛中学已有一定的积淀，近年来，学生在各级各类科技创新大赛和科普活动中已取得了一定的成果。OM头脑奥林匹克多次荣获世界冠军、亚军；学生多项发明成功申请国家发明专利；学校也是联合国教科文组织环境人口与可持续发展教育（EPD）项目实验点，学生参加环保类竞赛数十次在国家级、省、市级获奖，学校也是宁波市科技新苗重点培养的试点学校，学校也是西安电子科技大学、杭州电子科技大学等优质生源基地，学校还多次承办了宁波市级，甚至全国级科技活动。航天科技集团公司总工程师庄国京和包为民院士等也非常关心家乡学校科技特色校园的建设，正着力帮助学校成为航空航天特色学校。相信通过一大批生涯基地与科技特色学校的创建，肯定能为学生的生涯发展搭建更好的平台。

三 分析与讨论

雅斯贝尔斯认为"教育是人的灵魂的教育",有灵魂的教育意味着追求无限广阔的精神生活,追求人类永恒的价值——智慧、美、真、公正、自由、幸福和爱,以及建立与此有关的信仰。学生生涯发展指导的目标就是建基于人性、人道、人文理想和人文价值的长远眼光与历史智慧之上,建基于个人的发展与国家民族甚至全人类进步命运共同体之上,建基于充分发挥学生的个性特性基础上的大生涯教育之上,这是育人的根基。只有牢牢把握住这个"道",学生生涯发展指导才不会走偏。学生生涯发展指导,是一件值得研究与实践的课题,它关系到人的发展,关系到国家与民族的进步,同样也关系到全人类的命运。生涯发展指导还有很多问题值得我们去探索与实践,分享几点个人的思考。

思考一:生涯发展指导需要明"道"优"术"

《孙子兵法》认为:"道为术之灵,术为道之体;以道统术,以术得道。有道而乏术者,且不能发挥其所长;精于术而乏道者,乃无本之源,亦不能长久。"学校的办学理念、办学愿景属于"道",它是办学的灵魂,是指导我们日常教育、教学工作的行为准则和工作指南针。具体的策略、经验、方法与组织的活动等都属于"术"。所有合道之术,都是我们应该积极践行和推进的。

我们学校的办学理念是"为每一位学生的成功与幸福人生奠基"。办学愿景是"使学校成为学生良好教养培育的沃土,成为学生过硬学习能力提升的摇篮,成为学生生涯发展规划明晰的基地"。作为学校管理层不仅自身必须明学校发展之道、明学校办学之道,而且还应该让学校的每位教育工作者都能明道,办学理念和办学愿景绝不是挂在墙上的,也不是写在文件中的,而应该是印刻在每位教育工作者的心中、头脑中。龙赛中学重视通过课题研究推进教育实践。教育部"十五"规划重点课题《"励志核心理念领引下的高中生生涯导航教育研究》、浙江省规划课题《高中生生涯发展指导课程规划与实施研究》及宁波市德育课题《青少年研学课程开发与实施研究》都已结题并获奖，我们的研究一直在路上，作为高中生生涯发展指导研究的深化，我们又正在着手《班主任工作目标管理流程的实践研究》《"精准教育"构建与实施》《高中物理教学中生涯规划渗透的案例研究》《1122科技校园升级工程》等课题或学校自主发展项目的研究与实践推进。明其道，优其术，方能发展壮大；道术兼修，方能内圣外王。围绕立德树人的根本目标，从大生涯和成长共同体的视角做好生涯发展隐性能力和显性能力的培养是新时代的学生生涯教育最重要的命题。

思考二：框架与流程是最重要的"术"

生涯发展指导在我们国家整体上还处于才刚起步的阶段，各地中小学生涯发展指导大多还处于迷茫或者探索阶段，龙赛中学也刚开始上路，一直处于探索期。生涯规划是学生成长过程中的一个系统工程，构建普通高中的生涯规划应从大生涯着手，大生涯又需要以学生、家长、老师的学习共同体构建作为支撑，生涯发展指导工作绝不是几个老师上几节课就能解决的。

如何能让"大生涯"不成为大杂烩，个人认为"术"层面最重要的是构建适合中学生涯教育实操的"框架"与"流程"。到目前为止，这方面也是最缺少的。科学的框架与实施流程是规范做好生涯发展指导工作的基础，让中学老师知道生涯教育应当做哪些工作，如何开展每一流程的工作，在此基础上，学校再根据自己的特色加上学校个性化的特色教育，如龙赛中学的"教养、规矩"教育、有些学校的"三立"教育等，才能把工作做得既规范又有特色。

在"大生涯"的引领下也要加强"小生涯"的建设，我们学校有一个两千多平方米的学生生涯指导中心，我有一个梦想，任何时候当学生迷茫时，或者想再认识一下自己时，都可以随时进入生涯指导中心，生涯指导中心就像是心理、生涯检验中心一样，检查完了以后就可以有一份相对科学的类似体检后的"体检报告"一样的报告可直接生成。现在我们这个中心已初步形成，也购买了一些测评软件，还需要不断增加类似医院体检时要用的"CT""X光""B超""大生化"等高精准测评仪器。适合中国学生的高精准测评软件也是当前中学开展生涯教育最急需的，希望北大也能为全国的中小学提供更多、更实用的系列精准测评软件。

思考三：生涯发展需要从唤醒育人者开始

教育其实就是唤醒，要唤醒学生首先需要唤醒老师与家长。校长应是积极推进者，学校内部也应该有不同的分工，校长要对学生的生涯规划有一个框架性的思考与指导，职业生涯指导专业老师承担生涯课程的教学与咨询，班主任承担为人处世品质培养的隐性生涯技能的培养，科任老师结合学科教学有机渗透生涯教育。生涯培训除通识课（如"教练技术"等）外，不同层面的对象应接受不同侧重面的生涯教育培训，如校长层面，侧重学校生涯规划的整体构建；职业生涯指导专业老师和班主任层面，侧重教练技能、生涯知识等方面的培训；学科老师则应侧重学科内生涯要素的挖掘、积累与教学中的融合，学校还要承担家长对孩子生涯规划指导的部分培训。我也在想，能否为不同阶段（包括孕期）家长提供一套线上或线下课程，在局部区域试点，把家长完成相应课程作为孩子不同阶段入学的附加要求，如果做到，对整体提升家长教育素养、有效改善家庭教育生态，甚至提升一个区域的整体素养必将产生积极的作用。期待北大教育学院能针对不同层面为学生生涯发展指导工作者设计出培训课程。

为人处世的品行与习惯培养永远比分数重要，一个具有优秀品质和良好习惯的学生，他一定能规划好人生，也一定会有最好的自己。我们倡导要关注"绿色分数"，任何通过加班加点、用身体健康换来的分数都是应该唾弃的，补知识不如优化他们的学习过程，不如补态度、补习惯的培养，分数只是教育的副产品，为分数而学习并不是教育的目标。龙赛中学从学生中考成绩上划分，属于宁波市中学"低进高出"典范，中考录取分多年一直在宁波市普通高中处于较低水平，但历年高考成绩尤其一本上线人数均处于同类学校中遥遥领先地位，究其原因与学校重视立德树人的生涯隐性要素培养有很大的关系，因为一个德行好的学生，他一定会不断寻找自己人生的最佳定位。

【学校简介】

浙江宁波市镇海区龙赛中学

宁波市镇海区龙赛中学，由香港爱国港胞包玉书、"世界船王"包玉刚及其妹妹张包素菊、李包丽泰等于1993年9月捐资创办，原址位于镇海区茗园路151号。2009年8月迁至现址。校园占地面积241亩，建筑面积近10万平方米。学校布局整齐、环境优美、楼廊相连、曲径通幽、茂林修竹、奇花异草、相映成趣，人文情怀与自然景观和谐统一，构成诗意校园的生态底蕴。

学校以"励志、勤学、健身、友爱"为校训，以"修业、修志、修身；为师、为范、为友"为教风，以"求真、求知、求美；自尊、自强、自立"为学风。坚持"以成长为中心"的办学理念，在重视学生文化课学习的同时，高度重视健全人格培养，形成了励志教育、绿色教育、生涯教育、教养教育等多方面的办学特色；学校先后获得全国绿色学校、浙江省文明单位、浙江省一级重点中学、浙江省普通高中二级特色示范学校、教育部"十五"规划重点课题实验学校等荣誉称号，教育教学质量一直稳居宁波市同类学校前列。

经过多年努力，学校逐渐成为一所学生向往、家长放心、教师称心、社会满意，质量全面、特色鲜明，在市内外享有一定影响力的现代化高级中学。2003年10月23日，学校建校十周年之际，时任中共浙江省委书记习近平和时任浙江省委常委、秘书长张曦分别发来贺信，并委派时任主管教育的副省长盛昌黎亲自来校主持庆祝活动。学校将继续认真贯彻落实习总书记贺信中的寄语精神，"积极推进素质教育，进一步提高办学质量和教学水平"，为实现"把学校办成全省的一流中学"的目标而努力奋斗。

◎ 广东黄岐初级中学

特色校本课程与学生社团中的生涯教育[*]

一 学校基本情况介绍

黄岐中学在"以静启慧，全面发展"办学理念指引下，十年来，社团建设为学生提供了可自由选择的多样化校本课程，人人有社团参与，人人在参与中获得实践与提升，这满足了不同层次学生参与社团的需要。开设的学生社团课程63个，小班化、全覆盖。通过社团活动的开展，给学生、老师提供了丰富多彩的学习平台。社团在国家、省、市、区、镇各类比赛中获得优异的成绩！社团——让每个孩子都找到一扇通向成功之门。形成了良好的师生、生生、亲子、学校与家庭、学校与社区之间的关系，赢得了广大师生、家长、社会的认可。2017年6月广东省德育课题《学生社团管理有效性研究》已顺利结题。

初中阶段的学生，自主性开始凸显，自我意识慢慢增强，对外界探索的欲望增大，对生命的价值也有所思考，生涯意识已经开始萌发。国家对

---

[*] 许秀芳，广东省佛山市南海区大沥镇黄岐初级中学副校长。

学生发展的核心素养已经明确提出具体的要求，新高考改革号角也已经吹响，这一代不再追求物质满足的孩子，逐步意识到自我能力的提高、更多技能的学习、选自己喜欢的职业、走适合自己的路的必要性！通过开展《学生社团对初中生生涯规划作用的个案研究》课题的开发与实践研究探索，进一步深化黄岐初级中学社团特色课题，践行"以静启慧，全面发展"的办学理念，成长学生、成就教师。通过对学生个案的研究，挖掘社团在学生个人生涯发展、生涯规划中的作用，对不同层次学生的自我认知、个性发展、人际交往以及个人生涯发展的影响等做进一步研究。为区域社团个案研究、生涯教育积累一定的实践经验和推广价值。

生涯教育在初中阶段的渗透更是一种必不可少的教育，它让孩子们自主进行生涯探索，自主意识到自己可以用一种更直接、更有效的方法来安排自己的人生。而社团活动就是在初中阶段开展生涯探索、生涯实践的主要阵地。以黄岐初级中学作为南海区首批生涯教育实验学校的契机，结合学校实际情况，经过学习、讨论、研修，搭起了黄岐中学学生生涯教育的整体框架，而社团个案研究纳入学校生涯教育整体框架，成为其中一个主要分支，是寻找学生社团在学生生涯发展作用的最有力支撑点。

二 学生社团课程的开发

（一）理论基础

美国著名的心理学家霍华德·加德纳博士提出多元智能的理论。他指出，人类的智能是多元化的而非是单一的，主要是由语言的智能、数学逻辑智能、空间智能、身体运动智能、音乐智能、人际智能、自我认知智能、自然的认知智能八项组成的，相信每个人都是拥有不同的智能优势的组合。黄岐初级中学社团课程以加德纳多元智能理论为依据，结合霍兰德"职业兴趣人格"——研究型（I）、艺术型（A）、社会型（S）、企业型（E）、传统型（C）、现实型（R）六个维度——来进行社团课程开发。因为每个人的性格都是这六个维度的不同程度组合。在学生的社团成长档案中会发现，大部分的孩子能够坚持同一社团两年的时间，也有少部分的孩子会在跨年重新选择社团，寻找自己的兴趣点，发展自己的特长。具体社团课程内容如图1所示。

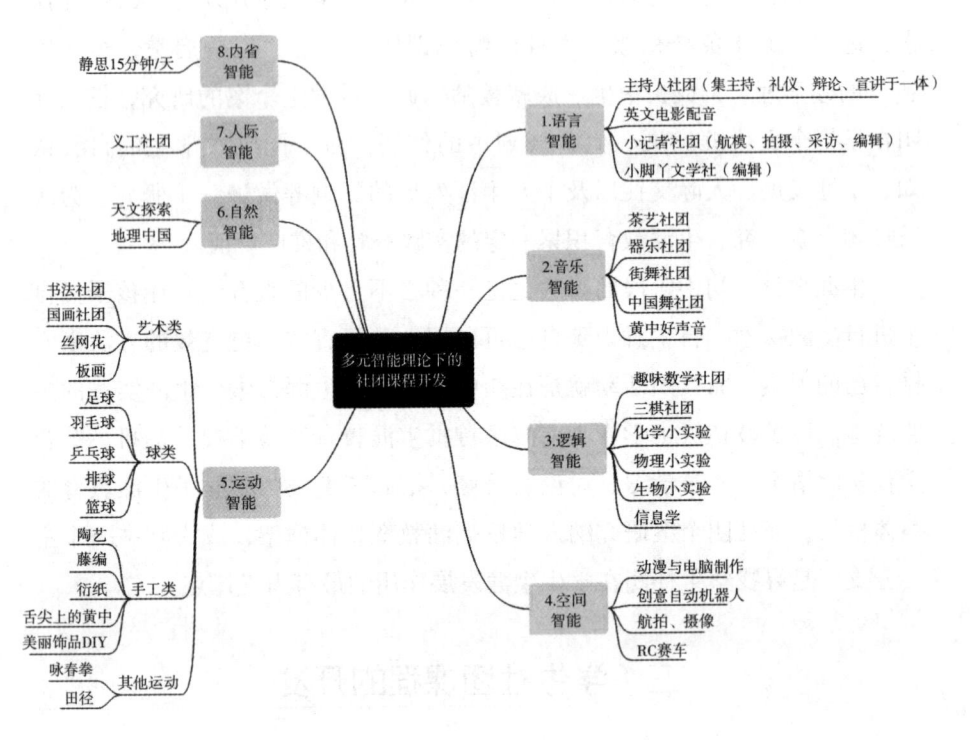

图1 多元智能理论下的社团课程开发

（二）课程开发

黄岐初级中学研究团队开设生涯教育社团课程，提升课程质量，不断开发新的社团课程以满足学生生涯发展需求。开设60个左右的社团课程，安排专门导师，规划课程计划、内容及开设的时间、地点，实行学期初自主招收学生社员。通过学校社团课程设计，以导师制为抓手，以成功个案为研究对象，实现社团课程与初中生生涯教育对接。学校成立社团老师子课题组，分阶段评估反馈，促进学校社团课程与生涯教育结合，提炼社团课程成果，提炼有代表性的学生生涯发展个案，宣传推广，形成榜样效应。

三 生涯教育实施途径

（一）生涯教师队伍培训

2019年黄岐初级中学被评为南海区首批初中生涯教育实验学校。发挥优势项目，积极参与生涯教育的行动研究最前线，以社团特色项目，促生涯教育落地生根。黄岐初级中学生涯教育团队以"拼"的精神，大胆尝试、勇于创新，成长了一批生涯骨干教师，成为南海区初中生涯教育实践研究的一支骨干队伍，同时还参与广东省、国家生涯教育重点课题实践研究，在学习中不断地提升和发展。

1. 请进来，全员培训打基础

通过对本校老师的生涯问卷调查，发现有接触或者了解的老师只占16%，主要集中在心理老师、社工和个别有接触的班主任和新毕业的教师，大部分老师对生涯教育还是比较陌生的。为了普及生涯知识以及了解生涯教育途径，我们邀请了华南师范大学宋春燕博士、广州大学培训中心主任谢翌博士到黄岐初级中学开展全校教师生涯教育培训，并与黄岐初级中学生涯教育指导中心成员进行座谈，了解生涯教育开展情况，指明研究方向和实践途径。

2. 走出去，骨干培育播种子

以德育处、班主任、心理老师为先头部队，开展读书沙龙活动，学习生涯教育理论，通过班级实践、课程开发等培育种子老师。2019年作为南海区生涯教育导师团成员赴北师大进行培训。通过区域互动、增进沟通，使团队更加坚定了开展生涯教育的信心；通过努力，形成了初步的成果！

3. 乐分享，区域生涯共成长

黄岐初级中学作为南海生涯教育区域代表，参与2019广东省在南海、珠海生涯教育年会并做经验分享。黄岐初级中学生涯教育团队积极参与实验学校间相互的交流、参观、学习，促进项目自我成长。2018—2020年先后三次在镇、区做生涯教育经验分享，在自主实践的同时也给区域生涯教育发展积累实践经验、提供实践参考途径，在广东省、南海区具有一定的影响力。

4. 以点带面，百花齐开结硕果

社团作为学生别样的课堂，兴趣爱好的选择、个性的彰显尤为突出。因此我们以学生社团开展为抓手，通过辅导老师、学生师徒结对，注意发掘，长期跟进，前后对比，形成鲜活个案，促成多渠道成长、多途径评价的学校教育绿色生态圈。

社团导师在活动中开展个案撰写，进行全校推广。已编印学生个案集《点燃梦想 成就自我》2本，共84个案例，演讲稿1本，共109个案例，表彰优秀社团生涯导师20人/学期。通过区十三五德育课题的申报，得到专家指引，校内社团骨干实践、个案范例编写、对社团老师的校本培训等，定期梳理成果，在校内外产生一定的效应。"学生的故事就是学校的故事""做学生成长的贵人"已经深入每一位教育者之心！

5. 学科整合，生涯教育探新路

课堂才是主阵地，学科教师的生涯渗透在一定程度上更有专业性和长远性。从2019年开始，我们通过开展《开学第一课》活动，介绍学科名人，畅谈学科发展，帮助了解职业取向，等等。尝试开展生涯教育与学科整合课程，探讨学科课程与生涯发展的关联性。新高考与地理学科的整合公开课（授课老师彭惠贤）受到一致的好评。初中的孩子也是豁然开朗，对新高考有了初步的认知，对学科以后的职业取向有了初步的认知。

（二）学生生涯教育平台搭建

1. 必修课

在心理课开展生涯探索必修课《初中生涯发展指导》；对各年级进行生涯主题教育——七年级"自我认知"、八年级"自主管理"、九年级"学会选择"等；此外，还开设主题班会"职引未来，为梦起航"等。

2. 选修课

社团招新课程采取"百团大战"的"自主选择+社团选拔"相结合招新模式，以学年作为一周期，允许学生选择或更换社团，来满足初中生的身心特点——既有一年的坚持也符合学生兴趣发展的不稳定性原则。

（1）提供自我探索平台，开展丰富多彩的活动展现自我

每学期开展大型的社团嘉年华活动、乡村少年宫开放日（3月）、"我的社团我做主""导师体验日"、学生综合素质展演（11月）、感恩母校行宣讲活动、自我申办社团等来获得自我效能感。在组织参与国家、省、市、区、镇、校的各项比赛中，实现自我价值的体现、团队魅力的体验，由此积累成功的经验，成就自我！

（2）坚持榜样引领，以评优评先等方式来巩固教育成果

通过社团之星评选、社团之星演讲比赛（每学期初）、社团之星国旗下讲话（周安排）。每学期选取学生个案，班级之星45人，社团之星60人，制作明星长廊，全校展示。两年下来，成就孩子达400人，榜样学生占学生比例35%。期末获得"群星璀璨"班级之星、社团之星已成为黄中学生的一种荣耀！

（3）树立社团品牌意识，让孩子走上更高舞台发展自我

黄岐初级中学陈志峰老师带领学生参加南海区中小学信息学竞赛，获公办学校团体第一名，并授牌成立个人名师工作室。以社团特色课程为核心的校本课程《学生社团特色课程建设》、德育"蓝色"系列丛书之《社团手工制作教材》《趣味天文》获得佛山市二等奖、南海区特色课程评审中荣获一等奖。学校女子篮球、女子排球多次获得佛山市冠军、亚军，黄岐初级中学也因此被评为国家篮球教育基地。舞蹈《把幸福捐出去》获得南海区舞蹈专场金奖并赴北舞比赛获得金奖，学校健美操社团获得省比赛金奖，等等。

3. 拓展课

（1）整合社区资源，开展校园模拟招聘会

校园模拟招聘大赛的开展，让学生了解自己的生活目标、职业价值

观、兴趣、能力以及个性特征；了解职业及职业环境，激发和调动学生自觉学习、自我发展的内驱力，增强自我认知，进行生涯探索，使个人目标与社会目标相吻合，使个人资源与社会资源充分、合理、有效地进行配置和利用，最后确定自己的职业目标及发展方向，达到个人利益与社会利益的最大化，从而获得更多的人生成就感和幸福感。

模拟招聘大赛整合了家庭、学校及社区的资源，通过家校社联动让家长、校友、老师、社区、银行、医院等多方参与其中，扩大了活动影响力，促进了社区对初中生涯教育的认识和重视。

（2）借助家长资源，开展学生假期社会实践活动

学校通过组织"丈量高校行""我和×××去上班""社会职业调查"等实践活动，让学生利用假期的时间，实地了解、亲身感受不同的大学特色、不同的职业特点。通过开展"最×××职业人形象设计""最×××职业招聘启示"等成长拓展类活动，调动学生对不同职业、行业了解的积极性。

（3）引进社会资源，开阔师生视野

结对石门中学，引进校外生涯导师斯坦福大学陈晟博士《我的脚印就是你明天的视野》进校园，引进南海区生涯品牌"话·聚——大城工匠进校园""寻根南海文化，传承非遗精神"系列活动进校园。

（4）发掘本地资源，共建生涯教育校外实践基地

学校借助当地的资源，充分拓展校外课堂，与"洞庭社区""南海黄飞鸿中联武术龙狮团训练基地"等共同建设了生涯教育校外实践基地，为学生们进行生涯教育提供了具有鲜明特色的生涯教育场地。

（5）结合劳动教育，进入企业开展研学活动

结合每学期的春秋游活动，带领学生走进名企业，了解职位需求、工作流程、企业发展、社会需求等。2019年开展"春之约，海天行"研学活动。娅米的阳光城堡代表着世界调味品产业领先科技水平和最大规模。它通过实景展示、超大屏幕、3D影院、3D绘画、创意设计、全息影像、古代实景雕塑等各种震撼、创新、有趣的方式方法，向游客全面展示了海天味业的历史、文化、规模、生产、技术、研发等各个领域内容，让同学们

受益匪浅。

四 体验式生涯教育初步成果

黄岐初级中学生涯教育从地区和学校实际出发，立足本校校情，以社团课程为抓手，以模拟招聘会为载体，充分参与企业或社区的联动，让学生在社团课程体验中形成生涯发展观念，在社会实践活动中进行生涯探索，并对以后个人的生涯发展有所规划。课题研究活动从点到面，从学校层面、部门联合、家校共建、社区联动等方面促进黄岐初级中学生涯教育活动系列化、递进化。通过级会班会、社团体验、学科渗透、各类竞赛、社区参与、企业研学、职业体验形成黄岐初级中学初中生生涯教育的闭环模式，如图2所示。

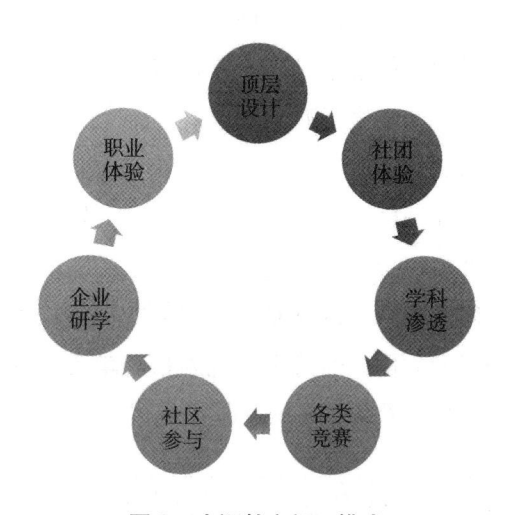

图2 生涯教育闭环模式

（一）开发生涯教育课程，培养学生生涯力

1. 提升学生自我认知

以心理课程为主阵地，从学校层面建立生涯教育支持系统。生涯课程

教学以广东教育出版社《初中生涯发展指导》教材为内容，开设必修课程，在课堂中教会学生如何自我认识、兴趣培养、素养提升等生涯发展知识。为课程开展提供必要的问卷调查、数据对比。通过教师指引下的系列生涯发展课程必修课学习，让学生了解自我性格、兴趣、特长。通过参加社团课程，提升自我认识。

2. 培养生涯探索能力

社团活动课程化是指社团内部根据自身的章程和制度，自主管理，自主发展，学校不进行直接的干预和设计。社团课程的目标是为学生培养兴趣、发挥特长提供平台。内容是组织学生特色活动，开设专门课程。学校开设63个社团课程，安排专门社团导师师徒结对，规划课程计划、内容、开设的时间、地点，实行"百团大战"自主招收新社员。通过学校社团课程设计，以导师制为抓手，以学生个案为研究对象，实现社团课程与初中生生涯教育对接。学校成立社团老师课题组，培训老师，执行方案，总结提升。分阶段评估反馈，促进学校社团课程与生涯教育结合，提炼社团课程成果，提炼有代表性的学生生涯发展个案，宣传推广，形成榜样效应。

3. 发展生涯规划能力

组织学生到企业和社区参观，了解行业和社会发展，认识教育与社会发展衔接要求。举办模拟招聘会，让学生了解不同职业的要求和特点，根据兴趣选择合适的职业进行面试体验。让学生在自我认识和生涯探索的基础上，规划自己的职业方向。通过生涯规划技巧学习、演讲、讨论、情境问题解决等，促进学生实践能力、合作能力等方面的提升。

（二）构建生涯教育服务体系，为生涯发展保驾护航

黄岐初级中学在区域生涯发展指导的引领下，组建以德育处牵头，课题组统筹，培育校内生涯导师种子，以年级、生涯教育实验班班主任和家委会为一体的生涯教育共同体，根据学生的年龄特点和认知水平，开发有特色的生涯教育课程。完善校内设施设备，开发丰富多样的社团课程。借力班主任团队，研究适合初中特点的生涯规划特色校本系列课程。整合学校心理咨询室和驻校社工资源，为学生提供生涯咨询与发展辅导；整合社会资源、家长资源，形成生涯教育服务体系平台，为学生生涯发展保驾护航。

（三）学生语录，记录初中生涯成长足迹

渐渐地，我爱上了茶艺，我享受泡茶时的那一份心中的宁静，仿佛领会到了陶渊明的"结庐在人境，而无车马喧"的美好境界。这个习惯也带到了我的为人处世中。现在我做事会保持一颗宁静的心，遇事不慌、沉着冷静。 （901班 岑钰潼）

五彩缤纷的社团活动丰富了我们的业余生活，也提供了展示自我能力与发挥创造力的舞台。不但能开阔眼界，增加人生阅历，还能提高综合素质。是我们业余生活的"调味剂"与"润滑剂"。不但可以放松心情舒缓压力，还帮助我们提高沟通能力、组织能力、表达能力、处事能力等。我的性格也变得更加开朗乐观了。

（902班 莫文希）

五 体验式生涯教育的成果与社会反响

（一）学生成长个案彰显社团魅力

2020届中考屏蔽生陈瑞宝是黄岐初级中学信息学社团成员，曾获全国信息学一等奖，被石门中学有为班录取；田径社团李力同学获世界赛冠军，被清华大学录取等。孩子们阳光自信、勇于探索、敢于挑战、后劲十足等为高一级学校输送多样化、全面发展的人才，受到兄弟学校、高一级学校老师、家长、社区的肯定与赞赏。

（二）形成黄岐初级中学生涯教育闭环模式

在加德纳"多元智能"的八大智能、霍兰德"职业兴趣人格"六个维

度理论指引下，黄岐初级中学积极开发多样化社团课程（稳定 60 个，小班化模式），搭建平台，以社团活动为依托，深入开展学生个案研究，指引学生通过认识自己——我是谁，探索生涯之路——我想做什么，活动提升素养——我可以做什么，最后能适应未来——做更好的自己。助力学生个性发展，提升学生整体素质，促进学生的全面健康成长，形成了黄岐初级中学生涯教育通过生涯必修课、社团选修课、学科渗透课、各类竞赛、社区参与、职业体验、企业研学等来开展的闭环模式。

（三）成长一批优秀的生涯导师

黄岐初级中学是南海区申报的国家、省生涯教育课题组项目学校；是广东省初中生涯教育研究项目学校；彭丽珊老师参与 2 本广东省生涯教育教材编写；何永佳主任申报佛山市教育科研青年教师成长专项课题《在社团课程体验中开展初中生生涯教育的实践研究》，邓柏华老师、彭惠贤级长申报的市区家庭、劳动教育方面的课题共 5 个。黄岐初级中学参加 2020 首届南海区生涯教育优秀课例评比获得 7 个一等奖、3 个二等奖、4 个三等奖的好成绩。陈玉仪、彭丽珊、泊舒婷、梁乐欣老师撰写的案例入选广东省生涯教育战"疫"实践案例集。汇集了大约 20 位致力于学生生涯教育、劳动教育、家庭教育的骨干教师队伍！

（四）校本课程创特色树品牌

1. 特色校本教材结硕果

根据近年黄岐初级中学生涯教育开展情况，及时总结提炼实践成果。在团队的努力下，2019—2020 年编印校本教材共 12 本：《生涯教育在黄中》《我经历 我成长》学生社团与个人生涯规划成长档案；《燃点梦想 成就自我》个案集 2 本；《梦想启航 "职"引未来》模拟招聘会实录 1 本；《南海区中学生涯教育案例评选教师获奖作品集》1 本；《黄中社团研究师生成果集》1 本；《高校探秘》《我的生涯探索之路》《画出我的梦》画册 3 本；《黄中社团之星》2 册等，如图 3 所示。

图 3　校本教材（部分）展示

2. 学生生涯发展个案研究促成长

通过这两年来对学生成长个案跟踪、案例分析，发掘黄岐初级中学社团活动对学生个人的生涯规划作用的鲜活例证，帮助孩子找到个性发展之路，点亮孩子，成就老师，初步形成黄岐初级中学学生生涯规划发展的个案研究成果。学生在自我认知、自我管理、自我效能方面收获明显，促使学校社团校本课程更加立体化和全面化，真正践行黄岐初级中学办学理念"以静启慧　全面发展"。

黄岐中学生涯教育的发展既有学校整体规划，科学统筹，又有以心理老师、班主任、社团导师的个案研究作为落实的有效途径。2019年成为南海区首批生涯教育实验学校、2019年被评为广东省初中生涯教育研究项目学校（全省六所初中之一）。2019年以来，在两场省级生涯教育年会做题为《建设特色校本课程　育学生核心素养——生涯教育在黄中》专题经验分享、3场镇区生涯教育《生涯教育在黄中》的专题分享，受到各界好评和肯定。2020年4月10日《中国教育报》以《乘生涯教育之舟　做学生的摆渡人》为题报道了黄岐初级中学生涯教育实践的内容。2020年9月29日《珠江时报》以《以静启慧　全面发展　为学生的幸福人生奠基》为题，报道了学校生涯教育培育学生核心素养的内容。生涯教育已经被写入黄岐初级中学 2020—2024 年学校四年规划当中，相信生涯教育将会在学校生根—发芽—结果，学子将得到更加全面的发展。

在南海区教育发展中心领导的支持和鼓励下，黄岐初级中学成为南海区首批初中生涯教育实验学校。发挥优势项目，以社团特色项目，促生涯教育落地生长。黄岐初级中学积极参与生涯教育的行动研究最前线。黄岐初级中学生涯教育团队成为南海区初中生涯教育实践研究骨干队伍，并参与了广东省、国家生涯教育重点课题实践研究。

【学校简介】

广东黄岐初级中学

　　黄岐初级中学创办于 1982 年，是佛山市义务教育优质学校、佛山市德育示范学校、广东省中学生涯教育行动研究项目学校、全国青少年校园篮球特色学校、南海区人工智能编程教育工程信息学强基计划基地学校。现有专任教师 168 人，高级教师 35 人，南海区骨干教师 8 人、班主任 3 人，大沥镇骨干教师 33 人。现有 42 个教学班，学生 2008 人。学校以"以静启慧，全面发展"为办学理念，全面实施素质教育，为学生的幸福人生奠基。学校实现了持续、健康、和谐、稳定发展。

◎ 内蒙古呼和浩特市第二中学

浸润式生涯教育的探索*

一 背景分析

(一) 高中教育阶段对生涯教育重视不足

呼和浩特市第二中学（以下简称"呼和浩特二中"）对高一1550多名学生进行了生涯规划调研，调研显示，有明确高考目标的学生占比54.7%，具体表现在希望达到某大学、某专业、一本、双一流、某城市、某分数，绝大部分都是去很好的学校和地区。对未来生活有规划、有明确的想法的占比23.8%，对未来生活有过一点模糊的想法的占72.9%，有3.2%的同学从没想过未来生活。调查结果显示，高中生生涯教育存在的主要问题是，自我了解不深、主体意识不强、价值取向偏颇、专业定向模糊、自信水平不高等。这些问题可能会给他们以后的大学学习生涯和职业生涯带来严重的后果。在调研中我们可以看到部分同学有模糊想法但没有

---

* 王文梅，呼和浩特市教育局局长；何万立，呼和浩特市第二中学副校长。

具体目标的情况。如果只是想考个好分数上好大学，没有太多想过职业，或者职业从业样貌，以及会带给自己的生活状态。这与当下学习考试和未来生活脱节的教育现状有关，如何让学生对未来生活有更多准确的认识和思考，对美好的生活充满憧憬和追求，是职业生涯教育最重要的一个方面。

生涯教育是帮助学生在认识自我、探索自我的基础上自主规划人生的教育，找到学习、生活的意义。生涯教育将学生的视野投向社会、关注社会、适应社会、服务社会。内蒙古自治区基础教育相对落后，生涯规划意识薄弱，人们对考试分数过度重视，中学传统课程体系中涉及生涯教育的课程很少，高中学生、家长、教师都缺乏职业生涯规划意识和能力，导致学生生涯教育现状堪忧。因此，在高中教育阶段生涯教育的强化已是必然趋势。

（二）新高考下生涯教育不足的问题更加凸显

2022年，内蒙古自治区将最后一批进入新课程，迎来新高考。过去学生到高三才面临着选择报考志愿专业，而在新课程、新高考的背景下，取消了文理分科，学生从高一开始就要进行选课走班，如何科学地确定学习和选考的科目，如何选择专业和职业方向，在高一就要求学生必须具备一定的生涯规划能力。在这些问题面前，许多高中却普遍存在课程体系不规范、课程缺乏创新性、教师指导能力不足等问题。

2010年5月，国务院常务会议审议并通过了《国家中长期教育发展和改革规划纲要（2010—2020）》，指出要"建立学生发展指导制度，加强对学生的理想、心理、学业等多方面的指导"[1]。这些新的要求让生涯教育更加迫切。生涯教育的实施，不仅仅是为了规划专业和大学，更是对学业、专业、职业、事业和人生的系统规划。学生在生涯规划过程中收获了存在感、责任感和幸福感，生成了强大的内驱力与执行力，提升了实践能力，生涯教育是为学生的幸福人生奠基。

---

[1] 教育部：《国家中长期教育发展与改革规划纲要（2010—2020）》（第二轮公开征求），教育部网站，http://www.moe.gov.cn，2010年。

（三）高质量的基础教育需要高质量的生涯教育

2016年12月召开的全国高校思想政治工作会议中，习近平总书记指出，青少年应正确认识时代责任和历史使命，用中国梦激扬青春梦，为学生点亮理想的灯、照亮前行的路，激励学生自觉把个人的理想追求融入国家和民族的事业中，勇做走在时代前列的奋进者、开拓者。

教育部出台的《普通高中课程方案》（2017年版2020年修订）中明确了普通高中教育的新定位，即"三适应一奠基"——"普通高中教育是在义务教育基础上进一步提高国民素质、面向大众的基础教育。普通高中教育的任务是促进学生全面而有个性的发展，为学生适应社会生活、高等教育和职业发展作准备，为学生的终身发展奠定基础"①。文件要求在高中阶段就要引导学生树立生涯意识，学会选择、发现优势、发展优势，指导学生更多地认识自我与社会，谋划学业与职业方向。

《中国教育现代化2035》明确规定了推进教育现代化的指导思想、基本理念、战略任务和推进路径。2035年是我国基本实现社会主义现代化的重要时间节点。教育具有全局性、战略性、指导性。进入"十四五"，推进高质量发展成为基础教育最紧迫最核心的任务。现在就读高中的学生2035年进入而立之年，对他们进行高质量的职业生涯教育不仅关系到个人的人生发展高度，更关系到基本实现社会主义现代化的宏伟目标。

二　生涯教育过程探索

内蒙古自治区2022年将实行新高考改革，高考综合改革其中一个重要的改变是让学生学会选择，尽早启动对未来职业发展和人生方向的思考，而对于一个刚走入高中的学生来说，一套完善的生涯规划体系以及专业的生涯规划导师是很有必要的。呼市二中作为自治区首批示范性普通高中，

---

① 教育部：《普通高中课程方案》，人民教育出版社2020年版，第1页。

非常重视生涯教育,从2012年就已经尝试推行生涯教育,将生涯规划发展指导向系统化、多元化迈进,全面助力学生未来发展。如今形成了以课程、咨询和信息库三方面构成的具有二中特色的生涯指导体系,呼和浩特二中生涯规划坚持以学生为主体、体验为主、分步实施、全员参与的教学模式,分层落实、统筹安排,合理规划不同年级段生涯教育的内容与重点,从学情、校情、域情出发,因地制宜地开展生涯教育。

呼和浩特二中努力将生涯教育持续贯穿高中三年教育全过程,前伸后延,加强与上下游的联系,沟通初中生源校和下游高校的生涯教育,使其与日常教育教学相互渗透,与企业、高校、科研机构、社区相互衔接,与素质教育相互贯通,将校内的生涯规划活动与校外的社会调查、研学考察、专业职业信息交流等渗透性指导活动有机地进行结合。作为基础教育的高中阶段不仅要为学生进入高校做准备,更要为学生进入社会做准备,所以呼和浩特二中不断探索,积极打开学校与企业、高校等社会资源的通道。一方面提高学生的社会理解力、社会实践力、社会责任感,不断加深对专业、职业和事业的了解;另一方面在接触社会的过程中,认识自我、探索自我、重塑自我。

生涯教育就是帮助学生认知自我、认识社会、感知未来,激发学生塑造自我的意识、适应社会的能力、面对未来的勇气。沿着这个方向,呼和浩特二中在生涯规划方面做了以下有益的探索。

(一) 生涯教育的实施方法

根据高中每一学年学生身心发展的特点、规律和成长的需求,依据教育学、心理学、管理学和社会学等相关学科原理和生涯教育的理论、方法、技术,呼和浩特二中在三年的高中生涯教育中进行全方位的指导,由于在不同的年龄段,学生学业发展、心理健康、人际交往、职业选择、人生理想的教育需求会有所变化,教育的侧重点也有所不同,所以实行分年级分步实施。

高一年级生涯规划侧重于"知己",学段主题是"认识自我、清晰需求、建立生涯意识"，努力做"行为规范、习惯科学"的合格二中人。通过认识时代未来发展的趋势、社会发展的动态、不同职业的专业素养要求，在理解现在的学习生活与未来的关系基础上，以霍兰德职业兴趣测试、MBTI职业性格测试等量表为参照，辅导学生初步了解自己的兴趣爱好、能力特长、个性特征、价值观，明白自己的期望，在分析现有能力的基础上，初步做出对未来专业、职业的选择思考。根据自身的条件，初步制订三年规划并为实现计划而努力。同时通过课程指导学生做好初高中衔接，具体包括学习指导、情绪指导、人际交往指导、生涯认知等内容。在高一年级初步建立学生生涯教育信息库。

高二年级生涯规划侧重于"知彼"，学段主题是"探索社会、学会选择、累积生涯信息"，努力做"责任在肩、敢为人先"的成熟二中人。重视学生自我能力的培养和提升，培养学生主动获取知识的能力和心理调适能力，尊重学生个性差异，开发学生潜能，搭建展示舞台。深入了解自我兴趣爱好、能力特长、个性特征、价值观，通过大量的社会实践、高校讲座、研学旅行、职业体验了解大学、专业、社会职业的现状，对未来从事的职业有感性认识，并形成符合社会主义核心价值体系的生涯观念。

高三年级生涯规划侧重于"抉择"，学段主题是"塑造自我、整合资源、坚定理想信念"，努力做"志存高远、传承奋斗"的优秀二中人。根据内外环境的变化，对自己设计的生涯规划做评估、调整和完善。并在分析专业要求与现实之间差距的基础上，提出努力方向和实施步骤，掌握科学的学习方法，调节自己的学习心态，提高学习效率。通过了解人才市场需求和自己所选择专业的发展前景，确定适合自己的大学和专业目标，激励自己全力以赴为实现目标投入学习，考出理想成绩，进入理想高校继续深造，初步设计合理的职业和人生发展路径。

（二）生涯教育的主要途径

呼和浩特二中根据高中生的成长特点和生涯教育的内容开设生涯教育课程，形成符合学情、校情、域情特点的生涯规划课程。呼和浩特二中的生涯教育的途径体现了以学生为主体、体验为主、分步实施、全员参与、分层落实的特点，形成了浸润式生涯教育。

1. 丰富的生涯课程

高一、高二年级心理老师全年按课表每周一节进行生涯规划课程，以班级为单位，有目的、有计划地实施相关课程。让学生通过讨论分享、体验，帮助学生自我发现和确立生涯发展目标。运用《性格测验》《气质类型测验》《霍兰德职业倾向量表》等量表进行测评，使学生清楚自己喜欢干什么（职业兴趣）、能够干什么（职业能力）、适合干什么（职业特质）、最看重什么（职业价值观）、国家需要什么（职业需求）。通过对学业、专业、职业、事业的探索与查找，了解各高校的招生政策与报考分数，各专业行业的发展趋势和社会需求。高三年级进行生涯讲座和指导，让学生了解上大学所需具备的各项能力以及从事目标行业所需要的基本素养，进行自我评估与分析、目标确立与分析，进而相对准确地确定自己的发展目标，包括学业成绩目标和综合素质培养目标。

课程是生涯教育的载体，好的课程是经典社会生活的浓缩。只有开设更多的体验式、浸润式的生涯规划课程，学生才能更好地实现对自我的认知，学生对自己越了解，才会拥有越多的自主权和选择权。为此呼和浩特二中目前共开发校本课程 100 多门，其中动手实践类、科技创新类、学科拓展类、文艺创作类多达 60 多门。此外，呼和浩特二中也在积极探索实现生涯教育与学科教学的融合，开设生涯规划学科渗透课程。

2. 系列的主题班会

在学校统一组织策划下，各班以不同的切入点，开展丰富多彩的班会活动。呼和浩特二中开展了人生理想、情绪管理、人际交往、时间管理、大学介绍等系列班会。通过特色化、社会化的主题班会，班级交流、展示学习体会，加强生涯认识，提升自我调控、人际交往和社会适应能力，激发学习动机，树立正确的理想信念。学生在良好班级氛围的感染下，认识到拥有梦想的重要性，对自己的未来有了初步的展望，他们开始思考当下的情况，思考如何对自己的人生进行合理规划，如何脚踏实地追求梦想。

3. 多样的学生社团

社团是呼和浩特二中校园生活中一道亮丽的风景线，共成立了学生社团和兴趣小组70多个。如动漫社、器乐社、汽车改装社、烘焙社、韩研社、化学社、汉服社、魔方社、模拟联合国社、说唱社、天文社、无人机社、模拟飞行社、音乐社、医学社、电子技术社、棋社等。多样化的社团充分利用学生的碎片化时间和假期时间，开展适合学生的生涯探索和实践活动。如心理社团，在心理老师和志愿者的带领下，开放学生发展指导中心各功能教室，举办看心理影片、做心理游戏、体验心理放松器械、进行自我心理测验等活动，进一步挖掘自己的才能，培养自己的兴趣，找到自己的人生方向。校园开放日、科技节、艺术节，为学生社团提供了展示的舞台。

4. 学长生涯讲师团

每年寒暑假，呼和浩特二中毕业的高校学子积极组建讲师团，回母校开展学习经验分享和高校、专业介绍，让高中学弟学妹提前了解高校、明确目标。每次有来自八十多所"双一流"院校的五百多名呼和浩特二中毕业生志愿者，以讲座形式介绍如何度过学习瓶颈、志愿填报注意事项、专业选择、大学的学习生活等内容。学校将所有讲座视频放到学校的视频平台，由学生自由点播。在讲座之后与上下届二中人建立联系沟通的QQ群、微信群继续深入交流。"二中人从来不是孤军奋战"成为一种学校传统，学长生涯讲师团的接力棒在二中毕业生手中届届相传。

5. 校友职业讲座

每年定期开展"星火相传·光芒万丈"校友生涯讲座活动，邀请杰出校友向同学们介绍他们的专业、大学以及学习体验、学习经验，讲述他们大学学习专业的感受，为学生树立成功的榜样，让学生真切体会到要尽早确立奋斗目标，并为实现这一目标做出行之有效的规划。

校友职业讲座之前做了充分的准备，充分调查了学生感兴趣的专业方向，征集对相关专业和大学感兴趣的问题，选择其中几个专业并联系确定校友访谈对象，提前沟通协调保证活动顺利进行。生涯指导老师负责活动前后的准备和支持，活动现场均由学生组织完成，已经毕业的二中人热心地为在读二中人答疑解惑，同学们就专业基本信息展开了多角度提问，现场有妙语连珠，有深刻启迪，有暖心鼓励，更有会心欢笑。

6. 校友生涯访谈

生涯人物访谈是学生深入了解职业的重要途径之一。每年寒暑假，呼和浩特二中学生全员参与校友的生涯访谈，每三人一个小组。其中，一人负责访谈一位校友，其他两位成员进行拍照、录像，一个小组共完成三位校友的访谈。老师给出参考访谈提纲，小组成员根据访谈人的情况制定具体访谈提纲，和访谈的校友确定访谈的时间、地点并提前发送访谈提纲。访谈结束后撰写访谈报告和感受，以小组为单位向班级做访谈汇报。通过校友生涯访谈实践活动，让学生深入了解了学校历史、学校文化和校友们的奋斗历程与人生体验，有了更强的生涯规划意识，从而使他们在实践中开阔眼界、接受锻炼、提高素质。

为更好地指导学生开展"校友生涯访谈"社会实践活动，表1围绕访谈的前、中、后期三个阶段需要关注的内容与问题进行呈现，供相关老师参考。

表1　　　　　　　　　　校友访谈指导流程

访谈阶段	具体内容	注意问题
前期： 访谈前期需要准备的事项	依据访谈实践要求，确定采访对象 根据采访对象的职业、年龄等相关信息，拟定采访提纲 洽谈交流，征得被采访对象同意 在采访之前，与被采访者交流采访提纲，如有需要，需调整提纲 约定采访时间、地点、方式 做好设备调试等准备工作	前期交涉注意社交礼貌，第一次交谈需自我介绍表明来意，称呼方式可依据采访对象决定，也可使用"学长""学姐"这类比较亲切的称呼

续表

访谈阶段	具体内容	注意问题
中期： 访谈中需要注意的问题	线下采访要衣着得体，言谈礼貌，举止得当 不迟到，提前到达约定地点，调试设备，观察环境 手机等电子设备调静音 结束后对采访者表示感谢，提前准备小卡片等	—
后期： 访谈结束后需要完成的工作	完成暑期社会实践表格 整理照片或制作视频 整理访谈实录（在文字实录前附采访提纲） 有兴趣的同学可以就访谈问题撰写人物评论	采访后的成果需征得被采访者同意后，才可发布到社交平台上

访谈提纲是整个访谈活动的重要内容。表2提供了访谈提纲可能涉及的内容以及问题示例，以供学生参考。学生可在此基础上，根据访问方向自由选择、增减问题，确定自己的访谈提纲。并且，学生可以在采访过程中，灵活调换提问顺序，使得访问更加自然、流畅。

表2　　　　　　　　　　　拟定访谈提纲参考

问题分类	具体问题
基本信息篇	您是哪一届毕业生，当时在文科或理科的哪个班级，班主任和任课老师是哪几位？ 您本科就读于哪所学校（研究生或博士就读学校），所学专业是什么？ 具体专业情况如何（本专业学什么，包含哪些课程等）？ 该专业未来就业前景如何（可从事哪些职业）？
职业生涯篇	目前从事职业是什么（如未就业，可以询问其求职计划，打算从事何种职业）？ 您认为您所从事职业与您所学专业对口吗？您的专业对您现在的工作有哪些影响？ 您选择该职业的初衷是什么？ 您是通过何种渠道求职，在求职过程中最大的困难是什么？ 在求职过程，您的优势是什么？ 你对自己当初的专业和职业选择后悔或遗憾吗；如果重新选择，你会选择什么？

续表

问题分类	具体问题
学习生活篇	在高中或大学学习的过程中是否有过低谷，面对低谷是如何处理的？ 在学习生活的道路上是什么东西支撑您一直坚持下去？ 根据您的经验，您对我们在今后的学习生活中有什么建议？ 高中和大学生活有哪些不同，您擅长的学科是什么，有没有好的学习方法？
高中生活篇	您认为二中人的特质是什么？ 您认为二中为您之后的学习或工作生活带来哪些影响？你如何理解二中人的奋斗精神？ 您在二中学习和生活期间印象最深刻的一次活动是什么？ 对二中未来发展的建议。 对二中的祝福。

7. 家校合力推动生涯教育

生涯教育的实施和落实，是将孩子带入社会，通过实践、探究、合作、反思等多样化的学习方式培养孩子了解职业、认识社会。这个课程的资源不能仅仅依靠学校，而是要充分发掘整个社会的资源。为了落实生涯规划课程和职业体验活动，呼和浩特二中成立了一支高水平、有职业素养的家长生涯讲师团队，邀请大学教授、医生、律师、公务员、军人、作家、工程师、警察、运动员、媒体人等各个领域的优秀家长走进课堂，向学生讲述自己的职业发展路径、职业能力要求、职业精神、就业现状、工作环境、职业发展前景、社会意义等。通过家长生涯讲师团，加深学生对社会各行各业的尊重与理解。

在家长的支持下，利用假期让学生跟随父母走进高校、医院、政府、企业、军营和社区进行职业体验，将职业体验活动置于现实生活情景中，鼓励学生主动参与探索，通过多样化的职业体验，进一步了解自己和职业需求，提高发现问题和解决问题的能力。

同时呼和浩特二中积极开展家庭生涯教育指导，利用家长学校、家长会、大讲堂等多种形式指导家长了解和学习生涯教育的理念和方法，引导家长尊重学生个性特长、成长规律和发展需求，发挥生涯教育的家校合力。生涯教育不是望子成龙，而是率子成龙，生涯教育需要父母和孩子一起学习、一起进步、一起成长。为落实家校合作，呼和浩特二中设计了家长人手一册的《父母成长手册》，这本小册子不仅宣传家庭教育理念，以及对家长的具体要求，还有推荐给家长的必读书目、家长的学习成长笔记和教育感悟，这个成长手册已经成为家校合作、一起共建学习共同体的桥梁。

8. 依托高校开展生涯教育

呼和浩特二中已经成为全国 66 所"双一流"高校的"优秀生源基地"，依托高校资源采取"请进来"和"走出去"方式，让学生探索与自己喜欢的职业相关的专业、学科和大学，了解高中科目与大学专业的关系，增强自身学习的内驱力和积极性。每年大量的高校走进校园开展系列讲座，普及生涯知识。

呼和浩特二中每年组织学生利用寒暑假，走进清华、北大、北理、北航、复旦、同济、南大、浙大等重点高校的校园、重点实验室、图书馆、校史馆，邀请各领域院士讲解学科前沿，招办分析招生政策，各专业学长介绍专业设置，充分发掘高校的教育资源。

同时呼和浩特二中还努力开发利用当地高校资源，走进内蒙古大学、内蒙古工业大学开展"走进高校，探索未来"的生涯规划实践活动。学生先后参观了土木工程学院、机械工程学院、材料科学与工程学院、建筑学院等学院和重点实验室，深入了解了大学专业设置、选拔要求、培养目标、就业方向及发展前景等。这些活动为生涯探索累积了丰富的信息，为科学规划学业、专业、职业、事业奠定了坚实的基础。开展进大学活动的重点是前期的准备，各班级分小组提前分配任务，通过查阅网络资料和图书资料，初步了解大学和专业基本情况、班级分组分享，提出自己感兴趣的问题；通过 PBL 问题为导向的学习方法，深入了解自己感兴趣的专业分类、高校专业与职业分类的关系，在大学教授和高校学生面前，近距离解决呼和浩特二中学生在大学专业选择中面临的困惑。

9. 开展综合实践活动

新课改强调要加强和完善学生的研学等综合实践活动的设置。呼和浩特二中鼓励学生利用寒暑假走出校门、走向社会，去各行各业参观考察，了解各个行业的现状及发展趋势，了解各种职业的工作环境，了解各种职业的工作状态，探索自己喜欢的职业状态。通过学校搭建平台，组织学生参观考察，深化学生的职业体验，提高学生对社会的认识。呼和浩特二中组织学生先后前往蒙草、蒙树、蒙牛基地实践，依托当地优秀企业，进行生物、化学以及环境等相关前沿领域的项目实践。既实现了跨学科融合，又提高了学生解决实际问题的能力，对于今后的相关学科前景更具边界感。为学生未来大学的专业和高中阶段的学科选择做好认知上的准备。同时呼和浩特二中还组织带领学生赴呼和浩特市规划馆、内蒙古博物院参观学习，到明长城遗址进行探究活动，考察污水处理厂等调研活动。让学生在体验中完善人生规划，做出生涯探索，实现生涯决策。

综合实践课程的很多项目式研究需要跨学科、多学科的合作和融合。呼和浩特二中有意识地组建跨学科研究共同体指导学生，比如"红色延安行，古都西安情"的综合实践活动中，学校前期花了很长的时间，来规划整个研学的环节和课程，这里面涉及语文、政治、历史、地理、科技等学科，还有古文字学、青铜器制造、兵马俑修复等专业知识，好的综合实践课程是一次跨学科融合之旅。综合实践全过程组建了一支涵盖语文、政治、历史、地理的多学科教师指导团队，同时还邀请相关大学教授给孩子们讲授古代西安的城市规划设计和城市发展史。在研学过程中充分发挥学生的主体地位，分组合作学习，衣、食、住、行相互关照，每个小组根据研学手册上的学习任务，白天分工合作探究，晚上合作研讨完成研学报告，通过"美篇"等形式分享研学成果，指导老师及时点评，各小组负责人及时完成当天的研学反思和复盘，研学结束后统一将研学论文结集成册。

呼和浩特二中在综合实践过程中，把学生引向广阔的社会现实中去，让学生在真实的情境中去发现问题、提出问题、用多样化的方法分析问题、解决问题。浸润式生涯教育，以问题为中心的综合实践活动更能提高学生的探索的兴趣、创新的能力，以及社会参与度和责任感。比如，呼和浩特二中的校园停车场及道路通行设计就作为项目学习，交给学生负责设计规划，从场地的测绘、资料的查阅、方案的讨论、图纸的呈现，到项目答辩、专家的点评，学生们关注身边、团队协作、学以致用、知行合一，学校不仅为孩子们提供了实践的平台和成长的舞台，更形成了人人参与、人人有责、人人尽责的校园文化。由于浸润式、项目式实践活动的开展，呼和浩特二中近年来在全国青少年科技创新大赛、全国青少年学术作品竞赛、创客中国"小小创客"大赛等赛事中共计获得国家级一等奖1项、二等奖4项、三等奖8项，获得自治区级奖项100余项；有多名师生创新成果申请了国家实用新型专利、计算机软件著作权和作品著作权。学校于2019年被评为第三批"全国知识产权教育试点学校"。

10. 提供生涯发展指导

一方面，呼和浩特二中邀请大学专家团队组织开展基于团体辅导的生涯教育活动；另一方面，针对学生的个性需求，逐步建立以心理老师、班主任、德育干部为主体的面向全体学生个体的生涯规划辅导机制，内容涵盖学习成绩分析、学习计划及建议、最终学习目标、自身实力优劣分析（SWOT分析法）、专业选择、学校推荐、情绪调整等，对学生进行学业指导、心理疏导和职业引导，不断完善生涯信息库建设。

三　反思与总结

近年来，呼和浩特二中在生涯教育课程实践中取得了一定的成绩，但也遇到了一些困难。首先，生涯教育理念的普及尚未深入人心。由于教育主管部门、家长、学生和老师对生涯教育的重视不足，并没有建立幼、小、初、高一体化、有机衔接的生涯教育体系，导致生涯教育缺乏整体规划，没有建立各学段的学生成长信息库，导致学生生涯规划缺少可持续的参考依据。再加上很多家长对生涯教育的认识不深，重视度低，学校、家庭、社会育人合力的效果没有充分彰显。

其次，缺乏专业的生涯教育指导教师。师资队伍的建设直接影响生涯教育的实施效果。组建一支由学校德育干部、班主任、心理老师、学科老师分工合作的生涯教育教师队伍，并定期进行有针对性的生涯教育指导培训尤为迫切。

最后，生涯教育的成效缺乏有效的科学数据分析，难以科学判断生涯教育究竟到达了什么成效？哪些因素在影响着生涯教育的效果？成效的机制如何？如何持续跟踪生涯教育的效果？回答这些问题，需要生涯教育的实践者进一步提升自身的学术研究能力，从单纯的教育实践者转化成具备研究分析能力的教育实践者；还需要打通基础教育与高等教育的制度壁垒，加强中小学校教师与大学教育研究者的合作，以一体化的追踪研究进一步促进实践的深化发展和升级迭代。

【学校简介】

内蒙古呼和浩特市第二中学简介

呼和浩特市第二中学是内蒙古自治区首批示范性普通高中。由傅作义先生于 1942 年在巴彦淖尔盟陕坝创办，时称"私立奋斗中学"。1950 年迁址归绥市（现呼和浩特市），1952 年由人民政府接管。

2008 年 9 月开始，呼市二中如意校区正式启用，形成一校两区的办学格局。两校区占地面积 252 亩，建筑面积 11.8 万平方米。现有 86 个高中班，6 个国际班，在校生 4546 人。教职员工 435 人，其中中国共产党员 229 人，特级教师 7 人，正高级教师 7 人，副高级教师 106 人，自治区级学科带头人和教学能手 31 人，市级学科带头人 41 人，市级教学能手 54 人；教师中具有博士学位 6 人，硕士学位 157 人。优秀的教师团队为提高办学质量奠定了坚实基础。

呼市二中始终秉承"严谨、求实、团结、奋进"的光荣传统，以"基础扎实、学有所长、全面发展、个性优良"为育人目标，在传承中务实创新，在规范中科学发展，广纳英才与时代俱进，拓宽思路与世界接轨，在学校管理人本化、课程建设体系化、教学方法多样化、教学科研实效化、德育工作系列化、国际教育多元化的发展之路上，不断超越自我，追求卓越，建校 80 年来已为国内外著名高校输送了 5 万余名优秀学生。

学校先后获得"全国文明单位""全国文明校园""全国教育系统先进集体""全国未成年人思想道德先进集体""全国五四红旗团委""国家奥林匹克教育示范校""全国群体工作先进学校""教育部劳动技术教育先进学校""全国百所德育科研名校""全国红十字先进集体""全国绿色学校""全国模范职工之家""全国先进后勤学校""节约型公共机构示范单位""公共机构效能领跑者"等多项各级各类荣誉称号。

◎ 江苏南京市江宁高级中学

高中《生涯规划》校本德育课程纲要*

对中学生而言，选择什么样的人生方向往往取决于对大学专业的选择以及高中三年的生涯规划。生涯规划可以激发学生的学习动力，促进高中生的理想生根、发芽、结果。① "生涯规划"课程也是将学生的德行养成与成长愿景结合在一起的载体。有愿景、有期待的人生就会激发出德行修养的积极性，使德行由外在要求走向内化。

南京市江宁高级中学位于高新园大学城内，享有"被大学群落包裹、受大学文化熏陶"的区域优势，利用大学资源开发"生涯规划"校本课程，有着得天独厚的优势。在校长室的指导下，学生处自2011年起逐步探索、实践、调整，经过多年的积淀，逐步形成了一套立足于学校现实的、易操作的、可持续的一套校本课程。

---

* 张格波，南京市江宁高级中学教师。
① 戈红：《高中生生涯规划》，科学出版社2016年版。

一　课程目标

作为学校校本德育课程，"生涯规划"课程目标主要是帮助和引导学生意识到确立自身发展目标的重要性，正确认识未来理想职业与现实学习的关系，激发生涯发展的自主意识与成长愿景，逐步确立长远而稳定的发展目标，建立起正确的人生观、价值观，提升德行品质与核心素养，具体如下。

知识层面。初步了解生涯规划的基本理论与相关知识；较为清晰地认识自己的特性、理想职业的特性与任职要求；掌握基本的高校信息以及相关的职业分类知识等，并能够据此逐步建立起适合自己未来发展的生涯发展规划。

观念层面。树立生涯发展的自主意识，形成积极正确的人生观、价值观，愿意为个人的生涯发展和社会发展主动付出积极的努力，从而提升德行品质。

二　课程内容

2011年，我们召集了校内对生涯规划感兴趣的优秀班主任进行了一次座谈，集思广益，初步建立了课程编写意向。在组织材料的同时，派出优秀班主任参加生涯规划培训。结束后，又再次研讨，从而编写出了2012年的第一版生涯规划的校本化读本。经过多年的改写、修订，我们基本达成了以下的共识。

"生涯规划"课程虽有知识的传授，但更多还是借助于社会实践、各种各样的活动来促进学生态度、观念的转变，是集理论课、实践课和活动课为一体的综合课程。其中，态度、观念的转变比知识的掌握更重要，态度、观念的改变是课程的核心。本课程内容包括理论知识的读本、讲座，社会实践安排与要求，各种形式的以生涯规划为主题的活动，各个阶段的自我评价与师生交流。

"生涯规划"课程在内容安排上还充分地考虑到了年级的具体特点。

高一年级，着重引导学生解决适应问题，加强对自我的认识与职业的粗略认识，从而使得在高一年级结束时能够正确地选择好人生的方向，完成选科分班的任务。高二是两极分化期，面临学业的重新定位，应加强职业的精细化指导，使得在高二年级结束时能够正确地决定好自己的专业方向。高三年级主要引导他们正确处理好理想与现实的关系，应加强对高校的认知指导。为此建立的课程结构，如表1所示。

表1　　　　　　　　学校生涯规划课程框架结构

学段	高一	高二	高三
教育主题	适应·筑梦	攻坚·追梦	冲刺·圆梦
阶段目标	选课分班	确定专业方向	明确理想学校
内容指向	自我认识	职业介绍	高校介绍
课程内容与课时分配　知识读本	4课时	4课时	4课时
课程内容与课时分配　社会实践	2课时	2课时	2课时
课程内容与课时分配　活动序列	2课时	2课时	2课时
课程内容与课时分配　阶段评价	2课时	2课时	2课时
总课时数	10课时	10课时	10课时
学分设置	2	2	2

（一）课程的具体内容

1. 生涯规划知识读本——形成规划意识

生涯规划需要一定的理论知识，这些基础知识是一个相对完整的系统，依靠高校专家的讲座是不能完成的。为此，江宁高级中学借鉴了大学《职业生涯规划》的课程体系，结合高中生的具体需求和江宁高级中学的实际，建立了生涯规划知识读本。其中，高一强调正确认识自我——我的角色、兴趣分析、学习风格分析，高二强调粗略的社会认识——职业分类、人力资源，高三强调精确的职业认识——高校专业介绍、志愿预填报。由于缺乏专职教师，读本的教学就由班主任组织，利用班会课进行，每学期 2 课时，三年 12 课时，具体安排如表 2 所示。

表 2　　　　　　　　　　生涯规划班会课教学计划

学段	高一	高二	高三
上学期	认识我是谁	走进大学，探索专业	学业目标管理
	解码我的兴趣、定位性格	走进职业世界	动力再激发
下学期	探寻我的能力与价值观	职业生涯初体验	选择与决策
	了解升学路径及政策 选课分班	中国梦与我的梦	志愿填报

2. 生涯规划教师培训——提升专业技能

近年来，为培养更多生涯教育教师，我们与南师大顾雪英老师团队合作，组织全体高一班主任参加生涯规划教育培训，帮助班主任掌握专业的生涯教育知识；同时开设生涯规划观摩课供班主任零距离学习等。使用科学的生涯测评工具组织学生进行"生涯普测""生涯力""兴趣密码""学科才干"等测试。班主任利用班会课，对每一位同学的测评数据进行解读，从不同角度帮助学生综合了解自己。

3. 生涯规划活动序列——促进观念转变

课外活动具有生动、灵活的特点，能够吸引学生积极参与，是实现人生态度、观念转变的有效途径。主要包括高校专家讲座，家长、校友、学长的交流报告，评比活动，文化小屋展示等形式。三年形成整体，内容依次递进，三年下来听到 12 次讲座，参加 6 项评比活动，具体安排如表 3 所示。

表 3　　　　　　　　　学校生涯规划活动序列

学段	高一	高二	高三
专家讲座 2 次	随机	随机	随机
学长经历 2 次	随机	随机	随机
活动评比	青春·无悔演讲	模拟职业招聘会	志愿预填
文化小屋	认识自我，筑梦	立足现实，追梦	冲刺拼搏，圆梦

4. 生涯规划实践与暑期生活精彩回放

生涯规划的目的在于精神引领，让学生形成对人生的正确理解，引起学生对自身价值的思考。为此我们设计了多项、多种形式的实践活动。比如传记阅读工程，让学生在阅读中积淀，在阅读中实现对人生的思索。此外还有参观附近的大学校园、组织寒暑假的社会实践。为了使寒暑假的社会实践不落空，我们组织了专项评比，对于典型的案例，特别安排了暑期生精彩回放、寒假微讲坛让学生展示自己的实践成果与过程体验，起到了很好的引领作用，受到了学生家长的广泛好评。

5. 阶段评价与总结——立足现实，一步一个脚印

生涯规划是一项长期的过程，需要不断地评估发展状态，不断地评价、调整。为此，江宁高级中学建立了师生交流平台，以生涯规划知识读本的附录为载体，组织师生进行交流，内容包括学业成绩分析、本阶段学习过程自我评价、下阶段发展目标；教师建议、家长意见，详细记录着学生成长发展的轨迹。具体安排如表4所示。

表4　　　　　　　学校生涯规划阶段评价与总结的安排

学段	高一	高二	高三
上学期期中	学业成绩分析、本阶段学习过程自我评价、下阶段发展目标，教师建议、家长意见。详细记录着学生成长发展的轨迹		
上学期期末			
下学期期中			
下学期期末			

（二）课程评价

1. 注重表现性评价

课程评价是一个既古老又年轻的领域[①]，包含多种方式。江宁高级中学在进行生涯规划和校本课程评价时，坚持运用观察、记录等方式收集学

[①] 钟启泉：《世界课程改革趋势研究》，北京师范大学出版社2001年版。

生学习表现的信息，对学生在参与学习过程中的综合表现进行评价。

2. 采用多种评价方式评价

江宁高级中学在进行生涯规划校本课程评价时，采用等级评定、评语相结合、座谈、学生作品展示等方式，充分肯定学生的进步和发展，明确需要克服的弱点。

3. 学分考核

每学期为1个考核单位，1学分。平时30%（课堂表现、总结性作业）+实践成绩30% + 活动评比20% + 自我评估20% = 总分，达到合格即可。

（三）课程实施建议

1. 充分发挥师生的主动性和创造性

教师要引导学生认识到生涯规划的重要性，了解生涯规划的过程；通过教师的讲解和引导，学生要按照课程的进程，积极开展自我分析、职业探索、社会实践等活动，提高对自我、职业和环境的认识，作出合理的职业规划。

2. 坚持理论与实践相结合、讲授与活动相结合

教学可采用课堂讲授、案例分析、小组讨论、角色扮演、社会调查、职业体验等方法。

3. 充分利用各种资源

课程实施时，除了教师和学生自身的资源之外，还建议使用相关的职业生涯规划工具，包括职业测评、相关图书资料等；调动社会资源，采取与外聘专家、成功校友、职场人物专题讲座和座谈相结合的方法。

4. 师生交流是核心

生涯规划是一项长期的过程，需要不断地评估发展状态，不断通过师生交流来进行评价、调整。为此，我们设计三年制的发展状态的评估报告，使其与学段考试相结合。并且建立导师制，每位教师负责5—6位学生，具体的导师和学生自由选择，班主任集中调整，每次评估都让家长参与进来，填写评价意见。为了使这项工作落到实处，我们设计了抽查活动

保证效果。

5. 心理辅导很重要

由于学业压力大，处于青春期的学生，心智还不成熟，在高中三年中，有些学生会有心理问题。为此，我们组织了心理教师经常开设讲座，印发相关知识小报进行宣传，对于有需要的学生还开设咨询室，有效地帮助了学生。

三　课程成果

2011年以来，学校德育处在原有的基础上，每一年都进行修订、完善、调整校本课程方案。经过近十年的积淀后，逐步形成了一套基于学校现实的、依托大学资源、易操作的、可持续的体系。在实践的过程中，积累了一定的成果。

（一）有效地促进了学生的发展

现在就读南京航空航天大学的程磊同学这样回顾自己高中三年的学习生活："高一上学期开始，老师们就开始有计划地引导我们做生涯规划。针对每个同学的性格、特长、兴趣及其学习特点，进行个性化的指导。我们每个同学都有自己的'导师'，我和'导师'一起分析自己在学科上的优势和不足，我清楚地意识到自己的语文和英语都不占优势，但我的数学和化学都很好，如果能在自主招生这一路径上做好准备，也许会成就不一样的人生。我有目标地开始主动参加相关竞赛辅导，并在高二下学期结束后的那个暑假，数学和化学获得了江苏赛区一等奖。"程磊同学最终通过了高校自主招生考试，实现了既定目标。

考入复旦大学的谭晓君同学在回顾三年的成长经历时说："我觉得老师们一直在精心呵护我们心中的梦，不仅重视学习，更重视我们综合素质的提升，鼓励我们参加各种丰富多彩的活动。"高中阶段，她去北京大学参加了全国创新作文大赛总决赛并获得一等奖，成功举办"暑期生活精彩回放"个人专场报告会，全程用英语主持学校体育节闭幕式。

（二）建立系统的生涯规划手册以及相关的资料库

每个年级在学校德育处的统一规划、指导下，都建立了自己的生涯规划手册，相互传承，每年更新，不断完善。主要内容包括生涯知识读本4个课时、阶段总结（师生交流平台）、生涯规划课程学分认定考核表、年级特色内容等。每学年开学时由学校统一印发分发给学生与班主任。同时还积累了高校招生资料库、职业与专业的资料库等资料。例如，近几年的招生计划，高考分数线，5分段人数分布，部分高校简介、专业名称、就业前景，等等。

（三）建立高校资料源

在近几年内，我们依托附近的大学城，主动加强与他们的联系，取得了较好的效果，建立了比较稳定的资源支持。如很多大学在江宁高级中学设立生源基地，建立了深厚的联系，为我们走进大学参观提供了方便，有的学校甚至邀请优秀学生进入他们的实验基地实习；建立高校专家库，有些高校专家经常被邀请到学校开设讲座，几年积累下来就形成了一个专家库，为我们提供了大量的支持。

（四）建立了系统的生涯规划活动序列

活动序列主要包括高校专家讲座，家长、校友、学长的交流报告，生涯规划的评比活动，文化小屋展示，参观校园，阅读工程、寒暑假社会实践等形式。三年形成整体，内容依次递进，共听到12次讲座，参加6项评比活动、5次社会实践，有效地提升了学生的自主规划意识，也留下了大量的影像材料。如生涯规划的评比活动、学长母校行讲座、主题班会、高校参观、实验室学习以及一年一度的生涯规划文化小屋等。

四 课程效果反思

生涯规划活动在学生中产生了很好的影响，既有效地唤醒了一部分同学的发展意识、责任意识，也提升了部分同学的生涯规划能力，起到了理想教育应有的作用。比如，有的学生反映，自己的理想目标越来越明晰了，也就是因为明确了自己的目标，也就有了奔头，平时的学习劲头更足了；还有的学生认为，自己学会了接纳自己，知道了自己的特点，也理解了自己的特点，即使遇到困难、挫折了，也能比较理性地去处理，而不是原来的那种怨天尤人的态度了。有的学生认为，平时每一次的发展评估和师生交流对自己起到了很大的作用，一方面正确地认识了自己的能力，同时也不断鞭策自己，使自己不断前进。

但我们也知道，这套体系在运行中还存在很多待完善的方面。如何让学科教师更深入地参与，使导师的作用更明显？生涯教育是全员育人的教育，如何更好地协调各个方面工作为学生发展服务？学生广泛参与与体验的收获和成长，如何科学地评价与衡量？部分学困生观点较难改变，如何探索对其更有效的支持方式？

青春不退场，生涯需规划，点亮一盏灯，相伴追梦人。生涯教育的探索，我们一直在努力，一路前行，一路歌！

【学校简介】

江苏南京市江宁高级中学简介

江宁高级中学始建于1934年，先后六迁校址，六易校名。1980年被江苏省政府确定为首批办好的省重点中学，1992年学校通过检查验收被批准为省合格重点中学，2002年转评为江苏省首批四星级普通高中，学校确立了"崇德·力行"的校训和"立足终身发展，为学生做人、求知和创新奠基"的办学理念。

学校占地近300亩，建筑面积11万多平方米，设计理念先进，环境优雅，是南京市园林式学校。学校现代教育教学设施齐备，各项条件堪称国内一流，是首批南京市智慧校园。学校现有76个班级，在校学生3714人，教职工342人。学校先后荣获江苏省教育系统先进集体、江苏省文明单位、江苏省德育先进学校、江苏省文明校园、江苏省教科研先进集体、江苏省平安校园等省级荣誉称号。

课程建设。学校坚持以课程建设为核心，构建"协同学习"课程体系，为学生提供适切性教育。学校现有省级课程基地2个，省前瞻性项目1个，市级课程基地建设项目2个，市前瞻性项目2个，开设了38门校本课程。

师资队伍。学校现有特级教师2名，拥有正高级教师2名、中学高级教师100多名、博士3名、硕士70多名、市学科（德育）带头人13名，市优秀青年教师27名，各级各类学科带头人和优秀青年教师占全体教师队伍数量的50%以上，学校有市名师工作室1个，区名师工作室6个。

教学质量。学校以协同学习为统领，近年来特别是实施新高考以来，学校教学质量稳步攀升，高分段人数和本一达线率实现历史性突破，自南京市普通高中发展性评估设立"突出贡献奖"以来，学校连续九年九获该奖项，全市唯一。

校园提升。2019年区委、区政府批准投资4.5亿整体改扩建学校，预计2024年90周年校庆前完成，学校办学各项条件正在全面提档升级。

第三部分
生涯课例

◎ 课程标准*

关于建构普通高中生涯规划课程标准的探索**

从 2014 年 9 月在浙江、上海开始实施新高考改革方案试点以来,生涯规划成为推进新高考改革的迫切需求,许多学校把生涯规划纳入必修课程。生涯规划在落实立德树人、解决学习目标、学习动力、学习效率、高考科目选择、专业高校选择、志愿填报、职业性向、未来发展方向等方面发挥了重要作用。现不管是否已实施新高考改革的省市,都在积极探索生涯规划教学,但生涯规划到底应该教什么、怎么教、怎么评,都没有一个统一的标准,导致目前生涯规划学科教学处于凌乱状态。生涯规划若要长期、有效地开展,必须把生涯规划作为一门课程,纳入学科体系,有固定的课时与师资,并像其他学科一样建构学科课程标准,统一指导生涯规划和学科教学。只有这样,生涯规划才能真正走得远、教得好、育好人。笔者经历近 7 年生涯规划教学与研究,提出高中生涯规

---

* 扫描二维码可获取配套 PPT。
** 缪仁票,浙江大学附属中学学生发展研究中心主任。本文系浙江省教科重点规划课题《课标·教材·教学·推广:普通高中生涯规划课程高质量育人模式的探索》(立项编号:2021SB015)的阶段性研究成果之一。

划课程性质与理念、学科核心素养与课程目标、课程结构与内容以及课程实施与评价等。希望此文能为全国推进生涯规划教学提供借鉴和思路，也希望引发相关领域教育行政人员、学者、校长、生涯规划教师等广泛讨论，促使早日出台普通高中生涯规划学科课程标准，提升生涯规划学科育人质量。

一　课程性质与基本理念

（一）课程性质

生涯规划课程是以个体生涯发展和社会发展的需求为出发点，以个体差异性为基础，利用心理学、社会学等有关原理，在各种体验式教学活动中，让学生获得生涯规划知识，唤醒发展意识，领悟通过生涯规划解决问题的思路与方法，提高生涯规划能力和生涯发展智慧，找到适合自己的发展方向，实现主动学习和自主发展，从而不断实现自我的活动型课程。它以提高学生生涯规划学科核心素养为宗旨，是树立社会主义核心价值观、落实立德树人教育根本任务的重要载体。

（二）基本观念

高中阶段是学生生涯发展的重要时期，也是选择未来人生发展方向的关键阶段、建构生涯规划课程标准、引导学生适性发展的理念，是高中教育的重要使命和责任。尤其在深化课程改革和新高考背景下，建构生涯规划课程标准，指导生涯规划教学，解决学生在高中阶段出现的各种问题。例如，如何挖掘自己的潜能与优势？如何选择适合自己的高考科目？如何统筹安排学科选考？如何找到适合自己的高考方式？如何通过生涯发展目标激发学习动力？如何找到适合自己与学科的学习方式与方法？如何发展综合素质实现自己的高考梦……因此，高中生涯规划课程应该注重课程目标的多元化、课程内容的多角度、课程实施与评价的多样化，以帮助学生生涯规划学科核心素养的形成。

二　学科核心素养与课程目标

（一）学科核心素养

核心素养是学科育人价值的集中体现，是学生通过学习而逐步形成的正确价值观念、关键能力和必备品格。生涯教育是立德树人的重要途径，生涯规划学科核心素养是高中学生发展核心素养的重要组成部分，其主要内容应包括"发展意识""生涯探索""生涯思维"和"自我实现"。

1. 发展意识

发展是生涯规划教学的出发点，也是归宿点，还贯穿于整个教学过程。生涯规划学科教学首先要唤醒学生的发展意识，让学生明白人活在世上要树立发展意识，尤其是自主发展意识，唯有不断发展，才能不断累积人生价值。自主发展是学生内在的、主动的发展，自主发展意识是促进学生终生学习和发展的动力，是生涯规划学科教学首先需确立的价值观念。自主发展，首先体现以人为本，强调学生自己做主，挖掘自身潜能与优势，发现自我价值，确立适合自己的发展目标，努力成长为自己的样子；其次强调以目标为导向，激发学习动力，找到适合自己和学科有效的学习方式、方法，并在学习过程中表现出独立性、自觉性、积极性和主动性，从而实现主动学习和高效学习；还有表现为较强的自主管理，如管理自己的目标、时间、生活、情绪和意志力等，从而在管理中促使目标的达成。

2. 生涯探索

生涯探索指认知自我与外部世界的能力。认知自我主要是对自己的兴趣、性格、能力、价值观和需求的了解，弄清自己到底喜欢做什么、适合做什么、能做什么、需要做什么。认知外部世界主要是对他人、高中学科、专业、高校、职业和世界的认知，乃至其发展规律的认知。认知自我一般通过生涯测评、自我对话和他人评价等途径，它是一个不断深入的动态过程，且伴随人的一生。认知外部世界一般通过学习、参观、访谈、体验、模拟和实习等途径，认知外部世界也是一个永无止境的过程。

3. 生涯思维

生涯思维是学生进行生涯规划时表现出的一系列复杂心智操作过程。首先表现为"由内而外"，即先探索内心世界，认知自我，再探索外部世界；其次表现为"合理决策"，即在认知自我和外部世界的基础上，借助一定的工具和方法，对各种影响因素进行分析、计算和判断，形成适合自己的发展目标。合理决策是一种识别并解决问题的过程，也是一种做决定的技能与方法，还是一种先选择后制订行动方案的思维过程。学生在合理决策过程中，学会信息收集、加工，学会问题识别和诊断，学会系统地思考问题，学会利用决策工具，等等，筛选出适合自己的发展方向。例如高考科目的选择、学科选考时间的安排、高考方式的选择、志愿的填报等都需要合理决策；还有表现为"由终及始"，即先引导学生思考未来过怎样的人生，要过这样的人生应从事什么职业，要从事这职业应该报考什么专业及大学，要学这大学专业需要选择怎样的高考科目，也就是从人生目标倒推职业目标、专业高校目标和学业目标，然后把三年学业目标再细化到学年目标、学期目标、月目标、周目标等，并制订相应的行动方案并付诸行动，并努力实现之。以终为始不仅是一种思维方式，也是一种创造，是心智的推理和实际的行动，还是一种自我领导，自我领导高于自我管理，它不仅通过自我管理服务于目标的实现，而且在目标实施过程中进行目标评估与动态调整。最后表现为"应变适应"，即生涯是应变之学，所有通过生涯规划所形成的目标都是今天的目标，是基于你今天的认知和决策能力所做的选择，过了今天，明天别人的一句话，或一个不同的经历，可能会改变你的认知，否定你昨日的目标，况且人的一生是不断认知的一生、不断发展的一生，因此，所有的生涯规划都是今天的规划。还有要学会适应，当一个目标不能实现时，或者不能圆满实现时，不能一根筋走到底，要学会转弯与适应，学会在调整、适应中不断发展自我。

4. 自我实现

自我实现是人生价值的体现，是生涯规划教学的追求和评价标准，具体表现为学生的生命价值、潜能和创造力得到充分发挥的状态。自我实现不仅是一种状态,而且是一个过程,它是一个连续不断的选择过程,每一次选择都是成长过程,这种成长性选择是走向自我实现的运动;也是一次次承担责任的过程,每一次的责任担当本身就是迈向成长的过程;还是一个随时随刻、点点滴滴地实现个人潜能、积累潜能的过程。自我实现可贯穿于生涯规划的整个过程,它既可以是一个量变过程,也可以是一个质变结果,同时,它还体现高中生的一种责任使命,也为其未来的幸福人生铺垫基础。

上述四个方面立足高中生涯规划课程的学习过程,各有侧重,相辅相成。"发展意识"侧重培养学生规划的价值观念,"生涯探索"与"生涯思维"侧重培养学生生涯规划能力,"自我实现"侧重培养学生生涯发展品格。

(二)课程目标

高中生涯规划课程以高中生个性特征、成长规律和高中阶段教育的根本任务为依据,利用发展心理学等知识与技能,引导学生对兴趣、性格、能力、价值观等的探索,挖掘自己的潜能与优势结构,拓宽对高中学科、专业、高校、职业等外部世界的认知。通过合理决策形成自己的人生、职业、高校、专业目标,并做出高考科目的选择与学考的统筹安排,高考方式与路径的选择。通过目标的牵引,激发学习动力,通过学科学习方式与方法的了解与运用,提高学习效率。通过分解、细化目标,制订行动方案,落实在日常生活、学习中,让学生每天有获得感。通过在行动中不断评估与调整目标,满足自我与社会的发展需求,在适应中不断实现自我。通过目标、时间、健康、生活、情绪等管理,提高自我管理能力,实现主动学习、高效学习,提升生涯成熟度,实现高考梦,为未来的人生发展铺垫基础。[1]

---

[1] 缪仁票编著:《高中生生涯规划》上册,湖北教育出版社2018年版,第12—16页。

三　课程结构

（一）设计依据

1. 依据普通高中课程方案设计生涯规划课程

普通高中课程方案的课程实施与评价中提出要切实加强学生发展指导。学校应建立学生发展指导制度，采用专职教师与兼职教师相结合的方式，组建专门队伍，开展多种形式的指导活动，帮助学生树立坚定的社会主义理想信念，正确地认识自我，更好地适应高中阶段的学习与生活，处理好兴趣特长、潜能倾向与社会需要的关系，选择适合的发展方向，提高生涯规划能力和自主发展能力。学校应建立选课指导制，指导学生选课，帮助学生形成个性化的课程修习方案，引导家长正确对待和帮助学生选课。[1]

2. 以发展学科核心素养为宗旨建构课程内容

课程内容是发展学生核心素养的重要载体，是课程落实立德树人根本任务的抓手。基于学生在"发展意识""生涯探索""生涯思维"和"自我实现"等方面应有的表现，精选生涯规划课程内容，设计教学目标和学业质量要求，以全面落实生涯规划课程的育人功能。

3. 充分吸纳中外生涯教育研究成果提高课程可操作性

吸纳中华民族优良的相关传统文化和国外生涯发展理论体系，借鉴国内外包括中国台湾、中国香港等地生涯教育的经验和成就，设计可操作性的生涯规划课程。例如，根据高中三年的学业任务，高一年级学生通过学习《生涯规划与目标》课程，初步形成人生目标、职业目标、高校专业目标，解决学科选择问题；高二年级学生通过学习《生涯规划与行动》课程，细化生涯规划形成的目标，形成具体细化的行动方案，并在具体实践行动中逐步落实好选考安排、学法调整、生涯管理和素质发展问题等；高

---

[1] 中华人民共和国教育部：《普通高中课程方案》（2017 版），人民教育出版社 2018 年版，第 11 页。

三年级学生根据自己需求选修《生涯规划与高考》,解决个人陈述、面试模拟、高考策略和志愿填报等问题。

(二) 结构与学分

如图1所示,展示了浙大附中生涯规划课程结构与学分。高中生涯规划课程分为选择性必修和选修两部分。选择性必修一《生涯规划与目标》课程包括人生规划、职业规划、专业规划和学业规划四个模块,安排1学分,在高一年级开设;选择性必修二《生涯规划与行动》课程包括考试安排、学法调整、生涯管理和素质发展四个模块,安排1学分,安排高二年级开设。选修课程《生涯规划与高考》包括个人陈述、面试模拟、考前调节和志愿指导四个模块,安排0.5学分,在高三年级开设。

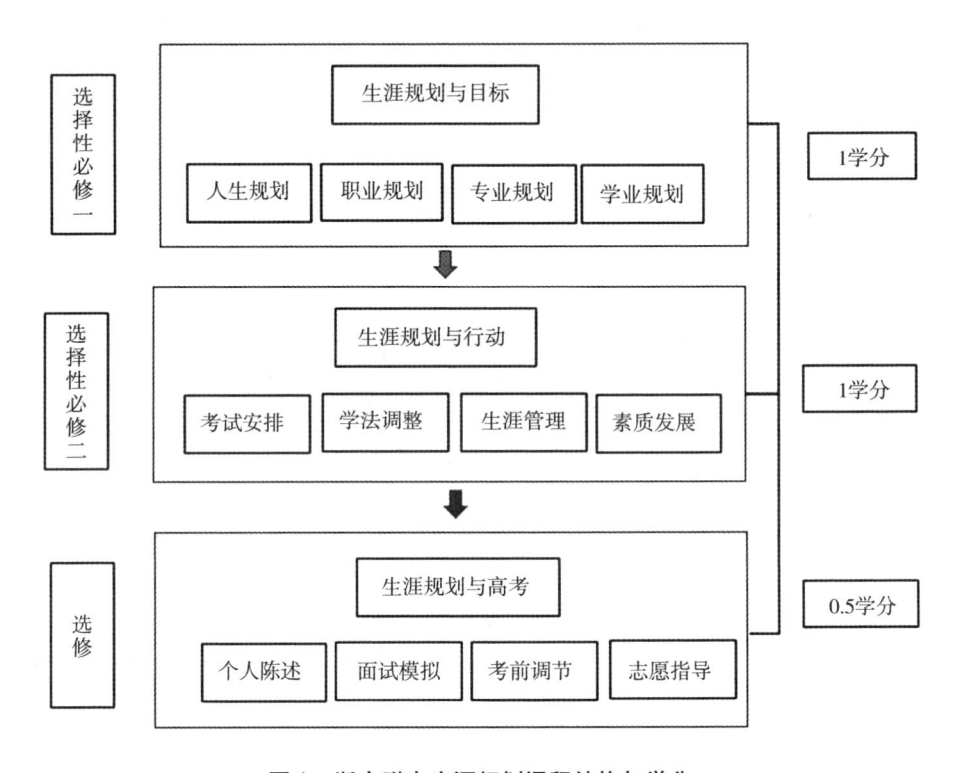

图1 浙大附中生涯规划课程结构与学分

四　课程内容

（一）选择性必修

选择性必修课程是生涯规划学科的核心内容，对于学生提高生涯规划学科核心素养具有不可或缺的作用，它是选择性必修二、选修课程的基础，是全体学生都必须学习的课程。

1. 生涯规划与目标

生涯发展是贯穿一生连续不断的过程。《生涯规划与目标》课程主要内容应包括人生规划、职业规划、专业规划和学业规划，如图 2 所示，其中学业规划是重点。通过规划分别形成人生目标、职业目标、专业目标和学业目标，其中人生目标是梦想，职业目标是初想，专业高校目标是期望，学业目标是务实。

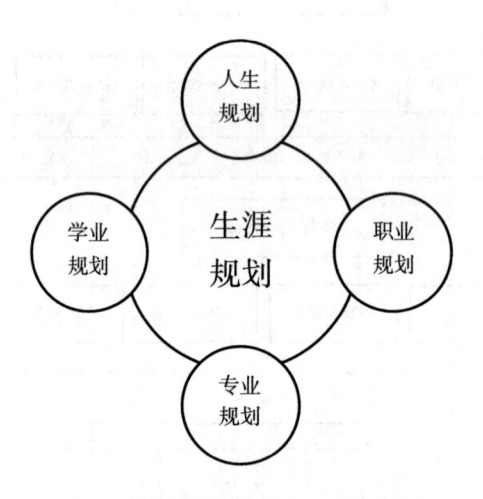

图 2　《生涯规划与目标》课程内容

资料来源：缪仁票编著：《成长自己的样子　高中生生涯规划》，浙江大学出版社 2018 年版，第 2 页。

【内容要求】

概念1——人生规划。人生规划是未来想过怎样的人生，是对未来美好人生的思考与向往。

概念2——职业规划。职业规划是想过怎样的人生，应该从事怎样的职业及如何形成自己的职业目标。

概念3——专业规划。专业规划是想从事这种职业应该报考什么专业及高校，以及如何寻找最适合自己的高考方式实现自己的专业和高校目标。

概念4——学业规划。学业规划想考取这样的专业及高校应该选择哪些学科，以及高中三年如何制定及细化各种学业目标，并制订相应的行动方案等。

概念5——生涯规划方法。不管哪种规划，都包括生涯唤醒、认识自我、认识外部世界、决策与行动、评估与调整五个环节。如图3所示。

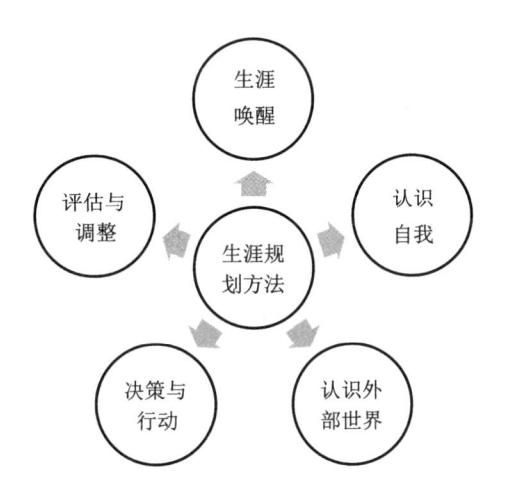

图3 生涯规划的方法

资料来源：程雪峰、缪仁票编著：《生涯规划（高中）》，浙江教育出版社2017年版，第5页。

【教学提示】

首先，教师要树立全程生涯观念，生涯教育应从生命开始一直到生命的最后。从生涯启蒙到生涯认知、生涯探索、生涯抉择、生涯适应、生涯自立、生涯服务、生涯尊严，这些都是相通的。其次，教师要引领学生去探讨每一个人为什么要活着，或者生命的目的又是什么，每个人答案可能都不一样，但所有生命来到世上都应该追求发展，所有生命应该是有目的的生命、健康的生命和幸福的生命。再次，培养学生"由终及始""由内而外""合理决策""应变适应"的生涯思维方式，形成生涯发展目标体系，并在行动中评估、调整、落实目标，不断实现自我。还有，教学中还要重视开展"专业探索"和"职业体验"等社会实践活动。

【学业要求】

完成《生涯规划与目标》后，学生应该能够做到以下几点。第一，树立全程生涯观念和终身发展意识，建构人生规划、职业规划、专业规划和学业规划的生涯规划的内容体系。第二，培养生涯探索能力，学会利用生涯工具等认知自我，学会利用调查、访谈等方法了解学科、专业和高校，学会利用参观、模拟、实习、角色扮演等方法了解职业。第三，培养生涯思维，学会运用"由内而外""合理决策""由终及始""应变适应"的生涯思维方式。第四，初步形成人生目标、职业目标、专业高校目标和高中三年学业目标，初步形成高考科目"7选3"的学科倾向。

2. 生涯规划与行动

生涯规划不是说教的，而是要真正去做的课程，通过生涯规划形成发展目标，仅是开始，生涯规划教学的核心与重点是基于规划的发展，在生涯行动中生成生涯智慧，在行动中逐步落实生涯发展目标。《生涯规划与行动》课程的主要内容如图4所示。

【内容要求】

概念1——考试安排。在明显的学科选择倾向前提下，下一步就要统筹安排高一结束至高二结束之间的学考科目的考试安排，高三开始的选考科目和英语学科的考试安排。

概念2——学法调整。学习方法与方式是影响学习效率的重要因素，学习方式与方法虽有共性，但也有个性，每门学科应有它的独特的学习方

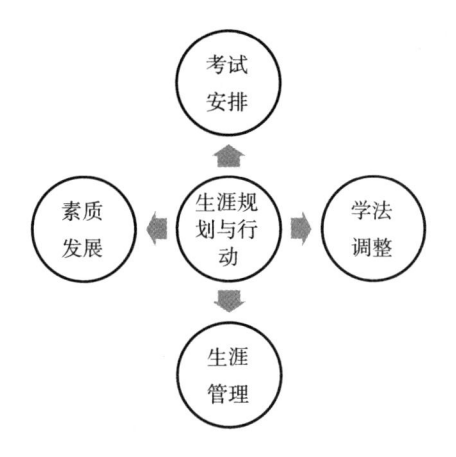

```
           考试
           安排
            ↑
   素质  ← 生涯规 →  学法
   发展    划与行     调整
            动
            ↓
           生涯
           管理
```

图 4 《生涯规划与行动》课程内容

法，每个个体也应有适合自己的学习方式，生涯规划教学应该思考、寻找适合自己和学科的学习方式与方法，只有这样才能实现高效学习和深度学习。

概念 3——生涯管理。生涯管理是落实生涯发展目标的重要保障，也是影响一个人能否取得成功的重要前提。生涯管理包括目标管理、时间管理、健康管理、情绪管理、意志管理和休闲管理等。

概念 4——素质发展。通过生涯规划教学能够促进学生认知自我、规划人生，积极主动地、全面有个性地发展。基于每位学生规划的素质发展情况是评价生涯规划教学的重要指标，尤其是基于高考需求的综合素质和学科特长的发展。

【教学提示】

首先，教师要树立唯有行动才能落实生涯规划形成的目标，唯有行动才能促进学生发展和提升生涯智慧，在目标与行动之间，应该建立可行的、细致的行动方案，并在行动过程中评估、调整行动方案，尤其是学选考的统筹安排；其次，生涯规划教学不仅要解决学习目标、学习动力问题，促进学生主动学习，还可通过高考状元谈学科学习方法等途径，引导学生讨论、实践、反思，找到适合自己和学科的学习方式与方法，促进学生深度学习与高效学习；再次，通过结合自身和他人案例，在实践中提高生涯管理能力，尤其帮助学生掌握目标和时间管理的技能与方法；最后，在素质发展方面，尤其引导学生如何发展适合自己高考方式所需的素质，如三位一体、自主招生等招生方式所需的学科特长与创新潜质等发展。

【学业要求】

完成《生涯规划与行动》学生应该能够做到以下几点。第一，清晰地、统筹地安排自己的学考、选考和英语考试，有序地学习、复习与迎考，并争取考得理想成绩。第二，找到适合自己和各门学科的学习方式与方法，提高学习效率。第三，学会管理自己的目标、时间、健康、情绪、意志和休闲等，充实过好每一天，不断累积实现自我。第四，在全面发展素质的基础上，突出发展自己高考所需的学科特长、科技创新、语言文学、艺术或体育特长等。

（二）选修课程

《生涯规划与高考》是选修课程。新高考改革后，通过裸分考取名校越来越难了，浙江省几乎所有高校都开展三位一体招录，而且招生人数逐年增加。从2017年开始，北京大学、清华大学、复旦大学等名校在浙江开始三位一体招生，而且招生数较多。不管三位一体，还是自主招生、保送招生，需要学生撰写个人陈述（自荐信）、笔试、面试等环节。新高考改革后，全国各地都是按段录取，浙江分三段录取，每段学生最多可填报80个志愿。选考和语数英高考时，学生往往心理压力较大，如何调整考前学生紧张心理以及如何填报高考志愿等，也是生涯规划教学需要解决的问题。如图5所示。

【内容要求】

概念1——个人陈述。个人陈述是三位一体、自主招生等申请时写的关于自我的一篇漫谈体文章，是评价申请者资格的一个重要依据，在整个申请材料的准备中占据重要的地位。个人陈述一般包括考生的个性特点、兴趣爱好、学科特长是什么；对所报大学的认知、对所报专业的认知；高中阶段的科学探究、社会实践活动的表现、收获是什么？进入大学后的设

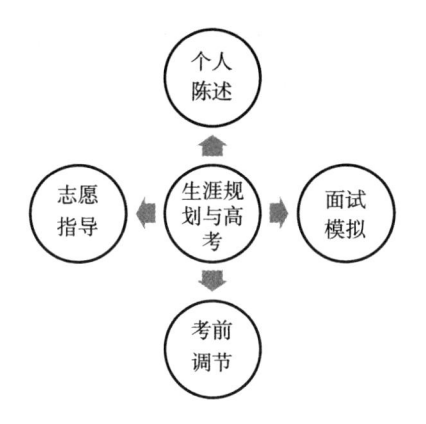

```
          个人
          陈述
           ↑
志愿 ← 生涯规 → 面试
指导   划与高   模拟
        考
           ↓
          考前
          调节
```

图5　《生涯规划与高考》课程内容

想、规划是什么？

概念2——面试模拟。面试是一种通过精心设计，以交流和观察为主要手段，以了解考生的综合素质及相关信息为目的的测试方式。参加三位一体、自主招生等招生方式的学生，都需要参加高校组织的综合素质测试，一般包括笔试和面试，笔试培训与否差距一般不大，但考前是否进行面试的基本技能技巧培训、模拟面试将对学生产生较大影响，目前，面试主要有半结构化和无领导小组讨论等形式。[1]

概念3——考前调节。考试尤其是重大考试前，许多学生往往会产生一定的焦虑、紧张现象，这是一种正常现象，适度焦虑还有利于注意力集中，但过度焦虑往往会使学生出现"心理高原期""考前焦虑症"等问题。若这些问题得不到及时的疏导，会导致疲乏、厌倦、厌学、失眠、记忆力下降、学习效率降低，还会妨碍考试发挥，严重时甚至导致身心衰竭，等等。因此，如何在考前对相关学生进行心理调节与干预显得十分重要。

概念4——志愿填报。对于新高考的志愿的填报采用"分段填报招生"和"院校+专业"平行志愿。按实考人数的20%、60%、90%确定三段控制分数线，院校不分段。平行志愿录取时，位次优先、遵循志愿、逐一检

---

[1] 缪仁票编著：《高中生生涯规划》下册，湖北教育出版社2018年版，第81页。

索、一档一投，浙江考生每段最多可填报不超过 80 个志愿。如何填报 80 个志愿，对考生而言是一大挑战。

【教学提示】

《生涯规划与高考》是选修课程，旨在帮助有需求的学生解决一些实际问题，从而促使这些学生更好地发展。教师可以通过讲座、团体辅导和个体咨询等方式进行授课与辅导。教学时倡导在活动中让学生体验与感悟，在具体操作中让学生掌握相应技能与技巧。

【学业要求】

完成《生涯规划与高考》学习后，学生应该能够做到如下几点。第一，学会撰写个人陈述。第二，学会面试的基本技能与技巧，在模拟面试中了解面试环节，发现自己的面试优势与弱势，并有意识训练自己的弱势，尤其提高综合分析和应变能力，发展自己的面试素质。第三，学会通过心理暗示、增加运动、科学用脑等方式调节心理，缓解心理焦虑，解决考前出现的心理问题，从而调节考前心理，提高学习效率，正常乃至超常发挥考试。第四，学会正确、科学、合理地填报高考志愿，实现自己的高考梦。

五　课程实施

课程实施是一个执行的过程，是将编制好的课程方案付诸实践的过程，是实现课程预期理想、达到课程预期目的、实现课程预期结果的手段。

（一）实施方式

生涯规划课程实施主要途径是课堂教学。除了生涯规划课堂教学外，还可通过班会课、学科教学渗透、社会实践和讲座等形式，具体如表 1 所示。如高考科目的选择、学科学习方法的调整等主要通过学科教学过程中不断渗透，在不断渗透中让学生逐步明晰高考科目选择倾向，在学科渗透过程中逐步修正学科学习方式与方法。专业、高校探索和职业体验主要通过社会实践方式。个人陈述撰写、志愿填报等主要通过讲座形式传授。面试技能培养主要通过仿真模拟实现。

表1　　　　　　　　　生涯规划课程的实施方式

年级	课程主题	课程实施方式
高一年级	生涯规划与目标	课堂教学、社会实践、角色扮演等
高二年级	生涯规划与行动	课堂教学、社会实践、学科渗透等
高三年级	生涯规划与高考	讲座、模拟活动等

（二）学业质量与评价

学业质量是学生完成本课程学习后的学业成就表现，高中生涯规划课程的学业评价以生涯规划学科核心素养为评价依据。总体上，以学生对"发展意识""生涯探索""生涯思维"和"自我实现"达成度评价学业质量。具体评价有以下指标。第一，学生在规划中形成人生目标、职业目标、专业高校目标和学科选择倾向的清晰度和适合度；第二，是否找到自己的潜能与优势；第三，是否找到适合自己的高考方式；第四，专业探索、职业体验报告的成绩；第五，是否科学、有序地安排学选考；第六，规划后产生学习动力的强度与持续时间长度；第七，是否找到适合自己本学科的学习方式与方法；第八，目标、时间、健康、情绪、意志等管理水平；第九，规划形成目标的达成度；第十，个人陈述撰写水平；第十一，面试技能掌握程度；第十二，考前心理调节能力；第十三，高考志愿填报适合度。

（三）教学与评价

1. 教学建议

生涯规划课程的根本任务是提高学生终身发展所需的核心素养。为了完成这样的教学任务，教师在教学过程中应该关注每一位学生，关注每一节课的学习过程，努力使每一位学生在原有基础上有更大发展，为此，提出以下教学建议。

（1）高度关注生涯规划学科核心素养的达成

培养学生生涯规划学科核心素养是本课程的价值追求，也是课程教学的预期目标。核心素养所涵盖的发展意识、生涯探索、生涯思维、自我实现四个方面的基本要求，需要通过生涯规划学科的每节课和每项活动来逐步培养形成。教师在制订不同模块、不同单元、不同节课的教学计划时，都要考虑核心素养任务的针对性落实和有效性完成。同时，在施教不同教学内容时，落实核心素养的侧重点也应有所不同，但特别要重视对学生生涯能力和品格方面的培养。

（2）组织体验式学习是落实生涯规划学科核心素养的关键

体验式学习不仅能唤醒学生的"发展意识"，而且直接影响"生涯探索"和"生涯思维"的落实，也会促使学生"自我实现"。生涯规划学科教学重点不是传授知识，重点是在活动中唤醒学生的发展意识，让学生在活动中掌握生涯规划的思维方法，在活动中提高学生的自我探索和探索外部世界的能力，在活动中自我实现。因此，生涯规划学科教学时，需要尽量创设各种情景，引导学生深入内心世界，了解我是谁？我喜欢做什么？我能做什么？我适合做什么，我需要做什么？鼓励学生走进高校，深入了解专业与高校，了解自己心仪高校专业的限考科目要求及高考方式。走进职场，深入了解职业工作的内容，了解职业准入条件，了解职业的薪酬与发展机会，了解职业的未来走向。重视专业探索、职业体验等报告的完成与交流，并进行适当的评价与奖励。

（3）重视解决高中阶段学生生涯发展过程中的主要问题

生涯规划不是务虚的，它需要解决学生在生涯发展过程中出现的各种问题，例如，如何进行高考科目的选择？如何选择适合自己的高考方式？如何统筹安排自己的学业选考？如何形成自己的人生目标、职业目标、高考目标？如何细化高中三年的学业目标？为了完成目标如何制订切实可行的行动方案？如何通过目标管理、时间管理、意志管理等保障自己落实行动方案达成自己的目标？如何找到适合自己和不同学科的学习方式与方法？如何撰写个人陈述？如何准备笔试与面试？如何填报高考志愿……所有这些问题，都是高中生涯发展课程需要解决的问题。

2. 评价建议

评价是教学过程中不可或缺的环节，是教师了解教学过程与结果、调控教与学的行为、提高教学质量的主要手段。生涯规划课程的评价以每一位学生的发展为本，以生涯规划课程内容、学业质量标准为依据，聚焦生涯规划学科核心素养，促进教师的教与学生的学。

（1）评价原则

评价应遵循立德树人的指导思想，引导学生结合自身、家境、社会和未来发展趋势寻找适合自己的发展方向，并在实际行动中不断发展自己，实现自己价值。评价的出发点是唤醒学生的发展意识与责任，评价的过程是促进学生主动发展，评价的归宿点是促进学生自我实现。同时，评价既能促进学生核心素养水平的提高，又能促进教师教学水平的提高，实现教、学、评相互促进发展。

（2）评价内容

评价内容应该以生涯规划的课程目标、课程内容和学业质量标准为依据，结合生涯规划的具体教学内容，检查是否唤醒了学生发展意识，形成主动发展的习惯；检查是否培养了学生生涯探索能力，掌握了自我探索与探究外部世界的技能与方法；检查学生是否发展了生涯思维，掌握了由终及始、由内而外、合理决策、应变适应的思维方式；检查学生是否逐步自我实现，例如，潜能与优势是否不断得到发展，目标是否不断得到实现，自信力和幸福感是否不断上升。

（3）评价方式

评价应该依据评价内容和对象不同，采用多元的评价方式。注重课堂教学与社会实践体验表现相结合，既要关注学生在生涯规划课堂上的具体表现，又要关注学生在生涯体验过程中所表现出来的能力；注重形成性评价与终结性评价相结合，生涯规划学科核心素养的培养是一个动态过程，评价时既要关注学生在成长过程中的点滴进步与发展，又要关注学生在阶段性后所达到的生涯规划学科核心素养的水平；注重定量评价与定性评价相结合，评价过程既要用客观、量化的数据，更要应用定性评价；注重评价主体的多元性和评价方式多样化，教师、学生、家长等都是评价主体，评价方式可多种多样。如可利用学生成长记录袋，记录学生成长过程中的点点滴滴，将学生学科选择倾向、选学考的安排、高考方式的选择、专业探索报告、职业体验报告等收入在成长记录袋，作为衡量学生生涯规划和学科核心素养的质性依据。

评价的目的是促进学生的发展。因此，评价时应对评价结果进行分析，做出合理的解释，并及时反馈，促进学生反思，引导学生朝着适合他自身的方向发展，不断激发学生的学习积极性和主动性，促进学生生涯规划、学科核心素养的养成。

◎ 自我探索*

我感兴趣的事**

一　学情分析

　　高中阶段学生的自我意识高涨，抽象逻辑思维进一步发展，知识经验日益丰富，使得他们开始对自我进行深入探索，"我到底是一个什么样的人？""我的特征是什么？""别人对我的态度与评价是怎样的？""我的未来该何去何从"等一系列关于"我"的问题反复萦绕于他们心中。根据埃里克森提出的人的心理发展阶段论，高中生正处于"自我同一性"建构的重要时期，这一阶段的心理发展任务要求学生结合个人变化、学校需求、社会要求和未来期待，对自己整个心理面貌进行全面、主动、深刻的认识，从而建立稳定的自我认同感。因此，引导学生从各个角度分析自我、正确认识自我十分关键。

---

　　* 扫描二维码可获得配套 PPT。
　　** 王钦荣，内蒙古包头九中专职心理教师、生涯教师；王凤霞，包头市青山区教育局考试中心。

二 教学目标

第一，引导学生了解兴趣、学业兴趣与生涯发展的关系。第二，通过活动指导学生探索自己的兴趣。第三，引导学生动态地看待兴趣和培养学习兴趣。

三 设计原理

兴趣对生涯发展有着重要的影响，一个人做自己感兴趣的事情会很愿意做好，兴趣是事业成功的动力。高中生了解自己的兴趣具有特殊的意义，会对他们从事的活动、学习的专业、选择的职业有导向性的影响。

本节课通过"自我兴趣十问""探究学业兴趣"等活动帮助学生探索生活兴趣、学科兴趣，探索它们内在的关系。引导学生以动态的眼光看待兴趣、培养兴趣和发展志趣。

四 学术概念

兴趣以认识和探索外界的需要为基础，是人们力求认识某种事物、掌握某种技能、从事某种活动的带有积极情绪色彩的心理倾向。

兴趣与认识、情感有着密切的联系。人的任何兴趣都是由于收获某些方面知识或者参与相关的活动而体验到情绪上的满足而产生的。若对某件事或某项活动毫无了解，我们是不会对它产生兴趣的。相反，当一个人对某事物有深入思考，反复探索，情感就会越丰富，才更可能对它产生浓厚兴趣。

五 现场教具

PPT。

自我探索

六　教学内容和环节

（一）生涯案例：毛豆的困惑

毛豆是某高中高一年级的学生，离确定选科决定的时间越来越近，毛豆却对未来越来越迷茫。当她看到身边的同学们都在兴致勃勃地讨论他们想要选择的科目和感兴趣的大学专业的时候，毛豆更是一个头两个大，因为她根本不知道自己喜欢什么、想要学什么。

原因是什么呢？毛豆自己觉得原因在于她根本没有时间去探索兴趣，每天埋在题海中奋战就已经很疲惫了，哪还有精力去干其他的事情呢。如果非要找到自己感兴趣的事，那就是"周末睡到自然醒"吧。苦恼的毛豆来到老师的办公室求助，在听完毛豆的倾诉后，老师说："兴趣并不一定就体现在休闲和娱乐活动中，它在我们关注问题、规划未来、体验成就的时候都有体现。"

在老师的提示下，毛豆逐渐发现原来自己在与朋友的交谈中更关注他人的感受，喜欢分享自己对社会热点问题的观点，总是能够通过交谈启发别人，这让她更加享受与他人的互动。她又回想起中考后的那个暑假跟同学一起去市红十字会做志愿者，看到她帮助的人们展露微笑，毛豆早就把辛苦抛之脑后了。原来，毛豆的兴趣早就藏在生活中了。

【教师提问】

第一，毛豆的故事对你有什么启发？第二，你的兴趣是什么？你是如何确定它就是你的兴趣的？第三，兴趣与学业和职业有什么关系？

【设计意图】

"兴趣"一词的吸引力在于它为拥有它的人带来了清晰的方向与动力。在感兴趣的领域、做感兴趣的事，我们更容易体会到愉悦和满足，更加积极主动，求知若渴，更愿意挑战自我、不畏艰难。了解与调控自己的兴趣是高中生走向成熟过程中的重要一环。通过案例分析，激发学生的兴趣与思考。

（二）生涯活动：自我兴趣十问

接下来让我们通过对日常生活的回忆与梳理来探索自己的兴趣所在，并试着找到兴趣与生涯选择的关联。请尽可能具体、详细地思考下列问题，并记录下你的答案。

【学生思考与分享】

第一，请列举三件在以往的生活经历中让你感到满足（开心）的事。描述当时的画面，是什么让你有这样的感受？第二，你在课余休闲时间最喜欢做的三件事是什么？其中是什么在吸引着你？第三，你在做哪些事情的时候感觉精神高度集中、时间瞬间而过？第四，生活中你最喜欢看什么书籍或电影？它们吸引你的地方在哪里？第五，平时你与好朋友的聊天主要有哪些话题？你对这些话题感兴趣的原因是什么？第六，如果仅是出于兴趣考虑，你最想学习掌握哪个领域的知识或技能？原因是什么？第七，在与人合作完成一项任务时，你通常在团队中承担哪类工作？第八，请列举出3个你感兴趣的职业，并说出它们吸引你的原因是什么。第九，上述问题的答案有什么共同点吗？请用几个关键词概括它们的共同之处。第十，你打算如何将上述关键词充分彰显在你的生活之中？

【教师提问】

兴趣有时隐藏于我们对日常点滴的思考与总结，在回答了以上问题后，你对自己的认识是否更进一步呢？如果回到一年前，上述问题的答案会有什么不同吗？这对你未来的学习与生活带来了什么启发？

【设计意图】

通过问题思考与分享，引导学生初步探索兴趣，了解自身兴趣在日常生活、未来规划中的表现形式，加深自我认识。

（三）生涯知识：兴趣的层次

兴趣以认识和探索外界的需要为基础，是人们力求认识某种事物、掌握某种技能、从事某种活动的带有积极情绪色彩的心理倾向。

自我探索

探索外界的需要是兴趣产生的内部动因。人的需求是多样且分层次的，在此基础上产生的兴趣也是多样的。人的需要的发展趋势是由低级需要向高级需要发展的，因此人的兴趣也是不断地由低级兴趣向高级兴趣、由物质兴趣向精神兴趣发展的。学业繁忙的高中生们常常由于休息和娱乐的需要未得到满足，而误以为它们是自己的兴趣所在。要知道，仅仅体验到愉悦和快乐并不是真正的兴趣，兴趣还涉及我们对精神世界更高的要求。[①]

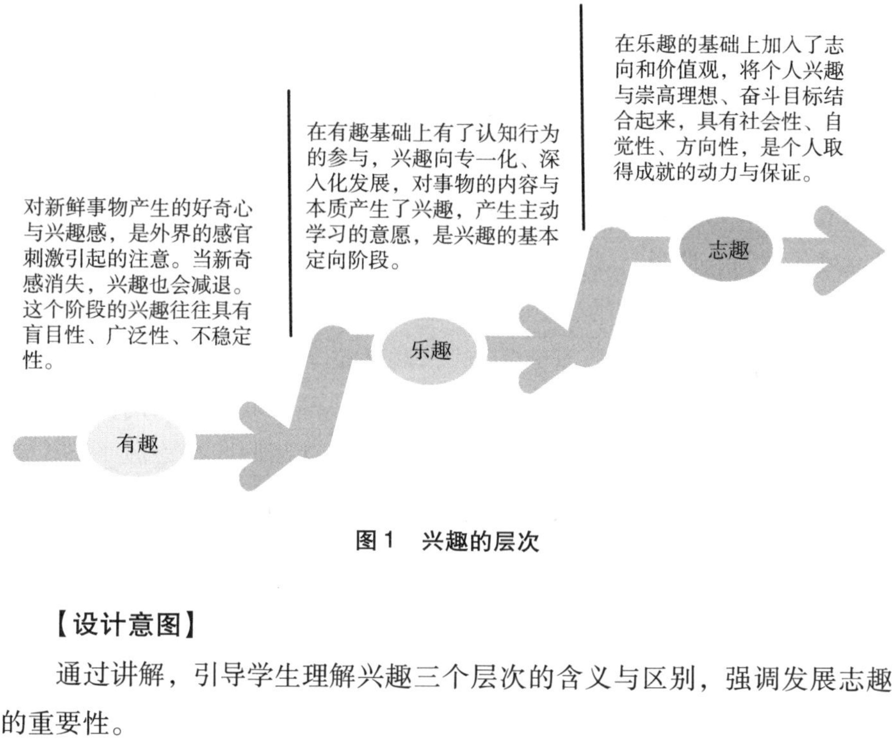

对新鲜事物产生的好奇心与兴趣感，是外界的感官刺激引起的注意。当新奇感消失，兴趣也会减退。这个阶段的兴趣往往具有盲目性、广泛性、不稳定性。

在有趣基础上有了认知行为的参与，兴趣向专一化、深入化发展，对事物的内容与本质产生了兴趣，产生主动学习的意愿，是兴趣的基本定向阶段。

在乐趣的基础上加入了志向和价值观，将个人兴趣与崇高理想、奋斗目标结合起来，具有社会性、自觉性、方向性，是个人取得成就的动力与保证。

有趣 → 乐趣 → 志趣

图 1　兴趣的层次

【设计意图】

通过讲解，引导学生理解兴趣三个层次的含义与区别，强调发展志趣的重要性。

（四）生涯活动：探究学业兴趣

心理学家皮亚杰说"所有智力方面的工作都要依赖于兴趣"。没有兴趣，

[①] 朱凌云：《生涯规划（高中）》，北京师范大学出版社2014年版。

· 255 ·

就不可能有对新知识的渴求。但很多兴趣并非与生俱来，需要我们不断拓宽认知、反复练习、体验成就才能慢慢产生，对学习的兴趣培养也是如此。一般来说，学习兴趣的发展也会经历有趣、乐趣、志趣三个阶段，如图2所示。

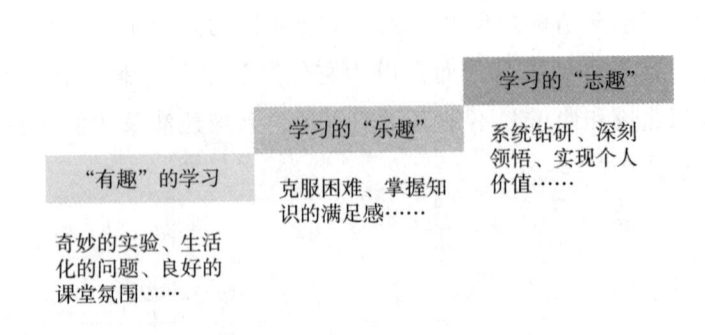

```
                                        学习的"志趣"
                    学习的"乐趣"        系统钻研、深刻
                                        领悟、实现个人
   "有趣"的学习      克服困难、掌握知     价值……
                    识的满足感……
奇妙的实验、生活
化的问题、良好的
课堂氛围……
```

图2　学习兴趣的层次

培养学习兴趣并非易事，这需要我们对自己的学习过程有比较清晰且准确的认知、监督与调节。[①] 当你判断自己对哪些学科、哪类知识更感兴趣时，你是如何做出这个判断的呢？是学科所包含的知识本身吸引着你？还是因为"亲其师而信其道"，对某位老师的喜爱激发了你学习相应学科的知识？或是想要通过拿得出手的成绩来获得他人的认可？又或是所学知识与你想从事的职业有密切关联？你的判断是来源于个人内部的因素还是来自外部他人或情境的因素？无论是内部还是外部原因，它是相对稳定的还是具有可变性的？只有澄清现阶段你对学业的态度，找到感兴趣或不感兴趣的原因，才能更好地发展它，如图3所示。

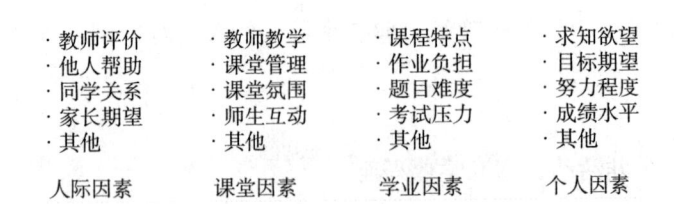

·教师评价	·教师教学	·课程特点	·求知欲望
·他人帮助	·课堂管理	·作业负担	·目标期望
·同学关系	·课堂氛围	·题目难度	·努力程度
·家长期望	·师生互动	·考试压力	·成绩水平
·其他	·其他	·其他	·其他
人际因素	课堂因素	学业因素	个人因素

图3　影响学习兴趣的因素

---

① 董妍：《学业情绪与发展：从学业情境到学习兴趣的培养》，安徽教育出版社2012年版。

自我探索

第一，学习过程中体验到的积极情绪会激发我们的兴趣与动力。请回忆你在学习中的快乐瞬间，根据上图分析引起你感受与想法的因素（可以不止一个），并填写表格（见表1）。

表1　　　　　　　　　学习的积极情绪记录

我感受到的学习快乐瞬间	我的感受与想法	引起快乐感受的因素

第二，学习的过程也许并不轻松，但伴随学习过程产生的每一种感受都有其意义。梳理你在9门学科的学习过程中的状态，根据上图分析引起你感受与想法的因素（可以不止一个），并填写表格（见表2）。

表2　　　　　　　　　各科目学业情绪分析

学科	学习新知识时的感受与想法	引起这样感受的因素	遇到学习困难时的感受与想法	引起这样感受的因素
语文				
数学				
英语				
物理				
化学				
生物				
历史				
地理				
政治				

第三，当学业情绪来源于一些不稳定的外界或他人因素时，我们往往会感受到它的不可控性，找到你不感兴趣的学科，分析引起你感受与想法的因素（可以不止一个），并试着完善你的学科兴趣培养计划，从变得

"有趣"开始掌控你的学业情绪（见表3）。

表3　　　　　　　　　　学科兴趣培养计划

不感兴趣的学科	
引起不感兴趣的因素	
学习这个学科的意义	
培养这个学科学习兴趣的计划	
本学期这个学科学习上要达成的目标	

【设计意图】

通过问题思考与记录，引导学生了解自身学业情绪的表现与成因，并有目标地培养自己的学业兴趣，学会监督与调控自身学习过程。

（五）本课总结

兴趣不等于能力，也不代表成就，而是无论遇到什么，都会产生动力的源泉。正处于自我认知不断发展时期的高中生，如何在成长与变化中认识自我？如何把自己的学习兴趣和职业兴趣结合在一起？如何使自己的兴趣具有可持续发展的可能？我们将在接下来的课程中一起寻找这些问题的答案！

◎ 理想探索*

搭建我们的理想大桥**

一 教学目标

第一，通过体验搭建理想大桥，激发学生对理想的思考，了解理想实现的基本过程。第二，通过颁布不同奖项的方式，认同搭建成果，提升学生的自我效能感。第三，通过思考、讨论等方式，掌握理想实现的方法并学会用此方法指导我们的生活，立足当下，用实际行动践行并逐步实现自己的理想。

二 设计原理

第一，基于大卫·库伯的体验式学习理论，学生通过实践体验学会抽象概括理想实现的过程。第二，结合积极心理学等理念，采用多元评价的方式通过颁奖仪式加深学生对理想大桥搭建过程的理解，更好地与自己心中的理想构建联系，促进生涯发展。

---

* 扫描二维码可获得配套 PPT。
** 运迷霞，上海市三新学校教师；朱红，北京大学教育学院副教授，博导。

三　现场教具

第一，每组一套多种不同颜色的彩笔。第二，每组多张 A4 纸。第三，每组 1 把剪刀。第四，胶水或固体胶棒。

四　教学内容和环节

（一）游戏热身

1. 《一元五角》游戏规则

第一，每位女生代表"一元"，每位男生代表"五角"。第二，所有同学一男一女分开围成一个大圆圈，主持人说开始，大家手拉手围着圈走。第三，主持人说出一个金额，所有学生在最短时间内找到同学抱在一起组成主持人要求的金额。没有找到朋友和组合数字不正确的同学表演节目。

2. 教师点评

同学们表演节目后，老师根据表演的节目进行点评。

【设计意图】

学习需要有情绪基础，积极情绪与学习效果正向相关，此热身环节充分调动了学生的学习热情；老师的点评为引出本节主题"理想大桥"做铺垫。另外老师们可以根据需要选择适合的热身游戏，如"梅花梅花朵朵开""小蜜蜂嗡嗡嗡""乌鸦、乌龟和乌贼"等。注意，热身游戏的时间不宜太长，以三分钟为宜。

（二）体验活动：搭建"理想大桥"

1. 游戏任务及要求（20 分钟）

第一，请小组全体成员参与游戏。第二，请每个小组用纸张搭建一座桥，这座桥不依靠任何外力可以独立支撑。第三，纸张可以被折叠、裁剪等，也不一定全部用完，可以使用剪刀、胶带、彩笔等其他道具。

【设计意图】

教育界流行一句话"教给他的会忘记，展示给他的会忘记，带他体验过的将终身难忘"，通过搭建"理想大桥"的体验让学生感受心中理想实现的过程，培养学生动手操作、沟通及自我觉察的能力。学生搭建过程中教师和助教们需要观察每个小组每位同学的表现，并稍作记录。此处若用报纸等材料需要的时间可为 25 分钟，若用吸管为材料约 20 分钟即可，若用扭扭棒等材料大约 15 分钟即可。建议使用纸张搭建，如图 1 所示。

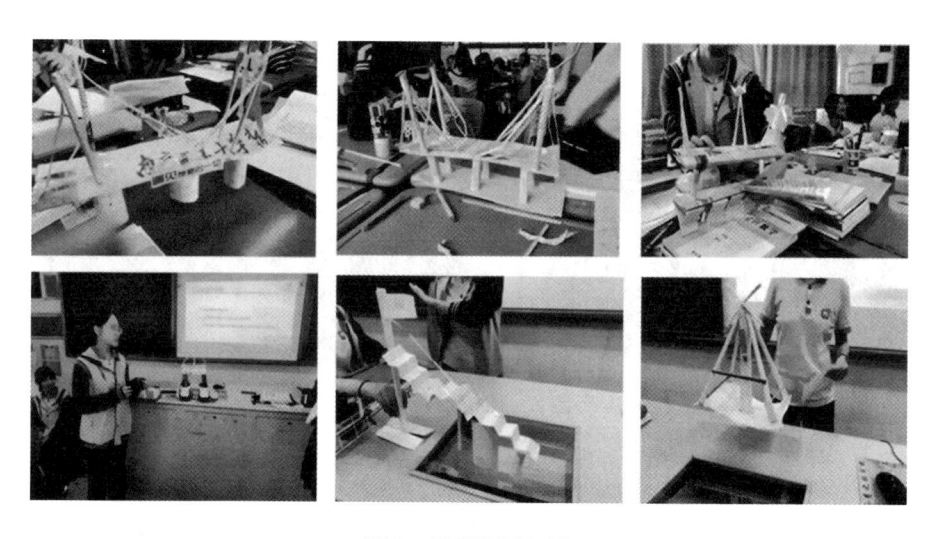

图 1　课堂场景记录

2. 各小组代表发言并展示（15 分钟）

第一，小组"理想大桥"的名字、设计思路和完成过程。第二，小组"理想大桥"搭建过程中有哪些成功经验及如何获得的？第三，搭桥过程与您心中理想实现过程有哪些相同之处？

【设计意图】

依据大卫·库伯[①]的体验式学习理论的基本过程（具体经验—反思观

---

① ［美］D. A. 库伯：《体验学习——让体验成为学习和发展的源泉》，王灿明、朱水萍等译，华东师范大学出版社 2012 年版，第 35—37 页。

察—抽象概括—行动应用），通过问题的形式带学生思考并概括自己心中理想的实现过程及注意的关键点，如搭建过程中需要考虑的优势特长、时间管理、资源分析、面对困难的态度等。

3. 颁奖仪式（5 分钟）

课堂场景记录，如图 2 所示。这不仅是一座可以让您构建自己心中理想大桥，也是一座使体验式生涯教育让更多人熟知乃至扬名大道的桥，更是一座让各位有所领获并通往幸福快乐之桥！

图 2　课堂场景记录

【设计意图】

根据积极心理学理论，由助教老师给每一个小组写好颁奖词并颁奖，颁奖过程的仪式感强化了理想大桥带给自己的收获。采用多元评价的方式，设置不同奖项，如标新立异奖、匠心独运奖、别出心裁奖、不同凡响奖、独树一帜奖、另辟蹊径奖、最佳团队合作奖等。这种多元的评价模式传递给学生的是一种多元看待人、事和物的视角，在未来生活面对问题时学生也可看到更多可能性。多元评价也给学生创造了一个安全的环境，增强学生自我效能感，有助于发挥其更大的创造性。

4. 布置作业结束课程（5 分钟）

今天课程中您自己以及同伴一起搭建了我们的理想大桥。

第一，请写出搭建理想大桥的主要过程及注意点。第二，请写下您的理想和理想实现的关键点。第三，在未来的理想实现过程中，您将如何运用今天的收获支持您?

【设计意图】

问题依据大卫·库伯的体验式学习理论的基本过程而设计。将体验搭建过程与心中理想构建联系,总结出心中理想实现的过程及关键点。

五　教师总结

理想是指路明灯,没有理想就没有坚定的方向,没有方向就失去前进的力量。我们每个人都需要有一定的理想,希望同学们能在理想的指引下明确前进的方向,在努力奋斗中早日实现理想!

六　补充材料

在设计本课例时涉及以下理论,现对其进行简要阐述,以供参考。

体验式学习理论:该理论源于杜威的"经验学习"即"做中学"的理念。后来大卫·库伯首次提出学习是一种基于精心设计的体验之上的社会化活动。即学习是体验的转换并创造知识的过程。他指出体验式学习的基本过程包括:具体体验、反思观察、抽象概括和行动应用。[1] 如图 3 所示。

积极心理学理论:积极心理学是 20 世纪末在西方兴起的一股心理学力量,由美国前心理学会主席 Seligman[2] 积极倡导并大力推动的心理学运动。与传统心理学研究关注心理问题和心理疾病等消极方面不同,它研究的基本内容有:积极情绪体验,积极人格特质,创造力和培养天才,积极的组织系统。

---

[1] D. A. 库伯:《体验学习——让体验成为学习和发展的源泉》,王灿明等译,华东师范大学出版社 2012 年版,第 35—37 页。

[2] Seligman, M. E. P., Csikszentmihalyi, M., "Positive Psychology: An Introduction", *American Psychologist*, 2000, 55: 5 – 14.

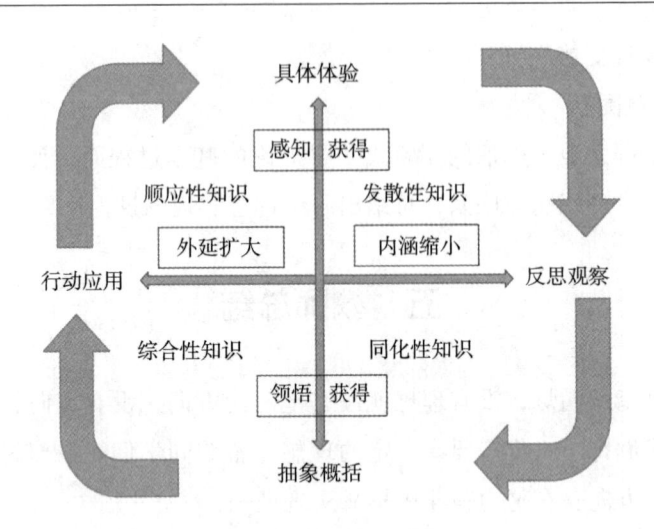

图3 体验式学习理论

自我效能理论：该理论是美国心理学家班杜拉（Bandura）① 于20世纪六七十年代通过对历史关系和传统行为主义的继承与批判提出的社会学习理论。它指个体对自己能够利用所拥有的技能成功完成某项工作行为的信念或自信程度。

---

① Bandura, A., "Self-efficacy: Toward a Unifying Theory of Behavioral Change", *Advances in Behaviour Research & Therapy*, 1977, 1 (4): 139-161.

◎ 大学探索*

高中生进大学体验，做材料专业小实验**

一　教学目标

第一，通过大学教授介绍、校园参观和食堂用餐，使高中生认识大学特点、大学专业和大学生活。第二，通过材料专业实验室参观和在老师指导下做小实验，使选择物理、化学学科的高中生认识大学学习特点，并了解物理、化学学科在大学与中学的不同。第三，通过填写活动学案，引导高中学生从多角度知己知彼，将高中学习与大学学习相连接，深度思考自己的发展方向和可能。第四，通过活动后与老师、家长沟通，进一步调整自己的目标和行动，以积极的心态学习和生活。

---

* 扫描二维码可获得配套 PPT。
** 刘凤芹，北京市朝阳区职工大学副研究员；闫明建，北京市第十七中学德育副校长；李树奎，北京理工大学教授、博士生导师，曾任冲击环境材料技术重点实验室主任，兼任深圳北理莫斯科大学材料系中方主任。

二　设计原理

新高考改革背景下，高一新生面临着学业适应、学科选择、学习成绩提高等多重挑战。学校应充分利用社会资源，组织学生开展适合的体验活动，促使他们认识大学、认识专业、认识自己、认识榜样，以建立适当的学习内驱力、自我效能感和清晰具体的目标，探索更多可能和机会，以便做出正确选择、决策和行动。强化学习动机与培养生涯规划能力，是高一学生进大学体验活动的设计初衷。

项目设计主要以活动理论和学习动机理论为依据，参考认知信息加工理论和成长型思维。在确定体验活动动机基础上，注重活动中学生目的的明确、动机的端正，注重活动设计方面目的与动作的一致、条件与操作的相符；围绕活动目标组织教学团队、准备所需要的工具和需遵守的相关规则，明确任务分工和协同合作方式以及活动结果呈现方式。

设计了专门的工具帮助学生进行认知信息加工，将活动过程转化为自己的积极自觉行动，强化训练知己知彼、探索机会、选择决策、制订目标计划、采取有效行动这五项生涯规划的意识和能力。具体见补充阅读材料部分。

三　现场教具

（一）环境

第一，大学校园。第二，大学实验室。

（二）工具

第一，大学实验设备。第二，"高中生进大学体验，做材料专业小实验"活动安排表（见表1）。第三，"高中生进大学体验，做材料专业小实验"活动学案（见表2）。

表1　"高中生进大学体验，做材料专业小实验"活动安排表（示例）

活动时间	活动内容	参加人	负责人	活动地点
8：00—9：20	讲座	全体师生		会议室
9：30—10：00	参观重点实验室			5号教学楼
分组实验（第1组）				
10：10—11：00	材料力学性能测试与钢的热处理实验	第1组		5#117—1
11：10—12：00	透射电子显微镜实验（原理与实操）	第1组		5#104
12：00—13：00	用餐体验			学校食堂
13：10—14：00	扫描电子显微镜实验	第1组		5#121
14：10—15：00	动态力学实验	第1组		5#122
15：10—16：00	金相组织观察与3D打印	第1组		5#217—2
分组实验（第2组）				
10：10—11：00	透射电子显微镜实验（原理与实操）	第2组		5#104
11：10—12：00	扫描电子显微镜实验	第2组		5#121
12：00—13：00	用餐体验			学校食堂
13：10—14：00	动态力学实验	第2组		5#122
14：10—15：00	金相组织观察与3D打印	第2组		5#217—2
15：10—16：00	材料力学性能测试与钢的热处理实验	第2组		5#117—1
分组实验（第3组）				
……				

表2　"高中生进大学体验，做材料专业小实验"活动学案（示例）

姓名		学校		班级	
时间		地点		班主任	
活动目标					

续表

活动内容	

带着问题参加活动

想解决的问题	是否解决	解决的途径和方法
1		
2		
3		
4		

活动过程记录与反思

	过程与收获	感悟与反思
听到		
见到		
闻到		
问到		
做到		

注：以上内容由同学在活动之前和活动现场完成

活动后的生涯认识与选择（与老师、家长沟通）

通过活动认识到	自己的能力	自己的兴趣	自己的价值观	自己的机会
结合	个人能力	个人兴趣	社会需要	家庭因素	大学、专业与职业
学科方向初选择					
大学与专业初选择					

活动后的目标与计划制订（与老师、家长沟通）

学业目标与行动计划	
学习能力提升目标与行动计划	

续表

综合素质提升目标与行动计划	
计划实施情况的评估与评价（学期结束时）	
自我评估与反思（行动与结果）	签名 日期
班主任评价	签名 日期
A 任课教师评价	签名 日期
B 任课教师评价	签名 日期
C 任课教师评价	签名 日期
家长评价	签名 日期

四 教学内容和环节

（一）活动内容

第一，参观校史馆，了解学校发展历程（可选项）。第二，听教授讲座，了解大学专业和招生及大学学习特点。第三，参观实验室，了解材料专业实验室特点。第四，动手做实验，体验材料专业实验与中学物理化学实验的区别，发现自己。第五，填写学案前半部分，记录所听、所见、所闻、所问、所做、所感、所思、所获。第六，回校后填写学案后半部分，知己知彼，探索机会，选择方向，制订目标计划，改进学习生活行为、行动。

（二）活动环节

1. 活动准备

（1）研究人员

以生涯教育研究课题联结大学与高中，主导设计高中进大学体验实验研究方案；与高中老师共同研制体验活动学案，并在活动开始前向学生说明如何填写学案。

（2）大学

学院或系部负责人提前与中学领导沟通，确定适合高中生的活动内容；准备好讲座内容和实验室参观讲解内容；向负责实验讲解的老师说明高中的要求和安全注意事项，组织实验指导老师设计适合中学生做的小实验。实验室负责人准备好实验室、实验用品和安全注意事项，确保环境安全。做好整体活动设计和安排，并提前一周发给高中带队领导，便于组织学生报名。将大学、专业资料准备好，发给高中学校。大学实验室一天一般能安排 25 名左右中学生分成 5 组做小实验。

（3）高中学校

学校负责人向高一老师和学生讲明活动的目的、意义和内容，动员有兴趣、有意愿、有需求、有优势的学生报名参加。班主任老师用以下问题启发学生思考自己是否应该参加：对这所大学和要去做实验的专业了解多少？如果去了，自己想得到什么？对于自愿报名参加的学生，老师要有意观察并记录他们在参加活动前后在精神面貌、自我管理、学业表现等方面的变化，了解他们在活动后对自己的认知、对大学及专业的认识。

（4）学生

提前查询有关大学和专业的信息，形成基本认识。结合对自己的认识，判断是否参加活动。报名参加的学生，在深入了解要去的大学和专业基础上，提前准备好问题，填到学案中"带着问题参加活动"栏。活动中主动思考、积极参与，遵守规定、确保安全，用好学案，实现跃升。

2. 讲解如何使用学案

完成体验活动学案是整个活动的重要一环。学案是学生记录活动内容、展示学习收获、进行认知信息加工的工具，填写学案的过程是强化学习动机、训练生涯规划能力的过程。

学案中活动过程记录与反思以上部分由学生自己在活动之前和活动现场填写。活动目标、活动内容由老师提前告知学生。其中，"带着问题参加活动"部分，学生提前查阅资料，整理出通过体验活动"想解决的问题"，围绕自己的问题认真参与活动过程的每个环节，并记下解决的途径和方法；"活动过程记录与反思"部分，记录下自己在活动中听到、见到、闻到、问到、做到的主要内容和收获，以及简要的感悟与反思。填写过程中主动与大学老师沟通，有问题随时提出。

在活动的各个环节都要注意认识自己的能力、兴趣、价值观，努力发现所参加活动的特点和规律，探索自己的机会。将自己的认识和探索填入表中，并与老师、家长、同学沟通。结合自己的认识、探索和对社会需要、家庭因素及大学、专业、职业等信息的了解，做出对高中科目和未来职业及大学专业的初步选择。任何选择都要通过目标、计划和行动才能变为现实。学生制订目标与计划是决定体验活动成效的关键因素，老师、家长要指导学生完成目标与计划制订，并帮助、督促其实施。

学期结束时，学生要对照目标、计划，对自己的行动和结果进行客观理性评估，并反思成绩和不足。班主任老师、与学生关系密切的任课老师和家长也要对学生目标、计划完成情况进行评价。可与学生学业述评结合，可召开共同参加体验活动的同学座谈交流会，开展同伴互评，家长、老师一起参加。

3. 活动实施

活动主要分为听讲座、互动交流、参观实验室、做实验、大学食堂用餐、填写学案六部分。第一，听讲座。了解大学的办学理念、育人目标、学校特色，学院的基本情况，专业的现状及未来发展趋势，用案例说明如何培养良好的科学素养。第二，互动交流。学生提问和讨论。第三，参观实验室。第四，做实验。学生分为4—6组，每组实验时间50—60分钟，按顺序轮换。第五，中午去学校食堂用餐，体验大学食堂。第六，填写学案。学生完成学案中"活动过程记录与反思"栏目以上内容，与大学师生交流。第七，活动结束，学生离开大学。回校后，学生继续填写学案的后半部分，学校老师给予指导和帮助。

五 课堂结语

同学们，今天的大学探索活动告一段落。在即将离开大学校园时，让我们对为我们详细介绍大学和专业、带我们参观校园和实验室、指导我们做专业小实验的大学教授和老师、同学表达衷心的谢意！

一天的活动丰富紧凑，每个同学都有不同的收获吧。现在，请各位同学闭上眼睛回顾一下：我今天听到了什么，看到了什么，做到了什么，得到了什么。如果想到了什么问题，还可以请在场的教授、老师解答。

今天活动的目的大家都有所了解。在大学的活动虽然结束，但同学们的中学生活刚刚开始。回去以后，请各位同学加强与老师、家长的沟通交流，认真填写学案，并再深入思考自己的人生方向和目标，建立成长型思维，改进自己的认知、态度和行为，以更加积极的状态投入学习和生活，创造属于自己的满意人生。

六 补充材料

（一）活动

在《活动·意识·个性》一书中，活动被作为心理学的重要概念提出。这里的活动，不只是抽象的、思辨形式的活动，更多是实践活动。主体活动过程的本质，是把主体同现实世界联系起来的过程，在这个过程中产生的仅仅是主体对现实的心理反应，是物质东西向观念东西的转化。连续不断活动在其以心理反映为中介的高级表现中形成着人的生活，通过分析从中可以划分出三点。第一，个别的（独特的）活动——以激发它们的动机为标准；第二，动作——服从于自觉目的的过程；第三，操作，它直接取决于达到目的的条件。①

（二）学习动机

学习动机是"引发和维持学习行为的内部状态"，或者是"学习者发现学习活动有意义、有价值并尽力从中得到预期学习收益的倾向"。可以根据学习者如下几方面的行为表现来推测其内在的学习动机状况。即学习者对学习活动的选择、学习者对学习活动的投入程度、学习者对学习活动的坚持程度。学习动机有三种成分包括认知的内驱力、自我提高的内驱力和附属的内驱力。认知的内驱力以获得知识和解决学业问题为学习的推动力量，自我提高的内驱力是指个体因自己的胜任力和学业成就而赢得相应地位的学习动力。有自我提高内驱力的学生往往将一定的成就视为赢得一定地位和自尊心的前提。这种动机成分不是指向学习本身，附属的内驱力是指个体为了得到教师或者他人赞许而产生的学习动力。学习动机的作用在于引发和维持个体的行为，以使其指向一定的目标。设置不同的目标对学生的动机有不同的影响。②

（三）认知信息加工

认知信息加工理论是基于在生涯问题的解决和决策的制定过程中大脑接收、编码、储存和利用信息与知识的理念而形成的一种理论，强调生涯问题的解决是一个认知的过程。认知信息加工理论基于八种假设，即生涯

---

① ［苏］阿·尼·列昂诺夫：《活动·意识·个性》，李沂、冀刚、徐世京等译，上海译文出版社1980年版。

② 王小明：《学习心理学》，中国轻工业出版社2009年版。

选择以人们如何去思考和去感受为基础，进行生涯选择是一项问题解决活动，生涯问题解决的能力以人们了解什么和如何思考为基础，生涯决策需要良好的记忆，生涯决策需要动机，持续进行的生涯发展是终生学习和成长的一部分，生涯发展在很大程度上取决于人们的思维内容和思维方式，生涯质量取决于人们对生涯决策和生涯问题解决了解的程度。① 认知信息加工理论的基本框架是认知信息加工金字塔。②

（四）成长型思维模式

终身成长理论重新定义了成功的思维模式——成长型思维模式如图1所示。成长型思维建立在"人的才能可以发展"这一信念基础上——你的基本能力是可以通过你的努力来培养的。成长型思维模式者还会拥有"一种能够准确评估自己的能力和不足的独特才能"。③

---

① 王本贤：《试析认知信息加工理论》，《教育探索》2009年第5期。
② 刘长江、尤扬：《认知信息加工理论及其辅导实践》，《沈阳师范大学学报》（社会科学版）2005年第5期。
③ ［美］卡罗尔·德韦克：《终身成长——重新定义成功的思维模式》，江西人民出版社2017年版。

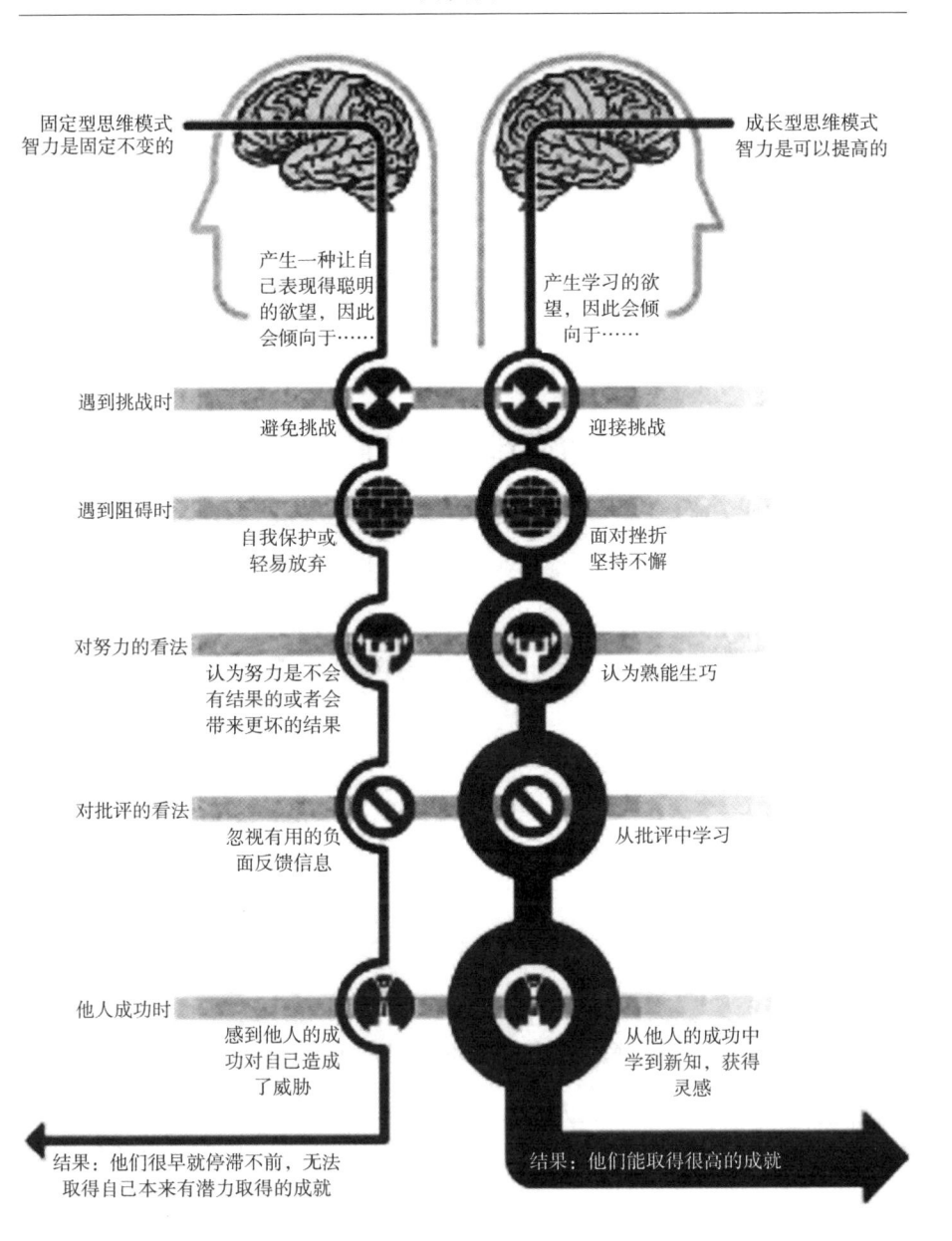

图 1　两种思维模式对比

固定型思维模式
智力是固定不变的

产生一种让自己表现得聪明的欲望，因此会倾向于……

- 遇到挑战时：避免挑战
- 遇到阻碍时：自我保护或轻易放弃
- 对努力的看法：认为努力是不会有结果的或者会带来更坏的结果
- 对批评的看法：忽视有用的负面反馈信息
- 他人成功时：感到他人的成功对自己造成了威胁

结果：他们很早就停滞不前，无法取得自己本来有潜力取得的成就

成长型思维模式
智力是可以提高的

产生学习的欲望，因此会倾向于……

- 遇到挑战时：迎接挑战
- 遇到阻碍时：面对挫折坚持不懈
- 对努力的看法：认为熟能生巧
- 对批评的看法：从批评中学习
- 他人成功时：从他人的成功中学到新知，获得灵感

结果：他们能取得很高的成就

◎ 职业探索[*]

我的理想职业[**]

一　教学目标

第一，通过调查身边人的职业，了解不同职业内容和要求，对学生进行生涯启蒙教育。第二，初步探索学生的职业兴趣，进行生涯探索和引导。第三，依托五年级语文学科资源，激发学生对成功职业生涯的思考。

二　设计理念

激发中小学生对美好生活的向往和未来职业的憧憬，是中小学生涯启蒙教育的重要内容。从现实来说，小学生对于职业的认识大多处于迷茫、朦胧的状态，本设计旨在把未来的职业拉到现实生活，以解决学生学习没有兴趣、缺少动力的现状。

---

[*] 扫描二维码可获得配套PPT。
[**] 蔡华玲，陕西省洋县城南九年制学校教师。

三 学术概念

以生涯教育促进教育公平，把生命意义问题渗透在学习过程中，让学生了解自我和世界，从而真正赋予学习内在的意义。

四 教学准备

学生准备。社会调查——身边的职业人。
教师准备。整合五年级语文上册学科资源，制作PPT。

五 教学过程

（一）生涯体验——身边的职业人

1. 教师引语

俗话说"三百六十行，行行出状元"，随着人工智能时代，数字化时代的到来，人们的就业方式更加灵活多变，当然远远不止三百六十行了。今天我们一起来进行"职业大搜索"，看看我们身边有哪些职业？同学们对身边的职业又有怎样的了解？

2. 活动规则

第一，小组讨论，说出所有知道的职业，薪资水平，工作要求。第二，由一个小组负责记录，写在黑板上。第三，其他小组负责补充，限时三分钟。

【问题提出】

你都知道黑板上的这些职业吗？这里有你的理想职业吗？

【设计意图】

通过头脑风暴的方式交流对职业种类的认识，拓宽职业视野，活跃课堂氛围，为生涯探索环节铺垫。

(二) 生涯探索——畅想未来理想职业

第一，教师提问。"凡事预则立，不预则废"，请设想一下自己未来的职业并且思考自己选择这个职业的理由，和大家分享。第二，教师价值引领。你认为选择这些职业除了考虑兴趣、工资报酬，还应该考虑哪些方面？第三，教师追问。你认为从事这些职业需要具备哪些能力？

【设计意图】

引导学生对职业进行深入分析，让学生对职业的选择与自己的能力关联起来。

(三) 生涯分享——成功人生生涯回顾

1. 书上的职业人

幻灯片呈现五年级第七单元所学三篇课文《慈母情深》《父爱之舟》《精彩极了和糟糕透了》以及主要人物。

中国当代著名作家，北京语言大学教授——梁晓声。

当代著名画家、美术教育家，现代中国艺术的代表性人物——吴冠中。

美国知名编剧、著名的畅销书作家——巴德·舒尔伯格。

【问题提出】

你认为他们三个人之所以能成功，身上有哪些可贵的品质和资源？如表 1 所示。

表 1　　　　　三人具备的成功特质（部分示例）

课文	《慈母情深》	《父爱之舟》	《精彩极了和糟糕透了》
生涯人物	作家——梁晓声	画家，教育家——吴冠中	编剧，作家——巴德·舒尔伯格
兴趣爱好	但我想有一本《青年近卫军》，想得整天失魂落魄……（酷爱阅读）	我什么时候能够用自己手中的笔，把那只载着父爱的小船画出来就好了（喜欢画画）	记得七八岁的时候，我写了第一首诗（写作兴趣浓厚）

续表

课文	《慈母情深》	《父爱之舟》	《精彩极了和糟糕透了》
个人努力	…… （认真写作）	我唯一的法宝就是考试，从未落过榜。我又要去报考无锡师范了 （努力学习）	不过母亲还是一如既往地鼓励我。因此我还一直在写作 根据父亲的批语，我学着进行修改，那时我还未满十二岁 （认真写作）
家庭支持	母亲却已将钱塞在我手心里了，大声对那个女人说："我挺高兴他爱看书的！" （母亲支持）	钱很紧，但家里愿意把钱都花在我身上 （经济支持）	我敬仰我的父亲。他是一家影片公司的重要人物，写好多剧本。根据父亲的批语，我学着进行修改，那时我还未满12岁 （家庭资源）

思考：从他们的成长中，得到了什么启示？

一个人的成功，源于兴趣爱好，离不开个人的努力，父母的付出以及家庭的支持。

2. 生活中的职业人

有一个人，他从小就对石头感兴趣；有一个人，他带着科研人员在全国范围勘测，开发油田，一举打破"中国是贫油国"的说法；有一个人，他的一生曾被毛泽东主席接见六次；有一个人，被"中国导弹之父"钱学森评价为当代中国科技界、知识界的一面旗帜。你知道他是谁吗？他是我国著名的地质学家；他是中国地质工作的重要开拓者之一；他是中国地质力学的创始人；他就是被誉为"中国地质之父"的李四光。

幻灯片呈现视频《百年百人——地质学之父李四光》，了解其成长经历和主要成就。

【问题提出】

第一，你认为李四光之所以受到人们的敬仰，他的身上有哪些可贵的品质？你从李四光身上看到了什么精神？

第二，如果把人生分为几个阶段，你现在处于哪个阶段？你愿意为你自己的未来做些什么努力？参考图1。

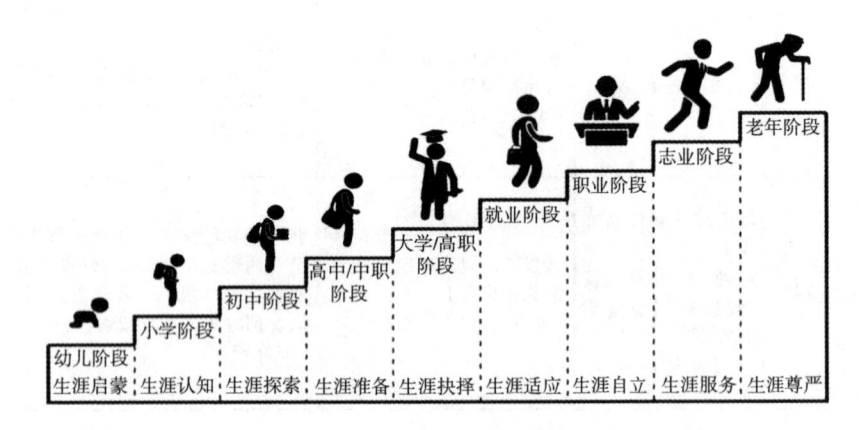

图1 生涯体验：生涯发展与规划

资料来源：黄天中：《生涯体验：生涯发展与规划》，高等教育出版社2015年版。

第三，你想成为什么样的人？你身边有哪些可以利用的资源？一是班级资源——向同学学习。二是学校资源——向老师求教。三是家庭（族）资源——向父母和亲朋好友咨询。四是社会资源——图书馆、博物馆、科技馆等。五是网络资源——高校网站、名人资料、行业信息等。

【设计意图】

依托五年级语文学科教学资源，引导学生对语文课本上人物的成长经历分析，激发学生对成功职业生涯的思考，探索学科教学与生涯规划的融合，初步引发学生对自我发展可能性的思索。

六　生涯感悟

俗话说："人无志而不立。"理想像一粒种子，种在"心"的土壤里，尽管它很小，却可以生根开花。美国爱默生有一句名言："一心向着自己目标前进的人，整个世界都会为他让路。"

孩子们，学会为自己理想的职业去努力吧！

【设计意图】

激发学生对美好生活的向往和未来职业的憧憬，进而落实生涯启蒙教育。

◎ 生涯唤醒*

生涯唤醒：我的这一生**

一 教学目标

第一，知识和技能。让学生意识到人生各个阶段将扮演各种角色，并初步理解这些角色。第二，过程和方法。让学生初步掌握通过对角色的分配来思考人生规划的方法。第三，情感态度和价值观。唤醒学生生涯规划意识，认识到人生规划是一个终身的话题。

二 设计理念

生涯统合了人一生，不同的年龄阶段都承担了一定的角色。舒伯[①]提出了生涯发展的五阶段：成长阶段（0—14 岁）、探索阶段（15—24 岁）、建立阶段（25—44 岁）、维持阶段（45—60 岁）、衰退阶段（65 岁以上），

---

* 扫描二维码可获得配套 PPT。

** 谢新秀，合肥市第七中学教师；王艳，星湾学校心理健康教师。

① Super D. E., "A Life-span, Life-space Approach to Career Development", *Journal of Vocational Behavior*, 1980, 16 (3): 282-298.

大致相当于儿童期、青春期、青年期、中年期和老年期。每个阶段都有一定的发展任务需要完成。舒伯后期又加入了生涯的角色理论，认为人在一生中扮演着几项主要的角色：学习者、休闲者、公民、工作者、持家者、子女。这几个角色活跃于人生的舞台——家庭、社会、学校、工作场所，在不同的阶段，个体在各个角色上所花的时间和感情投入是不一样的。生涯角色是生涯规划的底色，对角色进行思考、规划角色的分配，可以帮助个体唤醒生涯意识，进一步规划未来。

《中小学心理健康教育指导纲要（2012年修订）》指出，中小学生正处于身心发展的重要时期，在升学就业等方面会遇到各种各样的心理困扰；高中年级心理健康的主要任务包括在充分了解自己的基础上，确立自己的职业志向，培养职业道德意识，进行升学就业的选择和准备。高中时期正处于生涯发展的探索阶段，其主要发展任务是通过生涯探索的历程，增进生涯认知，并逐渐澄清其发展方向，以完成生涯计划和准备。而这个时期的很多高一学生对未来没有清晰的轮廓，只有个"考上大学"的模糊目标，只关注考出怎样的分数，容易在枯燥的学习中容易丧失信心和动力。同时，缺乏对未来的规划，也影响到个体将来的职业发展和一生发展。

本节课通过对人生几个阶段的模拟，引导学生思考人生中的几种角色，启发学生思考未来，唤醒学生的生涯规划意识。同时，也提醒学生珍惜当下，学会用发展的眼光去规划人生。

三　现场教具

绘图纸、水彩笔、磁力贴。

四　教学内容和环节

（一）导入

活动名称：进化论。

活动规则如下。第一，鸡蛋是完全蹲下的，小鸡是半蹲趴在桌上的，凤凰是完全站起来的。第二，通过剪刀石头布，获胜者由鸡蛋变小鸡，失败者继续留在鸡蛋状态。第三，小鸡找同类PK，获胜者变成凤凰，完成任务，失败者回到鸡蛋状态。

指导语：我们每个人都将从鸡蛋进化到小鸡再进化到凤凰，完成整个进化过程。当我们是鸡蛋时，请用完全蹲下的状态；当我们是小鸡时，请用半蹲的状态。为了区分，在半蹲时需要用胳膊趴在桌上。当我们进化成凤凰，就可以站起来了。

如何进化呢？通过剪刀石头布的方式和周围的人进行PK，获胜者从鸡蛋变小鸡，失败者原地不动；小鸡再找同类PK，获胜者变凤凰，失败者退回到小鸡状态。

音乐声响起，我们开始进化，音乐声结束，所有人停下来。不管有没有进化完成，请保持不动。

总结，这样一个进化的过程何尝不是我们人生的缩影？人的一生有着不同阶段，每个阶段都会经历挑战并获得成长，每个阶段都承担着不同的人生角色。今天我们就一起来探索一下，我们的这一生，将要经历怎样的角色呢？

【设计意图】

调动课堂氛围，引出"人生阶段"的话题。

(二) 主体活动

1. 介绍人生的六个角色

通过对现阶段角色的解读，介绍舒伯的六种生涯角色——学习者、工作者、持家者、子女、休闲者、公民。

2. 分组

将全班划分为5个组，分别是儿童组（0—6岁）、青春组（7—22岁）、青年组（23—40岁）、中年组（40—60岁）、老年组（60岁以上）。（说明，青春组的年龄包括少年时期和青春期，这两个阶段都处于个体重要的学习时期，为了后面的角色分配，故将这两个时期合并为一个小组，统称为"青春组"。）

教师通过带领学生做一分钟冥想，"请大家闭上双眼，现在我们坐上时光机，或回到过去，或飞向未来……来到了我所属的年龄阶段，此刻，我的容貌发生了怎样的变化，我将有怎么样的人生状态？（停顿）让我们做个深呼吸，当我数到三，我们将穿越到新的时空，3—2—1，睁开双眼。欢迎大家来到新的时空"，通过冥想帮助同学们从心理上快速适应本组的年龄。

3. 任务一：模拟人生，角色分配

第一，教师布置任务，先以自己为例，做个简单的介绍。第二，小组讨论该年龄阶段角色的投入比例，画出饼状图。讨论和画饼状图时间为五分钟，再用一分钟的时间讨论出"一句该年龄段的人生感言"，发言人上台介绍饼状图之后，发言人带领本组人齐读本组的人生感言。第三，提醒学生，我们的时间比较紧迫，只有六分钟的时间，希望大家快速讨论，给出结果，每个小组需要选出一名发言人和一名助手。

总结，每个年龄段的人都展示了我们在这个年龄的角色分布，总结出每个年龄的人生任务，发出了人生感悟。随着年龄的增长，我们所承担的角色也越来越多、越来越丰富，我们的人生也因此而变得丰富多彩。回顾过去，展望未来，我相信每个人都有无限感慨和无限期望，让我们带着这些感慨和期望进入第二个任务。

4. 任务二：跨越时空，真诚对话

第一，通过两分钟的小组讨论，选择比自己年长的小组，说一句"想说的话"，或者选择比自己年幼的小组，说一句"想说的话"。第二，每个小组派出一名代表，同时上台，握住你想对话的人的手，真诚交流。

总结，大家对过去和未来都发出了感慨，给出了忠告，未来是美好的，但是生活充满了变数，只有不断地规划、调整，才能真正实现我们所期待的美好未来。

（三）总结和升华

我们今天的分组，大致对应了舒伯的生涯发展的五个阶段。回归现实，我们这个年龄正处于生涯发展的第二个阶段——探索时期。在这样的时期，我们既要通过学校的学习不断地认识自我，也要对未来进行初步的规划。今天我们一起对人生不同阶段所承担的角色进行了思考，更加明晰了自己想要的人生；我们通过跨越时空的对话，说出了对未来的美好期待，也对过往有了人生感悟，更对当下有了坚定的信念。时间有限，我们的心理课快要结束了，但是美好人生还在继续，愿我们，既能放眼未来，也能把握当下，扮演好我们自己的人生角色！

◎ 生涯态度*

以不变应万变

——探索我的生涯态度**

一 学情分析

第一，作为新高考改革的学生，多数学生在课堂调查中表示这不是一件幸运的事情，因为未来充满不确定性和挑战，因为拥有选择却缺乏选择的能力，他们感到很迷茫。

第二，过去的成长历程对未来职业发展有极大的影响，成长历程不同，生命故事不同，面对生涯选择、转换和发展等问题，学生有不同的态度。

第三，受到生涯的不确定性和过去成长历程的影响，有些学生具有消极的生涯态度，不相信人生道路掌握在自己手中，缺乏生涯发展的信心和面对未来生涯困境的勇气。对未来没有什么规划，只是被政策逼着往前走，随波逐流。

---

* 扫描二维码可获得配套PPT。
** 刘娟，深圳市新安中学（集团）高中部专职心理与生涯教师。

二 设计思路

基于 Super 和 Knasel 的生涯适应性结构和 Craver 和 Scheier 的与行为自我调节有关的乐观主义观点的扩展而发展出对生涯未来的积极生涯态度的观点和相应测量，积极的生涯态度包括生涯适应力、生涯乐观主义和对工作市场的感知。[①] 对于高中生来说，具有积极生涯态度的学生会主动适应各种变化、乐观面对生涯中的挑战与困境，积极进取并满怀信心看待未来生涯。具有积极生涯态度的个体在生涯探索和规划方面会更加顺利，更可能做出生涯决定，并具有更多的生涯目标，因为积极生涯态度的个体更可能预见好结果的发生，因此他们会在生涯探索和规划中更努力。

本节课由小球赛跑的视频导入，让学生联想到生涯过程的不确定性和变化，再通过了解一些人物的生涯故事，引发共鸣，体会不同生涯态度对生涯历程的意义；并以生命树为载体探索自我生命故事，引导学生从中找出积极意义，让学生对未来生涯发展，保持主动、乐观、积极的态度，增强生涯信心。

三 教学目标

（一）知识与技能目标

了解生涯历程的不确定性；认识积极的生涯态度对生涯历程的意义；统整自我生命中的重要事件，梳理自我的正面与负面的生命故事对生涯历程的影响。

---

① Super, D. E., Knasel, E. G., "Career Development in Adulthood: Some Theoretical Problems and a Possible Solution", *British Journal of Guidance and Counselling*, 1981, 9 (2): 194 – 201; Carver, C. S., J. G. Gaines, "Optimism, Pessimism, and Postpartum Depression", *Cognitive Therapy & Research*, 1987, 11 (4): 449 – 462; 吴小秀:《大学生亲子依恋、积极生涯态度和生涯未决的关系研究》，硕士学位论文，首都师范大学，2007 年。

（二）过程与方法目标

学会应对生涯历程中的挑战和困境方法；学会发挥自己的优势，并从负面生命经验中寻找积极意义。

（三）情感、态度与价值观目标

培养学生主动适应、乐观、积极进取的生涯态度，使学生对未来的生涯充满信心和希望。

四　教学方法

小组讨论、合作探究、视频、绘画。

五　教学过程

（一）导入：预测小球的生涯

首先请大家来玩一个游戏，老师准备了红、黄、蓝、绿、黑、白6颗小球和一个木制轨道，现在我们将6颗小球从起点同时出发，请大家一起来预测小球的生涯，猜猜哪一颗球会最先到达终点呢？

【提出问题】

第一，结果是否跟大家预测的一样呢？

第二，同学们有没有注意到名次改变了几次？

第三，那同学们觉得小球赛跑过程中名次的不断改变跟我们的生涯有什么相似之处？（很多同学回答道我们的生活也总是充满不确定性和变化的，包括在学习上。）

第四，你最像哪一个小球呢？

（有同学说自己最像黄球，初一时是年级一两百名，后来经过努力变成中考是全校前二十名，并顺利考入理想的高中。）

我们的生涯历程也如这些小球在轨道滑行一般，过程充满不确定性和变化，可能会经历各种曲折，最终的结果也难以预测。但就像刚刚同学说到的那样，他能在中考中实现弯道超车，一定跟他面对中考的态度有很大的关系，未来生涯中还会有很多挑战与变化需要我们去面对。

那我们该以怎样的态度来面对未来生涯呢？这节课就一起来探讨这个话题。

（二）展开：倾听他人故事　感悟自己人生

请大家来了解一位人物的生涯故事，猜想他的生涯历程。

2008年，《人民日报》及多家中央媒体报道一个"千里背母上大学"的事迹，在社会上引起了强烈反响。这个故事的主人公叫刘秀祥，来自贵州一个偏远的贫困山村，他四岁时，父亲不幸病故，母亲精神受到重创，患上了间歇性精神病，生活不能自理。随后，哥哥姐姐因不堪窘迫的生活而相继离家，至今杳无音讯，生活的重担一下全落在幼小的秀祥身上。他与患有精神分裂症的母亲相依为命，一边照顾带病的母亲，一边打工求学。2008年参加高考，考上了山东省临沂大学，他又毅然带着母亲来到了山东。

大学期间，刘秀祥一直都一边照顾生病的母亲，一边打四份工来维持生活，不接受外界的资助。同时，他还为许多在校学生联系兼职工作，为贫困学生减轻家庭负担。刘秀祥，他对母亲不抛弃，对学业不放弃，在如此窘迫的环境里坚强地走了出来。

2012年7月，刘秀祥大学毕业，有来自北京、西安、南京、深圳及山东等多家企业为他提供了优厚的工作岗位，但是，他最终都拒绝了，他说因为家乡教育还不发达，他选择回来做一名教师，为家乡的教育事业做一点力所能及的事。在做好教学的同时，他还抽出时间到各乡镇学校作"孝老爱亲，自强自立"报告，他的报告感染和影响了许多人。刘秀祥说："我能走出去，大家也一定能走出去，现在条件艰苦一点，不要怕，只要有梦想，有行动，未来一定会更加的美好，我们每个人都在努力，为自己，为家人和家乡。"刘秀祥目前是贵州省黔西南州望谟县实验高中党总支副书记、副校长，2020 年 9 月 10 日，荣获 2020 年"最美教师"称号，2020 年，入选感动中国 2020 年度人物候选人名单；2021 年 4 月 27 日，被中华全国总工会授予 2021 年全国"五一劳动奖章"荣誉称号。

——资料来源于《人民日报》、央视等多家媒体

【提出问题】

第一，听到这个生涯人物故事，你有哪些感想？

第二，生涯历程也不可能是一条直线，过去我们经历过逆境和挫折，未来也一定充满挑战，回顾自己的过去，你通常是怎样去面对那些曲折的境遇呢？未来，你又该拥有怎样的态度？如何去修炼自身，才能让自己更加积极呢？

当然每个人的成长经历都不同，在成长过程中受到不同的生命故事的影响，这些是我们生涯规划时的重要影响因素。

（三）深入：绘制我的生命树

1. 绘制"我的生命树"，回顾自我成长历程与生命故事

请大家在纸上画一棵属于自己的生命树，在树干上写上自己的年龄，用树枝代表生命中的重要事件，而树枝越长越粗代表该事件对自己的影响程度越深，在树叶上写上那些具体事件是什么，在左方写上正面的经历或故事，右方写上负面的经历或故事，如图 1 所示。

2. 分享自己的生命树与生命故事

请同学们分享在自己的生命树中，对你影响最大的事件是什么？这些事件对现在的你和未来的生涯有怎样的意义？

通过同学们分享的自身的故事，我们发现无论是正面的、愉快的生命经验，还是负面的挫折经验，积极去适应它、乐观面对挑战、主动进取，充满自信，这样的生涯态度才使得我们更好地战胜了困难，获得自信和成长。

我们所遭遇的困境和经历，都会成为生涯历程中的一笔财富，从中都

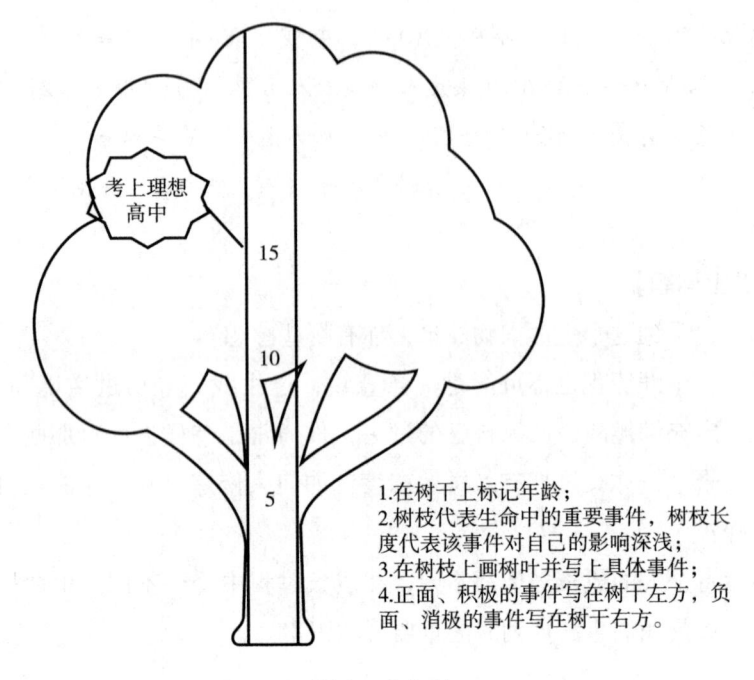

[图示：生命树，标注包括"考上理想高中"、年龄刻度 5、10、15]

1. 在树干上标记年龄；
2. 树枝代表生命中的重要事件，树枝长度代表该事件对自己的影响深浅；
3. 在树枝上画树叶并写上具体事件；
4. 正面、积极的事件写在树干左方，负面、消极的事件写在树干右方。

图 1　生命树

可以挖掘出积极的意义。积极的态度有助于我们达成目标，在未来的职业生涯领域更幸福、成功。

（四）升华：用积极的态度浇灌生命树

面向未来，带着积极的生涯态度，你觉得自己的生命树会如何继续发展呢？请你继续绘制未来生命树，可以写下你的梦想，让它成长为你希望的样子吧！

请小组内的同伴给自己的生命树"浇浇水"，良好的人际支持是生命树屹立不倒的保护性因素。请互相交换自己的生命树，在对方的生命树旁边写上一些鼓励和祝福！同伴的支持可以让我们的生命树更加茁壮成长！

六　总结

积极的生涯态度可以决定我们的人生高度，面对模糊不确定、充满变化的未来生涯，愿大家能用不变的信心、希望、爱和勇气战胜挫败和逆境，应对所有变化，让我们的生命树屹立不倒！

◎ 生涯体验*

生存挑战

——做一个自食其力的劳动者**

1972年联合国教科文组织国际教育发展委员会在《学会生存——教育世界的今天和明天》中首次提出了21世纪教育的口号"Learning to be",将"学会生存"作为当代教育改革与发展的重要任务。[①] 2020年7月,教育部印发了《大中小学劳动教育指导纲要（试行）》,提出,当前实施劳动教育的重点是在系统的文化知识学习之外,有目的、有计划地组织学生参加日常生活劳动。让学生动手实践、出力流汗,接受锻炼、磨炼意志,培养学生正确的劳动价值和良好的劳动品质。[②] 生涯教育可以将社会生活和职业世界的信息融入学生的学习生活中来,帮助其认知自我、探索外部世界,发展个人兴趣,挖掘自身能力和性格特点,培养看到更多可能性的心

---

* 扫描二维码可获得配套PPT。

** 朱红,北京大学教育学院副教授,博导;解启健,西交利物浦大学党委副书记,北京大学教育管理博士。

[①] Thomas, A., "Learning to be: The World of Education Today and Tomorrow", *Education Canada*, 1973, 13 (4): 9–11.

[②] 教育部:《教育部关于印发〈大中小学劳动教育指导纲要（试行）〉的通知》,2020年7月9日, http://www.moe.gov.cn/srcsite/A26/jcj_kcjcgh/202007/t20200715_472808.html。

智模式，为未来职业生涯和个人生活做好准备。

当代中学生大部分是在父母的关怀与呵护下成长起来的，在家庭中获得的劳动锻炼较少，与社会接触机会也相对缺乏，对劳动、职业、生存等概念的理解较为书面。除书本知识外，学校也要注重培养学生的劳动能力，让孩子走出父母的温室，走进社会，获得劳动的成就感，体验真实的、丰富多样的生活。

"生存挑战"活动主要是让学生使用有限资金，凭自己的能力寻找到"自食其力的工作"，在当地能努力生存一天。该活动主要借鉴陶行知、舒伯的理论思想，希望打通学校与社会之间的高墙，把学校的外延扩展至广阔的社会与自然当中，将社会力量运用到教育中去，发挥社会的教育功能，让学生们更好地适应现实生活的挑战和变化。

同时，该活动采用小组合作形式，鼓励学生们扮演不同的角色，认识自己的兴趣、能力和职业社会价值，能够在团队合作和协作中互相支持和协作，共同面对各种困难和挑战，培养自己的实践能力、创新思维、团队合作精神和问题解决能力。该活动作为一堂生动的职业生涯体验课，将支持学生获得行业相关知识，锻炼自己的实践能力。为学生今后的生涯发展提供鲜活的素材储备。

通过活动的实践与体验，学生们可以探索和尝试自己的生涯发展，在真实、多样的生活情景中，锻炼自己的决策能力。这将帮助他们在择业尝试中思考需求、兴趣、能力和机会，并逐渐形成对职业发展的认识。

2020年1月12日北京大学教育学院"生涯教育"项目组曾携手北京外经贸大学附属中学成功举办过本活动，获得了家长、学生和学校的高度赞赏。活动总结过程中，大家有很多感动的分享。其中一位同学说：

通过这次活动，我经历了好奇，失望，挫败，饥饿，坚持，气馁，希望，付出，丰收和喜悦，百感交集。同学之间团结协作，互相鼓励，不轻言放弃，这段经历让我终生难忘。我也有以下几点体会分享：

一是学会感恩。这次活动得到了北大、学校领导和老师、家长们的帮助和鼓励，得到这么多机构给大家的支持和包容，让我觉得要心存感恩，将来要懂得回报。

二是学会尊重。通过生活中的角色互换，服务与被服务，体会到劳动者的辛苦，我会对他们更多一份理解和尊重。

三是学会珍惜。体会到收入的来之不易，父母的辛苦，也学会了计划着花钱。珍惜劳动成果，不浪费，且行且珍惜。

四是学会坚持。虽然经历多次失败，但是同学们没有放弃，并且最终完成了任务。我相信今后无论再遇到什么样的困难，我都会以这次的经历做榜样，坚持不懈！

参加活动的一位家长志愿者现场分享：这一天，五个孩子一共赚了110元钱。过程当中他们体验了好奇、失望、挫败、饥饿、坚持、气馁、希望、付出、丰收和喜悦，人生第一桶金的艰辛和喜悦一定会让孩子们终生难忘，更深刻地理解学习与生存的意义！对日后学习和职业方向有远大的意义！

一　教学目标

（一）劳动实践与体验

学生们通过亲身劳动实践和体验，能够更深刻地理解不同职业的人群，尊重劳动；为学生提供了一个独特的机会，应用所学知识和技能，通过自己的劳动付出和创造力，在现实生活中应对挑战并取得成功。

（二）创新与创业

我们鼓励学生发挥创新思维和创业精神，在有限的资源下寻找新的机会和解决方案。通过这个活动，学生们将面临经济、社交和创业的实际情境，培养他们的创新能力和创业意识。

（三）团队合作

生存挑战活动将学生分组，强调团队合作和协作的重要性。学生们需要共同制定策略、分工合作，并共同面对各种困难和挑战。通过与他人的互动和合作，他们将学会倾听、沟通、妥协和共同努力达成目标。

（四）知识与技能的应用

生存挑战活动旨在让学生们将所学的知识和技能应用于实际情境中。他们需要研究当地的综合信息、了解市场需求，并运用自己的知识和技能寻找适合的机会。通过实践，他们将更深入地理解和应用所学的知识，提升自己的能力和自信心。

（五）价值观与社会责任

我们希望通过这个活动培养学生们正确的价值观和社会责任感。活动鼓励学生尊重劳动、尊重他人的努力，同时也提醒他们感恩父母和回报社会。我们希望通过这个活动激发学生的社会意识，让他们明白自己的行动对社会和他人有着重要的影响。

二 活动准备

为保障活动顺利开展，学校与相关教师需要在活动开始前一周内，完成准备工作。

1. 确定活动区域：对存在生存挑战的区域进行选定和考察。

2. 确定参加的学生人数和小组数量，征集跟组的志愿者。对跟组的志愿者进行分组，建立微信群，并提前进行培训，明确职责，包括通讯设备充电；在活动前了解简单医疗急救知识；夏天需准备防中暑药品，如藿香正气水等；冬天注意保暖装备。

3. 与参加活动的学生家长签订《户外活动安全协议》，见附录一。

4. 提前打印《安全事项表》，活动当天发给学生，见附录二。

5. 为学生购买当天的人身意外险。

6. 为每个小组提供一到五元的启动资金，并准备一份当地城镇地图。

7. 通知学生活动当天可以带上手机。

三　活动环节

"生存挑战"活动中，学生们将分成小组，在规定时间内，利用启动资金，通过合理合法的渠道赚取生活资金或者食品，在城市中成功生存一天。

（一）活动时长

一天（建议当天不吃早餐，尽早开始活动）

（二）活动地点

学校所在的当地社区。

（三）活动流程

1. 到校集合（建议上午 7：30 - 8：00）
2. 活动动员

负责教师通过导入故事激发学生对本次活动的兴趣，鼓励同学发扬不畏艰险的精神，挑战自我、超越自我；同时提醒以生命安全为第一位，不鼓励为了冒险而冒险。

导入故事：有个美国的小男孩，八岁的时候，读过"80 天环游世界"这本书之后，他很好奇：我能不能用 80 美元环游世界？在他 26 岁那年，他带着 80 美元开始了他的环游世界的旅程。他做到了！

为了实现这个梦想，他认真制订了计划，准备工作也做得非常充分。

他在一张纸上写下了他的策划：

- 领取一份可以上船当海员的文件；
- 前往警察局申领无犯罪证明；
- 考取一个国际驾驶执照及获取一套地图；

- 与一家大公司签订合同,为其提供所经国家和地区的土壤样品;
- 与一家航空公司签订协议,拍摄相片为公司做宣传,换取免费搭机。

在旅途中,他还善于利用自己的技能和知识,与他人分享,完成自己的小目标。

- 在加拿大巴芬岛的一个小镇用早餐时,他为厨师和服务员义务拍照,获得了免费早餐。
- 在爱尔兰,花费4.8美元购买四箱香烟,并用其中一箱香烟作为费用送给司机从巴黎到维也纳;用了四盒香烟作为费用,获得免费搭乘列车从维也纳到瑞士。
- 向伊拉克一家运输公司的经理和职员提供了自己拍摄的照片,获得免费乘坐前往伊朗德黑兰的火车;
- 在泰国,向酒店老板提供了所需的信息,受到了国宾式的待遇。

通过与全世界各地的交流、品尝美食和体验文化,他也获得了宝贵的经历和深刻的体验。

真正的财富不在于金钱的多少,而是在于我们对生活的热爱和对未知的勇气。人生就像一场冒险,需要我们敢于追寻梦想、克服困难;需要我们为自己定下目标,坚定不移地走下去,需要我们善于利用自己的知识和技能;需要我们学会分享与合作。

今天,我们向同学们提个挑战:我们能不能自力更生,自己养活自己一天?今天这个活动,我们会给每个同学发五块钱,五个人一个小组,看大家能不能,靠劳动、靠知识、靠智慧、靠勇气,挑战自己?

试试看!利用五块钱,你们可以过上什么样的一天?

3. 小组团队建设

教师组织学生进行分组,建议每组不超过5人。

给各位同学发放启动资金;告知返校时间。

分组结束后,学生完成表1,并自行组织小组会议,讨论确定队名、口号、组长以及组内成员分工,可以研究城市地图、了解当地的经济特点和市场需求，并规划自己的行动方案。

讨论期间老师们和项目组成员进行巡视并提供解疑答惑和现场支持。

小组交流讨论建议30分钟；之后各组分享队名、口号，为自己加油。

表1　　　　　　　　　小组成员及助教老师联系表

组名：

序号	职称	姓名	学号	手机号
1	队长			
2	队员			
3	队员			
4	队员			
5	队员			
家长志愿者				
助教老师				

（四）返校总结

各小组返校后，准备分享内容（鼓励多形式汇报，如，海报、PPT、文字讲稿等，学校需要准备相关材料供同学们选择）

各成员概述自己今天的经历、收获和感受，并分享在活动中发现的小组成员的美好特质（参照表2）；

志愿者分享今天的观察与感受，尽量覆盖小组内的每位成员；

学校领导、老师和家长进行点评和总结（可根据现场情况考虑是否需要设置颁奖环节）。

表2　　　　　　　　　　小组自评表

评价内容	评价标准	自评得分	发生的具体事例
人身安全	全体组员没有重大伤害，走失；安全返回校园		

续表

评价内容	评价标准	自评得分	发生的具体事例
诚信精神	没有说谎、欺骗等行为		
团队精神	民主协商；互相照顾		
不畏困难	面对挑战、困难，有毅力，不畏惧		
创新创意	体现小组成员的个性特点和能力		
财富使用	合情合理合法使用财富		
解决问题	善于思考决策，能智慧地解决遇到的问题		
其他标准	（可自行添加重要的其他标准）		

注：每项满分10分，小组与志愿者讨论后自行评分；要以活动过程中的故事为依据，呈现在表格上。

（五）成果展示

为更好地宣传此次生涯教育体验活动，推动生涯教育成果落地，可以将同学们在活动中的成果通过多种形式进行展示。主要途径如下：

1. 学校的官方微博、微信公众号、官网；
2. 在班级、年级或全校张贴海报展示；
3. 制作活动纪念册、纪念视频等；
4. 将文章类成果汇编成集或在相关刊物发表等。

四 活动难点

活动难点首先是安全的顾虑。考虑到学生是未成年人，提前需要家长签署户外活动免责协议；同时为更好地保障学生的人身安全，活动以团队形式进行，并建议有家长志愿者参与。最后，学校为学生购买意外保险。

第二个难点是如何提升学生对本次活动的兴趣。建议动员环节的导入故事增强趣味性，用挑战性的问题激发学生的好奇和探索精神，减少长篇大论的说教。

第三，如何在过程中减少志愿者对学生的过度保护和建议，最大程度保证学生的自主性和创新性。本次活动的风险并不高于日常生活，因此在活动中志愿者不应过度干涉学生的行为。建议对志愿者培训中加强本次活动理念的讲解，以及志愿者职责的强调（见表3）。

表3　　　　　　　　　　志愿者工作职责说明

支持人员	工作内容	注意事项
家长志愿者	1. 不得以任何形式参与学生的挑战任务，即便遇到挑战和困难，也不能参与表态。 2. 负责拍照，观察并记录活动中学生的美好特质和发生的感人故事。 3. 保障学生安全。在遇到危及生命安全的时候，及时干预小组行动，一切以学生安全为首要责任。 4. 在微信群中反馈小组动态，遇到紧急问题及时进行沟通处理。 5. 不在自己孩子所在小组担任志愿者。	不得参与任务。做好应急预案。
助教老师	1. 统计各小组人员签到情况 2. 提醒学生返程时间 3. 通过微信群与家长及时沟通。	

第四，避免用单一的标准对活动结果进行评价。本次活动的教育目标是多元的，因此评价标准也应该是多元的，要注意避免用"挣了多少钱"的单一标准评价学生。在活动总结、分享环节中，要多让学生表达自己的感悟，积极强化学生的能力和素质。

五　教学反思

（一）生涯教育与学生发展

"生存挑战"活动可以让学生们获得了许多书本上学不到的东西，在与社会接触中得到淬炼、成长，这也促使老师和教育工作者们进行教学反思：

有时候，学校和老师是否对学生过度保护、要求过于片面。在教育中，虽然需要强调学生要专注在学业上，但也没有给予其更多的机会或信任让他们展现自己，体验生活。实际上，学生们终究要走入社会。如果他们在学校里只闷头读书，两耳不闻窗外事，不了解外部的职业世界，那么，他们对自己未来的发展可能会缺乏一定的准备，不利于今后的职业生涯发展。

因此，在教育教学工作中，要学会从更长远的角度思考学生的成长，给予学生更多的机会自主思考、自主决策，指导学生获得专业知识与实践技能的全面发展。

（二）生涯教育与学科融合

生涯教育不是一个务虚的概念，它与各学科相关，与生活实践相连。结合此次活动，不难发现，生涯教育与学科教育的融合问题需要教师进一步思考如何将小技能整合成大技能，将零散的知识提炼成核心知识，知行合一，将所学所得用在现实生活中。相关学科所涉及的可以应用在该活动中的主要知识点罗列如表4所示。

表4　　　　　　　　　活动涉及各学科素养示例

学科	学科素养	表现
语文	表达和沟通能力	大部分学生的年龄为16岁，不符合用工标准，学生需要思考如何让别人接受他们打工 最后成果展示的总结和表达能力
数学	基本的计算能力和理财能力	有限资金的效益最大化（解决成员的午餐）； 时间合理分配和效益最大化 最后结余资金的使用和分配
政治	团队合作能力和责任心	面对失败有勇气突破和挑战自己
地理	看地图，辨方位	户外挑战时能够快速到达指定位置，不迷路
艺术	设计	户外挑战时，可以有更多的优势和竞争力； 小组展示时，可以更加形象的表达出来
体育	体能	锻炼孩子们的基本身体素质

附录一：

户外活动安全协议（示例）

本次"生存挑战"户外活动为自愿参加，为明确参加者的义务及责任，凡参加本次户外活动的同学，请详细阅读以下条款后，与本次活动组织者签订协议备案。

本次户外活动属于同学自愿参加的非营利性活动，组织者仅有负责组织的义务（即活动路线的安排，参加人员的组织，活动内容的设计，活动成本费用的核算及统一收取等工作）。

本次"生存挑战"活动的场地主要在户外，户外出游是一项带有一定危险性的活动，任何不可预测的情况均有可能发生，参加本次活动的同学必须认同这点且完全自愿参加。

在户外活动中发生的有关人身伤害、疾病及其他民事责任问题与组织者无关，参加者对自己的人身安全和健康状况负责。

凡参加本次户外活动的同学必须互爱互助，要服从大局利益，听从组织者统一指挥，不准中途未经请示组织管理者私自离开。

凡参加本次活动的同学须签订本协议。本协议只统一签订一份，由活动组织者手执，本协议自活动开始签字有效，活动结束后自动解除。

本协议未尽事宜由双方协商补充解决。

组织管理者签名：　　　　　　　参加活动人员签名：
签订日期：　　　　　　　　　　签订日期：

附录二：

活动规则及安全事项表

事项分类	具体内容
活动规则	1. 每人出发时携带启动资金5元。除非发生意外情况，活动过程中不能动用自己的现金或电子账户，不能利用自己的人际关系等来解决问题。活动中可使用手机中的地图。 2. 小组内部意见统一后方可活动，组长注意随时清点人数。活动过程中每个成员要积极参与活动，为团队提供建议和行动支持。 3. 活动过程中每组成员应遵纪守法，注意形象，举止文明
行程安全	1. 严格遵守交通法规；活动过程中，不要乘坐三证不全的车辆。 2. 团队全体成员要求团结并遵守活动规定，做到一切行动听指挥；往返过程中队员不得私自离队，小组需要统一活动。 3. 遇恶劣天气或自然灾害不能确保活动正常开展时，全队应停止行动，寻找安全地点，将人身安全置于首位
社区安全	1. 活动前项目组和学校需要提前了解街道、社区的基本情况，比如社区人口分布、治安情况、地理形势等等，确保环境的安全和活动的顺利举行。 2. 不得卷入社区纠纷，尊重当地的生活习惯，保持学生的风貌
饮食安全	在活动中不得随便购买路边小吃等问题食品，若发生饮食安全事故，应及时停止饮食并联系家长和老师去医疗机构及卫生监察机构寻求帮助

◎ **生涯感悟**[*]

隐形的翅膀

——互动戏剧悟生涯[**]

一 活动理念

  本节课的设计基于教育戏剧（Drama In Education，DIE），它并不强调戏剧排演的专业性，而是通过角色扮演和戏剧游戏来让参与者体验角色冲突、矛盾纠结和角色整合。中小学教师将戏剧教育与生涯教育相结合，引领学生体会主人公的内心冲突和纠结，感受个人生命能量唤醒的心路历程，从而引发学生反观自己的生涯领悟，开启探索自己有意义的生命之旅。教育戏剧主要是运用剧场游戏和角色扮演对参与者进行目标教育，启发他们思考和领悟。在教育戏剧中，参与者似乎在表演他人，事实上他们在体验他人的故事中不知不觉在成为他们自己！

  教育戏剧与生涯教育的巧妙融合，无形中会激发学生的参与热情，同时演绎别人的故事可以让学生放下许多心理负担，全心投入故事的多种发

---

[*] 扫描二维码可获得配套 PPT。
[**] 李艳红，清华附中嘉兴实验高级中学专职心理教师。

展可能性，帮助学生在合作中体会友情；在交流中感受沟通的有效性；在展示中彰显自我风采；在倾听中体会集体智慧。在教育戏剧融入的课堂上，学生的内省力、人际智能、审美能力和肢体运作智能可以得到表现和提升。在欧美国家，教育戏剧已经发展成为一种在课堂教学中广泛运用的培养学生全面素质和能力的方法，受到了许多人文学科师生的喜爱。心理学家科恩说过："个人亲自参与过的情境在心理上要比他从旁观的情境影响更为深刻。"初中阶段应该引领学生"把握升学选择的方向，培养职业规划意识，树立早期职业发展目标；逐步适应生活和社会的各种变化，着重培养应对失败和挫折的能力"。

本节课，作为戏剧教育与生涯教育融合的一次尝试，提供了一种可以操作的生涯教育实践课程形式。

二　活动目标

第一，知识与能力。理解生涯规划的积极意义和培养应对挫折的勇气。第二，过程与方法。通过应用教育戏剧所展示的断臂女孩雷庆瑶的人生故事，引导学生领悟生涯规划的意义。第三，情感价值观。懂得生涯规划之重要，又能明白"生涯之学乃应变之学"。通过活动让学生思考个人生涯探索的领悟。

三　活动重难点

第一，活动重点。梳理故事主人公的纠结和矛盾，演绎故事人物的心路历程。第二，活动难点。思考自己的生涯抉择观，并懂得以此来促进自我完善和发展。

四　活动准备

多媒体放映设备、PPT、表演戏剧、带有可移动桌椅的活动室、轻音乐、"我的生涯感悟"表格、生涯团体课堂反馈表以及彩色贴纸。

五　适用年级

初中阶段八年级学生。

六　教学背景

（一）八年级学生身心特点

小学阶段的学生天真好奇，崇拜老师，遵守学校各项规定。升入初中后，七年级阶段的学生对新校园和新生活有陌生感，对新学科和新伙伴有新鲜感，能够自觉遵守班规校纪。而进入八年级，学生年龄大多是在14岁，处于成长发展的转折阶段，也是实施恰当主题教育的关键阶段。学生是愿意享受进步的喜悦和成就的快乐，但由于他们思想欠成熟，看问题不具备联系和发展的观点，往往比较孤立又片面。一方面，八年级学生希望师长把他们看成"小大人"，希望得到信任和尊重；另一方面，他们缺少前行的驱动力和持续逐梦的毅力，此时生动的戏剧教育和生涯教育融合的课堂有助于他们从观演中反观自我，唤醒他们的生涯发展意识。

（二）《隐形的翅膀》故事情节

有首歌叫"隐形的翅膀"，其中有这句歌词"我知道，我一直有双隐形的翅膀，带我飞，飞过绝望"。这无疑真实地描绘了本节教育戏剧课的主角人物——雷庆瑶。3岁时，为了捡一只落在变压器上的纸飞机，雷庆瑶因为电击而永远失去了双臂。可她并没有选择自暴自弃，而是凭着超常的恒心和毅力，学会了用双脚做普通人觉得再简单不过的日常事情——穿衣、做饭、饮食、书法、绘画，甚至后来她还走进了高考考场，上了大学，又出演了励志电影，参加残疾人运动会，积极投身于公益事业，努力经营自己的公司，又加入成都电视台成为一名文艺节目的主持人……2006

年，冯振志导演被她的故事深深打动，邀请她出演电影《隐形的翅膀》。凭借着本色演出，她开始被世人所熟知，被网友们称为"东方维纳斯"。2015年，她勇敢地踏上了超级演说家的舞台，面带平静安然的微笑，为观众展示了一个阳光自信的女子形象。她说过："这个社会上还有很多需要我们去帮助的人，我真的很幸运，当我有能力的时候我希望去帮助那些需要帮助的人，能够把这份爱心不断传递下去。"雷庆瑶不断用笑容和爱心，帮助和自己一样身有残疾的人们寻找快乐、自信和幸福。短短几年时间，她为公益事业贡献的资金已经超过100万元。

本节课基于教育戏剧的理念，结合雷庆瑶的真实故事、设计活动，让学生体验和感受主角人物的生涯选择与面对挫折的纠结和最终的积极应对方式。

七 设计思路

设计思路包括四个层次，分别是目标、主题、理论和活动。首先，目标层是生涯感悟，旨在帮助观众用角色表达带来体验，在体验中带动感悟，在感悟中思考，在思考中成长。引领学生认识自我，规划未来，寻找自身优势，捕捉前行内驱力。这也是为了开启生涯规划的系列课程做准备。其次，主题层是四部分组成，即团体热身、话题导入、故事展开演绎、纸笔练习分享感悟。再次，理论层基于这样三个理论——积极心理学、教育戏剧和团体动力学。积极心理学[1]认为，每个人的人生都会经历高峰和低谷，都包括美好和挫折。消极情绪让人类活下来，而积极情绪让人类活得更美好。教育戏剧[2]能够让参与者体验角色冲突、矛盾纠结和角色整合。团体动力学[3]的观点是运用团体动力学实现其疗效因子，如期望

---

[1] ［美］克里斯托弗·彼得森：《打开积极心理学之门》，侯玉波、王非译，机械工业出版社2018年版，第58—59页。
[2] 杨阳：《以戏剧促进心灵成长——应用戏剧在心理健康教育中的运用实践手册》，长春出版社2016年版，第1—3页。
[3] 樊富珉：《团体心理咨询》，高等教育出版社2005年版，第60—62页。

重塑、情感支持、互相学习、存在意识和信息传递。最后是活动层,具体展示在接下来的教学流程中。

八　活动流程

"教学有法,教无定法,贵在得法。"美国团体心理治疗权威欧文·亚隆[1]这样说过:"成员经常比较容易接受同组案主的观点,认为来自其他成员的自发的真诚的反应和回馈才是可靠的。"所以本节课主要采用团体辅导法,基于团体动力引发学生思考感悟,培养学生积极思维,以合作分享带动学生整体素养提升。

(一)团体热身阶段

同学们围成一圈,开始热身小游戏——名称叫《我的心中有规划》。

指导语:请把你的右手食指向上,再把你的左手掌心向下放在你旁边的同学的食指之上,你会听到一段文字,当你听到"规划"二字时,记得去抓别人的手指,同时又要逃离别人的手掌。认真听下面一段文字:"今天我们如约相聚在心理活动室,一起思考我们的生涯,规划我们的未来!按照我们心理活动课的规定——我们要积极参与,彼此真诚,互相尊重,认真倾听,还要记住为同学们保密!归纳起来,我们今天用交流,分享的态度面对大家,共同规划美好未来,演绎人生精彩!"

让同学们分享热身游戏感受。(学生可能的回答如下所示)

第一,"我游戏中顺利是因为我认真倾听,没有走神。"

第二,"我不顺利是因为自己总想着两手都能够成功,其实做事还是一心一意,也许我只聚焦在一只手上,会增加我的成功率,人生要懂得取舍。"

第三,"我猜,可能今天的主题与'规划'相关,此刻我脑子中全是

---

[1] [美]詹姆斯·迪露西亚瓦克等编著:《团体咨询与团体治疗指南》,李松蔚等译,机械工业出版社2014年版,第14—17页。

这两个字。"

第四，继而播放电影《隐形的翅膀》片段，介绍雷庆瑶这个主角人物主要经历。

【设计意图】

引导学生放松身心，专注当下，明确主题。

（二）故事展演之生涯起点

教师讲述："雷庆瑶作为一个三岁的孩子，失去了双臂，她将面临对于她全新又艰难的生活，童年时的她在做什么事情的时候，有着怎样的心理感受？请每组选出三个人到前台展示一个定格动作，这叫——静像雕塑，假如你是雷庆瑶，请演员代表们表达两点：动作和面部表情。小组同学也可以给些提示，准备时间是1分钟。当你确定好自己的动作，请定格，每当老师走到你旁边，轻拍你的肩膀，请你放下动作，说出在做什么和你的感受。"

学生展演出不同的生活场景，表达出许多自己作为"小庆瑶"情绪——无力、自卑、绝望、烦恼、无助、痛苦、要争气等。

【设计意图】

引导学生处理当事人的困难处境和复杂情绪。

（三）故事展演之生涯梦幻

教师讲述："童年的雷庆瑶有委屈，有疲惫，有酸楚，也有自卑，有一天夜里，她辗转反侧，难以入眠，她在想自己的未来，在想自己是否还有可能去追求自己的梦想。终于，她慢慢进入了梦乡，她做了一个梦，让她醒来陷入了甜甜的回忆之中……"

请每组进行商讨这个梦可能是怎样的情境？如果用一个集体雕塑来呈现，会是怎样的造型？推选出三个人，来呈现你们商讨的梦境。

同学们讨论，推选演员和表达描述。（学生可能呈现的梦境）

第一，她成为一名著名的演说家，许多观众起身向她表示致敬！她为成千上万的观众带来了希望和力量。

第二,她成为一名备受欢迎的作家,受到许多读者的喜爱,在一个书店,有许多"粉丝"在为等待她的签名心甘情愿地排起了长龙。她的书,总是热销榜单第一名。

第三,她成为一名光荣的人民教师,在三尺讲台上挥洒自己的青春和热情,带领一群可爱的孩子们一起过集体生日,温暖一些孤寂的心灵。

第四,她正站在领奖台上,看着冉冉升起的五星红旗,为在国际赛事上的优秀表现让中华人民共和国的国歌响起,而流下激动的泪水。

第五,她在一次股东大会上发言,讲到自己的规划蓝图时,与会成员为有这样智慧的企业精英而感到骄傲,并为之鼓掌喝彩!

【设计意图】

引导学生小组合作探讨,体验生涯人物的生命能量的唤醒。

(四)故事展演之生涯反转

教师讲述:"雷庆瑶做了一个甜蜜的梦,在快乐中醒来,她那天特别兴奋,告诉所有遇见的人她的梦,梦中的她,她是多么期望自己能够实现自己小小的愿望,她听到了两种声音,一类支持,另一类反对。这与她有着怎样关系的人?对她说了什么?"

请每组进行商讨,谁会对她反对或支持呢?而理由又是什么呢?每组推选出四个人,来呈现你们商讨的结果。学生可能会有的想法(见表1)。

表1　　　　　　　　　　　　小组观点

支持派	反对派
爸爸:你可以试一试!	妈妈:能够学会自己照顾自己就可以了!
闺蜜:正常人都不容易实现,何况是你?毕竟是残疾人?	邻居:我看你能行,没有人应该剥夺你学习的权利?
老师:欢迎加入我们的队伍,你可以成为一名老师,选好适合的专业,我相信你!	同学甲:你的智力平平,你的样貌也不出众,还是学会照顾自己,嫁个与你一样的残疾人,过平凡的生活吧。

续表

支持派	反对派
姑姑：身体的残疾不可怕，精神的残疾才会让人颓废和堕落！ 你的青春你定义！你的人生你做主！	陌生人：我不得不可怜你，可我觉得你没有必要瞎折腾？学学做饭吧，活下去，就应该是你的梦想，不是吗？

【设计意图】

引导学生体验生涯人物的生命中重要他人的影响，同时感知她的社会支持系统。

（五）故事展演之生涯回看

教师讲述："后来的雷庆瑶成为一名阳光乐观的演说家；成立了自己的公司；成了成都电视台一名节目主持人；出演了《隐形的翅膀》；也出版了一本自己的书《我心飞翔》，她做到了许多正常人难以做到的事情，你此刻会有什么感受呢？"

请每位同学填写"我的生涯感悟"表格，并且在小组成员完成后组内交流，再选代表在班里分享（见表2）。

表2　　　　　　　　　　**我的生涯感悟表**

我的生涯感悟

姓名：_____　　小组：_____　　学号：_____

1. 如果你是雷庆瑶，你最想对当年坚持追梦的自己说什么？

_____

_____

2. 她那个梦给她带来了哪些好处？对于曾经支持和反对她的人，她有什么想法呢？

_____

下面是部分同学的分享。

第一，"当灾难降临，雷庆瑶也曾痛苦绝望过；是心中的梦使她点燃了她生命的热情，她用双脚学会了穿衣、刷牙、做饭、骑车、游泳……我体会到：当人身残的时候，就不能志残；也就是身残志不残、心要比天高。能够展现顽强的生命力！"

第二，"只要拥有一颗坚强的心，任何困难都可以化作前进的动力，而且更加能磨炼自己的意志。只要自己努力过，坚持过，就能让生命的样态保持向上的姿态"！

第三，"正是因为小小的雷庆瑶种下了梦想的种子，她才有面对困境的勇气，面对挫折的毅力，她找到了自己的优势，看到了自己的可以利用的资源，勇敢地笑对挫折。从现在起，我也要找寻支撑我前行的力量和带领我向前方的那盏亮亮的灯"。

在学生分享之后，教师可以带领学生进行升华本课主题。

生涯系列课程，是要同学们分析自己的优势，找准自己的机会，看到可以借用的力量，感受自己对未来美好生活的期望，发现自己内心涌动的向真、向善、向上的力量！生涯之学，关乎未来，是未来之学；生涯之学，关乎变化，是应变之学；生涯之学，关乎生命，生存，生活，是终生之学！同学们能够做新时代的担当青年，专注梦想，互相借力，共同实现中华民族伟大复兴的中国梦！

（六）结束

引导学生总结分享本课的收获，在美妙音乐中用手语舞《相信自己》结束本节生涯教育课，小组成员之间互送祝福。同时布置课后拓展作业——搜集自己敬慕的名人传记，记下自己感动的那个名人的品质、事迹和给自己的启示。布置作业旨在引领学生回归现实生活，把课上的体悟变成具体的行动。让生涯课程得到深化和延展。

九　总结反思

本节生涯教育课以团体互动戏剧展演为主线，课堂生成性程度较高，需要教师提前充分预设。生涯教育活动课的评价，是要看是否引领了学生的体验感受，是否触动了学生的内心世界，是否引发了学生思考自我，是否创造了教室内的情感互动和真诚交流。本节课设计源于应用教育戏剧与生涯课堂融合，从而在课堂现场，学生利用简单道具或者无实物表演，活现了主角人物的生涯故事，从而深刻体验了其生涯探索的纠结与突破自我设限的架构。引领学生放下戒备，体验别人的心理冲突和生涯抉择，感悟自己的生命意义。让学生意识到生涯规划的力量，充分发挥团体的动力找到共性，找到被接纳的感觉并在团体中获得情感支持，继而调适自己以积极情绪状态投入个人未来规划和有效行动。

  习近平总书记在北京师范大学师生代表座谈会上指出："好老师应该把自己的温暖和情感倾注到每一个学生身上。"[①] 在生涯课堂过程中，我们生涯教师要力争关注到每位学生的状态，尊重每一个生命个体！将生涯教育融入师生的生涯智慧，让体验式教学开启学生未知的多彩人生，同时点燃生涯教师的创新教学新模式的热情。

[①] 习近平：《做党和人民满意的好老师：同北京师范大学师生代表座谈时的讲话》，人民出版社2014年版，第10页。

◎ **生涯访谈**[*]

了解职业发展的访谈设计[**]

一 活动目标

第一，知识与技能目标。通过访谈实践，锻炼学生的实证性思维能力、团队合作、沟通表达以及资料收集与分析的能力。

第二，过程与方法目标。学习基本的人物访谈方法，将学校学习和真实社会关联起来，让学生接触真实的职场，了解各行业的发展现状、用人要求、职场环境等，认识到工作的价值和意义，进而激发学生内在的学习动力。

第三，情感、态度与价值观目标。学会尊重各行业的劳动者，尊重劳动精神、敬业精神；意识到职业生涯不仅仅是工作种类的选择，更是人生意义、生活方式的选择；引导学生认识到生涯发展的不确定性，尝试用开放的心态对待世界和自己，看到未来发展的多种可能性。

---

[*] 扫描二维码可获得配套 PPT。
[**] 朱红，北京大学教育学院副教授，博导；解启健，西交利物浦大学党委副书记，北京大学教育管理博士。

二 理论基础

质性研究（Qualitative Research），是以研究者本人作为研究工具，在自然情境下采用多种资料收集方法对社会现象进行整体性探究，使用归纳法分析资料和形成理论，通过与研究对象互动对其行为和意义建构获得解释性理解的一种活动。[①]

访谈法，是由访谈员根据研究所确定的目的与要求，按照访谈提纲或问卷，通过个别面访或集体交谈的方式系统而有计划地收集资料的一种方法。根据研究者对于访谈问题的开放程度，可分为非结构式、半结构式、结构式访谈。其中，半结构式访谈通常以访谈提纲为基础，以一种较为开放的方式（不用严格按照问题顺序，也可以讨论新问题）围绕与研究课题密切相关的问题进行提问。其采访的内容比较集中，不会离题太远，又能挖掘到深层次的信息，是质性研究中最为重要的数据收集方式之一。[②]

值得注意的是，在访谈活动开始之前，访谈者的头脑中应该有一个清晰的访谈框架，主要包括为什么要开展这次访谈？要访谈谁？如何访谈？等。具体框架如图 1 所示。

访谈目的 → 访谈对象 → 访谈工具 → 访谈方法 → 访谈成果

图 1 访谈活动框架

三 明确访谈目的

访谈目的贯穿整个访谈始终。就此次访谈活动而言，主要让学生通过

[①] 陈向明：《社会科学中的定性研究方法》，中国社会科学出版社 1996 年版，第 10 页。
[②] 瞿海源：《社会及行为科学研究法·二 质性研究法》，社会科学文献出版社 2013 年版。

与不同行业的工作者面对面访谈，深入了解他们为什么会选择这份职业，这份职业对自身能力、价值观等方面的要求，该职业/行业的发展现状以及前景展望等内容，对其生涯发展有一个鲜活的认知。

四　选择访谈对象

（一）流程

首先，筛选访谈的职业类型。同学们以小组为单位，通过观察自己身边的各行各业，通过书刊、网络等形式收集行业/职业信息，讨论确定要调研的职业类型。其次，选择从事该职业的具体访谈对象。在选择时要注意可操作性，即访谈对象的可获得性。如果学生确定的合适人选是陌生人，出于安全的考虑，指导教师要对此进行确认。

（二）方法

学生可通过如下方式选择访谈对象。第一，目的抽样。选择那些可以给你提供最丰富的信息的人。第二，方便抽样。从身边认识的人当中寻找、同学介绍、校友、家长、亲戚、老师。第三，滚雪球。让第一个访谈对象帮你介绍其他合适的访谈对象。第四，寻找社会帮助。如微信朋友圈、联系新闻媒体。

【注意事项】

第一，教师在征集学生的意向访谈职业后进行适当分类、调整，既保证调查行业的多样性，也考虑到职业的代表性。第二，注意强调各行各业的平等性，对劳动者的尊重，对学生想要了解的职业不要设置限制，如学生想了解快递行业、个体户等。第三，注意发挥学生的主观能动性，激发学生兴趣，如让学生自愿报名、自主分工。第四，思考在资源缺乏的地区，如何整合生涯教育资源？这些地区平时学生能接触到的行业很有限，但寒假期间很多在大城市的从业者会回家乡过年，在这时搞调研、访谈，应该很有效。建议把这个调研当作寒假实践作业，可行性会比较高。

五　拟定访谈提纲

（一）开展头脑风暴

第一，通过自己思考、小组讨论等方式，尽可能详尽地罗列出对这份职业感兴趣的问题。第二，对罗列的问题进行归类、汇总，形成初步的访谈提纲。

（二）收集背景资料

围绕所要探索的职业，通过网络、书刊等方式，收集事例、新闻等内容，以了解被采访对象的想法，为接下来的采访储备背景材料。

（三）拟定访谈提纲

访谈提纲通常包括引导语、基本信息、访谈问题（核心问题、补充问题）三部分。具体见附录。

1. 引导语

简要说明本次访谈的目的，使来访者放松下来，准备进入正式的访谈。需要指出的是，有些访谈（心理咨询或学术研究类）会在引导语部分说明保密原则，并与访谈对象签订《采访对象知情同意书》，保护访谈对象的个人信息。

2. 基本信息

收集访谈对象的基本信息。

3. 访谈问题

访谈的问题是访谈提纲的主体，通常使用开放式问题进行提问，并根据访谈目的将问题分为几类，然后，以一个开放式问题结束。最后的开放式问题主要是请被访谈者在不设限制的前提下，围绕访谈主题，自由补充信息。如关于这个话题，您还有什么想要补充吗？

在本次访谈中，主要分为职业概述、行业信息、职业价值观、职业胜任力、生涯规划五个主题。

职业概述，了解该职业的基本情况。如工作职责内容、薪资待遇、工作时间与环境作挑战等；

行业信息，主要了解该行业的用人要求、当前或未来的发展状况。

职业价值观，该职业为社会解决什么问题，职业幸福感来源，在职业选择中看重什么，如何舍弃，有助于未来的发展。

职业胜任力，看能否胜任这个职位的要求。一般包括职业相关的专业知识和能力测评、通用能力测评（语言、理解、言语、逻辑等）、职业倾向性测评等。

生涯规划，主要指在岗位上的适应情况，是否对职业未来有长远的、清晰的规划。

【注意事项】

教师在学生讨论之后，再逐步以提问题的形式让学生意识到需要补充的问题。不要直接把访谈提纲抛给学生，这样会让他们失去自主思考的机会。让学生先自主思考，自主表述，教师在这个过程中一方面要认可学生，另一方面要提出问题，引导学生更深入地思考。建议将访谈提纲做成表格形式，既方便学生填写记录，也可以将问题层层推进。

六　开展访谈培训

对学生进行访谈培训，使其对访谈法的整个研究过程有一个基本的了解，包括如何开始访谈、如何提问、访谈后的资料如何分析等内容。访谈要点梳理如表1所示。

【注意事项】

教师可以在培训过程中，通过同伴效应的作用，让学生认识到小组合作性学习的意义，如训练团队合作能力、语言表达能力、沟通能力等，降低个人访谈的难度和偏颇。

生涯访谈

表1　　　　　　　　　　访谈要点梳理

主题		内容	注意事项
基本问题	访谈目的	1. 小组各成员均要明确访谈目的 2. 区别"必须要了解的信息"和"最好了解的信息"	学术类访谈研究不同于心理咨询中的访谈（以心理疏导为主要目的）
	访谈时长	1. 50分钟左右/次 2. 了解每类问题的时间分配	戴好手表，注意控制时间
	访谈方式	1. 线上：微信、电话、腾讯会议等 2. 线下：安排比较安静、相对封闭、可以放松的环境；根据参与访谈人数准备桌椅	提前确定线上网络运行状况、线下的安排布置
	访谈分工	1. 决定由谁访谈（一个人主导还是小组中每人负责不同的问题） 2. 谁做开场白，谁收场 3. 谁负责记录 4. 谁拍照	可组内练习一下，熟悉流程，缓解紧张感
访谈流程	访谈前	1. 与访谈者约定时间、地点 2. 准备访谈工具：《访谈提纲》、纸、笔、录音笔等 3. 访问小组进行自我介绍 4. 再次告知对方访谈目的，并声明保密原则，在取得对方同意的情况下进行录音或录像	1. 不要迟到 2. 如有必要，与被访谈者签订《来访者知情同意书》
	访谈中	1. 参照访谈提纲提问，问题访谈问题要一个一个地问 2. 明确哪些问题可以追问，哪些问题可能会涉及个人隐私，以及同样的问题多种问法等 3. 耐心倾听，注意问题的澄清，要有打破砂锅问到底的精神，弄清楚对方要表达的具体是什么意思 4. 注意记录访谈过程中访谈对象的表情、停顿等细节内容，作为访谈的补充材料	问题澄清示例1："差不多""还好""不经常"等属于含糊信息。有些人认为一个月一次属于不经常，有些人则认为一个星期一次是不经常。对此，要追问确定 问题澄清示例2：有同学问"您为什么从事这份工作"，对方说"这份工作很好"。这个时候，要继续追问下去："您说得好，是什么意思呢"
	访谈后	1. 接受访谈文本分析的培训 2. 将访谈录音转录成文字并校对，在此基础上加入背景资料、记录内容进行补充 3. 小组成员对上述文本材料进行分析 4. 撰写访谈报告	1. 结束时，对访谈对象表示感谢 2. 在访谈报告中注意保护来访者的个人隐私，必要时采用匿名或化名 3. 客观反映访谈者的观点，尊重材料

七　展示访谈成果

（一）整理资料

小组完成各自的访谈后，首先要将访谈录音进行转录、校对，形成访谈文本。在此基础上，各成员将前期查找到的以及在访谈中收集的资料进行汇总，并对此开展讨论、整理、分析，以期形成一份成果报告用于小组展示。在报告撰写的过程中，教师可以先组织学生学习访谈报告的基本结构，注意鼓励同学们开拓思维，让自己的思考全面、深入、细致，报告具有鲜明的观点，并通过文本或数据等充足的证据、论据进行合理的讨论。教师引领性问题如下。

第一，这次访谈给你最深的印象是什么？第二，把主要工作职责、特点、解决的问题、需要的能力素养等用若干关键词进行概括。可以画出一天工作流程。第三，他们选择这份工作的理由有哪些？你们对这些理由秉持什么样的态度（赞同，不赞同；不置可否，保持中立）？为什么你秉持这样的态度？理由是什么？第四，这份工作需要什么样的能力和素质？和我们目前学习的内容有什么样的关系？与你了解的大学专业有什么融合点？第五，你是否会选择未来从事这个职业？理由是什么？如果不确定，那你还需要什么更多的信息？你对未来职业有哪些想法？

（二）成果展示

1. 小组展示

以小组为单位进行成果展示。成果形式多样，注意鼓励学生展示形式力求多样，有新意，不要单纯照着稿子或者照着PPT念。展示的形式也可以用诗歌、表演、朗读、相声、情景剧等。

2. 提问互动

在小组汇报之后，其他同学可进行提问。一方面可以让学生挖掘之前访谈的细节，让学生们更加了解这一职业；而对于没有访谈到的问题或没有了解深入、清楚的部分，可通过再次访谈或者上网查资料等形式解决。

3. 教师点评

第一，教师要在提问环节注意引导学生提问的方式，先点评值得借鉴的方面，再给出建设性意见，避免带有负面情绪的一味质疑。

第二，不管同学的态度是否符合主流的价值观，是否配合，都不要急于批评、判断。

第三，要注意发现这些同学的优点，多鼓励他们喜欢思考。

第四，要注意收集更多的信息，分析背后的深层次原因，在未来调整或者丰富调研方案和方法，更有智慧地加以引导。

此外，条件允许的话，可以为学生颁发奖状、纪念品等予以激励。

【注意事项】

点评和评奖方式可以多元化，多元的评价机制能让每个学生都得到个性化的发展。因此，在教师点评以及后续评奖时，不要进行简单的分等级奖励，而是对每个小组都做点评，评价其突出特色，如最佳团队奖、最佳语言表达奖、最佳研究报告奖等。让每个孩子在活动中都能寻找到自己的特点和优势，都能获得自信。然后再以建设性意见的形式，指出未来可以怎么改善、怎么继续努力。

最后，我们建议学校可以根据学生访谈内容，逐步建立一个职业信息资源库。

附录：访谈提纲

采访对象知情同意书

首先，对于您愿意参与本次访谈表示感谢！以下内容是关于本次访谈的注意事项，需要您提前知晓，开始访谈前请您仔细阅读以下内容，若同意请在底部签字。

本研究主要是了解您当前从事的职业/行业，不会涉及您的隐私或其他机密问题，访谈内容仅作为学术研究之用。访谈过程是完全开放和自愿的，您可以畅所欲言。为了方便资料整理，我们将对此次访谈录音，如果在录音过程中您觉得有不合适的地方，您可以随时与我们示意，我们以您的感受为先。

再次对于您的参与表示感谢！

签名：

日期：

1. 个人信息

性别：_____   年龄：_____   婚否：_____

工作单位：_____   当前职务：_____   工作年限：_____

2. 职业概述

（1）您的职位是什么？主要职责是什么？请用五个关键词描述您的工作。

（2）从事此行业的人工作地点一般在哪里？工作场所性质有哪些特征？

（3）在行业内，先从什么样的工作岗位做起，能学到最多的知识，最有益于发展？

（4）您在做这份工作时，日常面临的问题是什么，什么最有挑战性？

（5）职业转换。您从事这份工作多长时间了？您有没有转换过工作呢？如果有，为什么要换工作呢？如果没有，又是为什么？

3. 职业胜任力

（1）要做好目前这份工作，需要什么样的能力和素质？

（2）您是如何发展自己这些能力和素质的？

（3）您觉得高中的哪些课程和这个职业有关系？

（4）这份工作和您大学专业之间关联性有多大？大学专业给您从事这份工作提供了什么帮助？

4. 职业价值观

（1）为什么你要选择目前这份工作呢？

（2）这份职业是你谋生的手段，还是你感兴趣能为之奋斗一辈子的事业？

（3）您觉得这份工作的意义是什么？

（4）这份工作，主要是解决什么问题？给社会创造什么样的价值？

（5）有没有为自己的这一理想而努力克服困难呢？

（6）您觉得做这份工作幸福吗？它给你带来哪些收获？它和您的个人想要的生活方式一致吗？

5. 行业信息

（1）这份职业属于什么行业？

（2）行业内，单位对刚进入该领域工作的员工一般会提供哪些培训？

（3）在您的工作领域里初级职位和略高级别职位的薪水一般是什么水平？

（4）这个行业是否有季节性或地理位置的限制？

（5）这个行业存在的困难及前景如何？

6. 生涯规划

（1）您对您的职业发展有规划吗？

（2）您在上学期间思考过自己将来要从事什么样的职业吗？

（3）您认为学校教育哪些课程的设置对未来的职业影响较大？

（4）您认为中学阶段应培养哪些和未来职业相关的能力和素养？

（5）目前，您对自己的未来生活和职业发展有什么打算吗？

7. 其他问题

（1）了解更多信息渠道。据您所知，有什么职业杂志、行业网站或其他渠道能帮助我深入了解这个领域？

（2）寻找新的访谈对象。您的熟人中有谁能够成为我下次采访的对象吗？可以说是您介绍的吗？

（3）结语问题。关于您的职业发展，您还有什么要对我们说的吗？

◎ 学科融合——文科课例*

《子路、曾皙、冉有、公西华侍坐》第二课时**

一　实施背景

"生涯教育"的概念源自西方，是从 20 世纪 70 年代美国生计教育运动①的兴起发展而来的。1971 年，美国教育署署长马兰博士②正式提出这一概念后，即受到西方各发达国家的高度重视。到现在近百年的时间里，西方各国已经建立了相对完善的职业生涯教育体系，对国家的社会经济发展起到了重要作用。

今天，站在职业规划的角度来看，孔子可以说是最早对生涯发展规律做出总结的人。我们一直致力于把握职业生涯的发展规律，原来在两千多年前，就已经被他老人家洞悉。子曰："吾十五而有志于学，三十而立，四十而不惑，五十而知天命，六十而耳顺，七十而从心随欲不逾矩。"这

---

* 扫描二维码可获得配套 PPT。
** 赖炜，柳州市第九中学语文教研组组长、备课组长、班主任。
① 赵世俊：《生涯教育：让学生学会追寻梦想》，江苏教育出版社 2016 年版，第 1 页。
② 巫雪琴：《高中生涯教育与信息技术学科教学深度融合的实践研究》，《中国信息技术教育》2018 年第 24 期。

段孔子描述自己生涯发展的名言为大多数人耳熟能详。孔子以十年为一阶段，道出了在人生不同时间点里的重心。此后，这句话也成为很多人衡量自己人生阶段的标准。

二　设计思路

本节课选自部编版高一语文必修下册第一单元第一课。本文是《论语》的一小章，主要讲述的是孔子与四个弟子谈论志向的事情。篇幅不长，却可以窥探出现代职业规划的内容。这节课将文言文教学与职业生涯规划辅导相联系。通过五个维度的比较，达成教学目标，完成生涯教育的渗透。在落实语文核心素养的过程中，引导学生正确认识自我，并在此基础上进行人生规划。通过对比法学习文本，比较探究四人的志向，认知生涯规划的重要意义，学会在生涯规划时考虑潜能、优势、兴趣、性格、能力、价值观和时代需求等因素，弄清自己到底喜欢做什么，适合做什么，能够做什么，树立正确的职业人生观。

三　教学目标

第一，把握四子之志，比较四子之志的异同。第二，理解孔子对四子之志的评价，了解孔子的政治思想和政治主张。第三，总结人生理想从树立到实践过程中需要考虑的相关要素，树立正确的职业人生观。

四　教学重难点

第一，教学重点。把握四子之志，比较四子之志的异同。第二，教学难点。理解孔子对四子之志的评价，了解孔子的政治思想和政治主张。

五 教学过程

(一) 导入

【提出问题】

同学们，你们儿时的理想是什么？（各抒己见）

那现在的理想又是什么呢？（有的依旧未变，有的发生转变）

在我们成长过程中，兴趣、能力、性格以及诸多外界因素都在发生变化。因此，同学们的理想也会发生变化。如今十六七岁的我们风华正茂，应该结合自身实际，树立正确的人生理想。孔子的弟子子路、曾晳、冉有、公西华四人在一次谈话中都说到了自己的理想。今天我们继续学习《子路、曾晳、冉有、公西华侍坐》一文，继续和孔门师徒谈人生、谈理想。他们的理想分别是什么？孔子又是如何评价的？让我们带着这些问题，再次走进这篇经典课文。

【设计意图】

明确在成长过程中，兴趣能力性格以及诸多外界因素都在发生变化。引导学生要结合自身实际，树立正确的人生理想。

(二) 把握四子之志，比较四子之志的异同

1. 把握四子之志

【提出问题】

四子之志分别是什么？请找出对应的语句。从四个弟子所言的志向中，你看出他们分别具备哪方面的才能？如表1所示。

【设计意图】

明确生涯的规划要与个人的特质潜能相结合。

表 1　　　　　　　　四子的志向、特质、潜能

人物	子路	冉有	公西华	曾皙
理想	千乘之国，摄乎大国之间，加之以师旅，因之以饥馑；由也为之，比及三年，可使有勇，且知方也。	方六七十，如五六十，求也为之，比及三年，可使足民。如其礼乐，以俟君子。	非曰能之，愿学焉。宗庙之事，如会同，端章甫，愿为小相焉。	莫春者，春服既成，冠者五六人，童子六七人，浴乎沂，风乎舞雩，咏而归。
特质	有勇气	见机行事	谦逊	从容洒脱
潜能	政治军事	经济管理	礼仪事务	礼乐之乐

2. 明确四人志向的实质

【提出问题】

曾皙在回答孔子问题时说"异乎三子者之撰"，是说自己的志向与其他三人不同，那三子才能有何相同之处？曾皙的不同之处在哪里？

明确三子才能相同之处都是关于治国安邦的；曾皙的志向没有提及"国"与"邦"，而是给我们描绘了一幅风朗气清、平和宁静的春游图。

实际上，前面三人的理想是过程，曾皙的理想是结果。

总结：四人都将个人理想与国家前途命运相统一。注意结合课文注释"撰"和"邦"来把握，找到孔子评价三子才能的语句来思考分析。

【设计意图】

明确个人理想要与国家前途命运相统一。

3. 从四个方面比较四人的语言，把握四人的性格特点

曾皙对理想的呈现方式与众不同，其余三子的才能和理想虽然都与治国安邦有关，但也同中有异，请就四子谈理想的言语进行比较分析。从国土面积、国家形势、自我期待、语气态度等方面进行比较，并完成导学案上对应的表格（见表2）。

总结人物性格特点：子路鲁莽自大，冉有比较谦虚，公西华最谦逊，曾皙从容洒脱。

【设计意图】

明确性格影响一个人的理想。

表2　　　　　　　　　　　　　　　四子的性格特点比较

人物	理想	才能	异同	面积	形势	期待	语气
子路	千乘之国，摄乎大国之间，加之以师旅，因之以饥馑；由也为之，比及三年，可使有勇，且知方也	政治	治国安邦	千乘之国	内忧外患	有勇、知方	鲁莽自大
冉有	方六七十，如五六十，求也为之，比及三年，可使足民。如其礼乐，以俟君子	经济		方六七十，如五六十	未提及	可使民足	比较谦虚
公西华	非曰能之，愿学焉。宗庙之事，如会同，端章甫，愿为小相焉	礼仪		未提及	未提及	担任司仪，愿学焉	最为谦虚
曾皙	莫春者，春服既成，冠者五六人，童子六七人，浴乎沂，风乎舞雩，咏而归	礼乐教化	春游图	未提及	未提及	未提及	从容洒脱

（三）理解孔子对四子之志的评价，了解孔子的政治思想和政治主张

孔夫子平易近人，因材施教，他对四子之志的评价也是不一样的。从中你看出了孔子怎样的政治主张？

1. 子路："夫子哂之"，"为国以礼，其言不让，是故哂之"

孔子认为"为国以礼，其言不让"，治理国家应当凭借"礼"，而子路率尔而答，轻率匆忙，孔子认为这是不符合礼的，是故哂之。

【提出问题】

请问是子路说话的内容不谦虚，还是说话的方式不谦虚？

第一，说话的方式不谦虚。"子路率尔而对""率尔"二字表现出子路轻率莽撞的样子。

第二，说话的内容不谦虚：孔子主张仁，为政以德，而子路说"可使有勇"，勇气指的是武力，将军事放在第一位，以军事力量的强盛来压制别的国家，而把"礼"放在次要位置，这和孔子的主张是相悖的。

总结：孔子讲求谦逊，主张"为国以礼"，反对武力。

2. 冉有："唯求则非邦也与？安见方六七十，如五六十而非邦也者"

【提出问题】

对于"礼"，冉有是否有所行动？

没有行动，"以俟君子"。

总结：再小的国家也是需要礼治的，孔子主张经济发展的同时要注重礼乐教化。没有，"以俟君子"。在孔子看来，没有礼乐的足民是不值得提倡的。礼乐之事，冉有望而却步，让孔子有些失望了。

3. 公西华："唯赤则非邦也与？宗庙会同，非诸侯而何？赤也为之小，孰能为之大。"

总结：公西华愿为小相，也就是一个小小的司仪。管理的是宗庙祭祀活动。但是孔子所说的"礼"涉及社会生活的方方面面，公西华以这样的方式来实现礼治明显是片面的，所以孔子说"赤也为之小，孰能为之大"，这是对公西华的鼓励，让他不要过分谦虚，应该更加自信一些。

4. 曾皙："吾与点也。"

【提出问题】

孔子为什么赞同曾皙的话呢？

春天是最美的季节，冠者童子是一群处在人生最美年华的青年，他们做着心旷神怡、闲适自得的事情。这里没有战争，没有尔虞我诈，一切都是如此的美好。如果说前三人的理想志向是治国的过程，那么曾皙的志向则是治国的结果。曾皙没有具体说怎样治国，而是描绘了一幅美好和乐的春游图景,间接抒发了自己的抱负。没有鲁莽,没有过分谦虚,这恰到好处的谦虚含蓄赢得了孔夫子的赞赏。

总结:曾皙眼中的和乐图景也正是孔子所追求的终极目标——人际和谐、自然和谐的理想社会。孔子一生主张"为人以仁,为国以礼,为政以德",也正是要达到这样的境界,所以曾皙间接表达出了孔子仁、礼的理想,深得孔夫子的心。

【设计意图】

明确仅从个人的兴趣、特质、潜能、性格来规划生涯是远远不够的,生涯规划离不开师长的引导和建议(见表3)。

表3　　　　　　　　　　孔子对四子理想评价

人物	理想	评价	孔子主张	发展
子路	千乘之国,摄乎大国之间,加之以师旅,因之以饥馑;由也为之,比及三年,可使有勇,且知方也	为国以礼,其言不让,是故哂之	为国以礼反对武力	一生的经历与功绩都跟政治有关
冉有	方六七十,如五六十,求也为之,比及三年,可使足民。如其礼乐,以俟君子	唯求则非邦也与?安见方六七十,如五六十而非邦也者	经济发展的同时也要推广礼乐教化	一生都与经济打交道
公西华	非曰能之,愿学焉。宗庙之事,如会同,端章甫,愿为小相焉	唯赤则非邦也与?宗庙会同,非诸侯而何?赤也为之小,孰能为之大	"礼"无处不在	善于交际,曾受孔子派遣,到齐国活动
曾皙	莫春者,春服既成,冠者五六人,童子六七人,浴乎沂,风乎舞雩,咏而归	吾与点也	人际和谐自然和谐	教子有方的典型

六 拓展提升

【提出问题】

孔子因材施教，循循善诱。在他的教导下，四人后来都有很好的发展。由此可见，一个人的成功与年少时正确人生理想的树立有着紧密的联系，这节课我们共同探讨了四子的理想，他们的志向从树立到实现并不是空谈。他们成功的原因有哪些？这对你今后职业生涯的规划有什么影响呢？

【设计意图】

引导学生总结生涯的规划需要考虑的各个要素。

七 课堂小结

这节课，我们和孔子的门徒坐在一起谈人生、谈理想，相信大家对职业人生规划也有了初步的认识。希望大家都能够结合自身的实际，树立正确的职业生涯目标，并为之奋斗。

八 板书设计

板书设计如图1所示。

九 教学反思

（一）尝试探索，一箭三雕

语文"新课标"中明确规定，在高中语文教学中，应指导高中生认识自然，认识社会，认识自我，并在此基础上进行人生规划，进而实现学生的全面发展。高中语文学科作为高中教育阶段一门综合性的课程，在提升

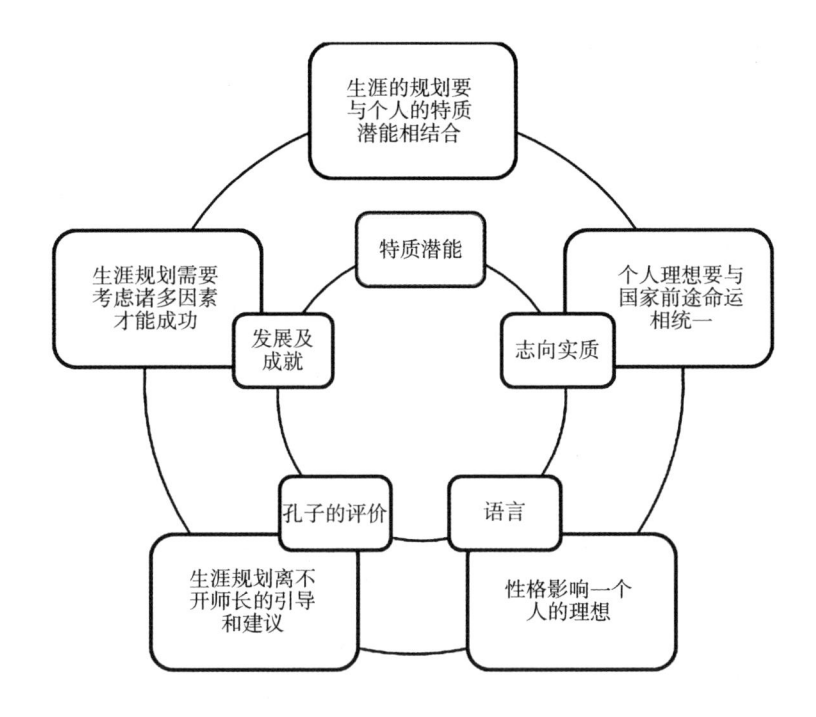

```
         ┌─────────────┐
         │生涯的规划要  │
         │与个人的特质  │
         │潜能相结合    │
         └─────────────┘
   ┌──────────┐  ┌────────┐  ┌──────────┐
   │生涯规划需要│  │特质潜能│  │个人理想要与│
   │考虑诸多因素│  └────────┘  │国家前途命运│
   │才能成功    │              │相统一      │
   └──────────┘  ┌────────┐  └──────────┘
         ┌──────┐│志向实质│
         │发展及││        │
         │成就  │└────────┘
         └──────┘
         ┌────────┐ ┌──────┐
         │孔子的评价│ │ 语言 │
         └────────┘ └──────┘
   ┌──────────┐  ┌──────────┐
   │生涯规划离不│  │性格影响一个│
   │开师长的引导│  │人的理想    │
   │和建议      │  └──────────┘
   └──────────┘
```

图 1　板书设计

学生的综合素质方面发挥着不可替代的作用。从本课的教学实践来看，把语文教学与学生实际相结合，对其职业规划的设计、素养的启蒙、理想的实践作出了一次梳理，从而起到培养学生价值观的育人作用，进而激发学生学习的主动性和积极性。可以说，这样的尝试给我们迷惘的文言教学一种探索、一种思路。学习过程中，学生通过特质潜能、志向实质、语言、评价、发展五个维度的比较，对四子的志向有了一个全面的把握，进一步了解了孔子的思想主张。五次比较循序渐进引导学生思考生涯规划要考虑潜能、特质、兴趣、性格、能力、价值观、师长建议和社会需求等因素，突破教学目标及重难点。在落实语文核心素养的同时，通过比较总结生涯规划的规律。从教学效果来看，学生能够结合自己的实际情况规划自己的未来。既加深了学生对课文内容的理解，激发了学生学习文言文的兴趣，又使他们树立了正确的职业人生观，可以说是"一箭三雕"。

（二）价值引领，大势所趋

我们今天大力倡导的社会主义核心价值观已经大大超出了孔子理想的大同社会，所以我们老师更要指导学生把自己的生涯规划和国家的发展紧密结合在一起。语文学科是人文性与工具性的统一，是帮助学生树立正确人生观、价值观的主阵地。因此，当前的高中语文教学中，教师必须充分发挥语文这一学科的优势，在进行知识教育的过程中，培养学生良好的品质，形成积极向上的人生态度，并认真地进行人生规划，促进学生全面发展。高中课本中还有很多关于人生、社会、未来等方面的知识。这些在职业生涯教育中具有十分重要的作用。为此，教师在语文教学中要根据学生的实际情况，通过为学生选择合适的语文教学内容并融入职业生涯规划教育理念，从而帮助学生更好地明确未来职业发展方向，进而为学生以后的工作与生活提供重要的保障。在今后的语文教学中，我们可以利用语文教学资源，提高学生对职业生涯规划的认识；通过分析语文作品中作者的性格特点，引导学生认清自我；通过阅读文学名著来帮助学生树立远大的理想目标，让学科教学和生涯教育有机融合。

（三）文化自信，坚守从容

其实，中国的古典文学中，蕴含着大量的、丰富的生涯教育资源，其中凝聚着对人生、对社会、对自然和对未来的感悟与思考，是引领学生认识自然、认识社会和认识自我的最佳素材。如学习曹操的《短歌行》，可以让学生感受"人才"的重要性，形成正确的价值观念，努力提升自己；阅读陶渊明的《归园田居》，可知正确认识自己的个性特点对人生之路选择的重要性；赏析苏轼的《念奴娇·赤壁怀古》，如果能明白这种超然的生活态度，对学生以后的人生定是大有裨益。与其过分依赖西方的理论、模型、心理性格、职业测评，这些带有浓烈西方文化价值判断的手段，盲目嫁接，南橘北枳，不如立足于中国优秀传统文化，把中国的人生哲学与西方先进的生涯理论相结合,让生涯发展规划与辅导有根有本。文化自信是水之源、木之本。只有对自己的文化有坚定的信心,才能获得坚守的从容。继承和发展优秀传统文化,吸吮中华民族漫长奋斗积累的文化养分,我们一定能走出自己的路。

◎ 学科融合——理科课例

STEAM 理念下的项目化学习
——以电池的开发、利用、回收为例[*]

一　项目总体描述

（一）项目简介

在生涯教育领域相关政策、理论的指导下，北京大学教育学院举办系列生涯教育导师（初级、中级、高级）培训课程。以中华传统文化中生命发展的基本规律为基础，借鉴西方生涯教育理论与实践经验，通过理论讲授、小组讨论、项目制学习、案例学习、课例展示等方法，尝试通过系统性、整合性的学习和培训，全面提升学员进行实证研究、创新发展的能力，为生涯导师个人的职业发展提供专业支持、展示和发展平台，真正促进学校生涯教育的发展，支持学生德、智、体、美、劳与各学科核心素养的发展。

本次系列课例项目来自北京大学教育学院举办的生涯教育导师（中级）培训班中的研讨活动。中级培训在初级课程的基础上，引导学员深刻理解新高考改革政策背景，解决选科选考、高考志愿填报等具体问题；促进学员学会生涯教育研究方法、掌握生涯指导技术，提升创新创造能力和团队带领能力。全体课例小组成员系统学习了有关项

---

[*] 朱红，女，北京大学教育学院副教授，博导。

目制学习的相关理论知识和实操方法，在北京大学教育学院朱红教授的指导下，六位不同学科的教师学员合作完成了此次系列课例成果。项目分工如表1所示。

表1　　　　　　　　　　　　人员分工

参与人员	所在单位	负责内容
朱红	北京大学教育学院	项目总体策划及指导
孟凡荣	河北省唐山市第二中学	总体协调确定研究方向，校对文稿，设计完成项目总体描述和课例一《探索一粒电池的诞生》。
许楠	北京市第八中学大兴分校	协调沟通项目小组成员，完成课例二《电池的设计、开发、应用及回收》
邢卫军	河北大城一中	参与设计课例二《电池的设计、开发、应用及回收》
运迷霞	南京市江宁高级中学	设计完成课例三《探索废电池渗出液对大型蚤毒性研究》
徐喜梅	淮北市实验高级中学	设计项目总体评价表《项目学习总结评价表》，参与课例三《探索废电池渗出液对大型蚤毒性研究》
陆红艳	云南省红河州弥勒市第四中学	设计完成课例四《基于地理学方法的废弃电池归宿探究》

（二）项目选题

电池是新能源时代的热点话题，电池的发明和普及改变了人类的生活方式，人类从化石能源时代走进了新能源时代。该项目结合学生已有的学科学习经验和社会发展中的问题，去引导学生关注生涯发展，关注与化学、物理、生物、地理等有关的科技创新问题，培养学生的社会责任感、参与意识和决策能力。

电池是学生生活和中学教学中经常遇到的一个能量储存和转换的装置。关于化学电源的设计原理、类型、利用及废电池的回收等内容，出现在物理、化学、生物、地理、人文等多个学科中，本项目由多位学科老师对电池相关知识做了深入、细致、专业化的整合，通过探究活动、体验活动使学生获得关于电池的碎片化知识更具有全面性、完整性、系统性。探究过程是培养学生核心素养的有效途径，同时也是学生的一次生涯体验，帮助学生找到自己喜欢的职业方向和感兴趣的行业。

该项目化学习包含五个子项目，每个子项目也是一个完整的项目式课例，教师也可以根据学生情况、学校资源进行选择性学习。

二 项目设计原理

项目化学习的界定：学生在一段时间内，通过研究并应对一个真实的、有吸引力的复杂的问题、课题或挑战，从而掌握重点知识和技能。

在项目实施中学生采用观察、实验、讨论等探究方法，运用概念、判断、推理等思维形式，通过分析与比较、抽象与概括、具体化与系统化等思维方式，对问题展开研究，以达到证实或证伪、获得结论、建构知识的目的的过程。

（一）项目对象

高二年级暑期实践。

（二）项目时间

四周。

（三）主要关联学科

化学、物理、生物、地理、语文、生涯教育。

（四）核心知识

化学：原电池理论、氧化还原理论。

物理：电势差、电动势、内阻以及能量守恒定律。

生物：物质进出细胞的方式、实验设计的基本过程。

地理：垃圾分类、传统垃圾对环境的影响、垃圾科学回收的方法。

语文：科技论文的写作要点。

生涯教育：霍兰德职业兴趣原理、多元智能原理、马斯诺需求理论等。

（五）必备能力

预测推理能力、实验设计能力、实验探究能力、物理概念、地理实践能力、地理绘图能力、发现问题解决问题能力、科学探究思维、批判性思维。

（六）高阶认知

高阶认知策略如表 2 所示。

表 2　　　　　　　　高阶认知策略

问题解决：学会在野外自制应急电池	
决策：确定实验方案	
创见：学生要去学习理解电池开发、利用、废旧电池回收的一系列知识及内容，并形成关于电池的综合认知	
系统分析：科技论文、学术论文的写作	
实验：制作原电池并改进、废旧电池渗出液对生物（大型蚤）的影响、废旧电池对绿萝的生长的影响	
调研：调查现有家用电池的型号及用途，调查某市废弃电池回收利用存在的问题并总结	
自我认知：学会澄清自我优势，清晰自己为什么而学习，为今后选择专业和职业做准备	

三　教学用具

（一）电池开发环节

平板电脑、电极材料（铁棒、铜棒、锌片、铝片、石墨电极、不同面值的硬币）、绝缘导线（末端有鳄鱼夹）、电解质溶液（稀硫酸、稀氢氧化钠溶液、氯化钠溶液）、橘子（或其他水果）、酚酞溶液、铁氰化钾溶液、发光二极管、电流传感器、电压传感器。

（二）电池利用环节

家用电池若干（1号、2号、5号、7号等）、水果电池（梨、橙子等水果若干、锌片和铜片若干）、电阻箱、电压表、磁电式直流电流表、导线若干、白纸、铅笔、直尺、计算器等。

（三）电池危害环节

五号锌锰干电池若干、大型蚤、小球藻（或酵母菌代替）、烧杯若干、试管若干、量筒、过滤网、玻璃棒等。

（四）电池回收环节

若干长势良好的绿萝、若干5号废电池、清水若干。

四　项目流程

（一）创设情境　引出项目

同学们看过《贝尔大冒险》的荒野求生节目吗？如果你在野外探险活动中突遇手机没电又没有充电宝时，你想怎样给自己的手机充电呢？

（二）创造电池　对比改进

第一，首先了解充电器的输出电压和电流（5V/2A），制作一个可以提供5V电压的化学电源。如果要制一个化学电源，同学们需要准备什么材料？你这样做的原理是什么呢？

第二，利用实验室提供的材料，小组合作分析讨论、查阅资料设计实验，制作一款私人定制电池，形成小组实验报告。（列出所需实验器材和实验药品，进行组装，并用微电流传感器记录电流大小。电池材料种类有限，每个小组设计的电池要有自己的特色）

第三，如果电池电压低，电流小，不能达到充电电压要求，小组可以采取什么办法改进？如果电压过高怎么办？联系物理电学知识，写出改进方案。

第四，对比分析各组的实验数据、每个小组使用的电池材料、电解质溶液种类，以及小组改进方案，小组讨论总结影响电流大小和持续时间的原因，完成实验报告。

第五，成果展示：重点介绍小组实验中所用的电极材料和电解质溶液类型浓度。采取了什么改进措施增大电压电流？可以供给手机充电几分钟？在实验过程中有什么思考和新的发现。

第六，在电池的研发过程中应该从哪几个角度寻找电池研发方向以提升电池性能，由此引出对新型电池的探索。

第七，为什么锂电池会成为明星？你知道几种锂电池，它们工作原理是什么？每种锂电池都有什么特点？从能源的角度思考锂电池给人类带来了什么？以科技论文的形式向同学们科普锂电池。

（三）电池的利用

第一，生活中有哪些电池？你用过哪些电池？电池是怎样分类的？每小组制作一个电池分类的思维导图。

第二，查阅资料，整理出家用电池的型号及用处？

第三，手电筒中的小灯泡为何可以持续发光？在教师的引导下，学生通过复习电势差的概念，思考电流的形成原理，理解电池的由来，为进一步学习理解电动势的概念提供帮助。

第四，电池的使用寿命由什么因素决定？如何延长电池的使用寿命？一方面利用水果电池，设计测量电池的电动势及内阻的实验，探究延长电池的使用寿命的方法。另一方面改装磁电式直流电流表，检测新旧电池的电量，了解电池的使用情况。

第五，如何描述电池的容量？电池的容量和电池的能量是否一个概念？电池的能量从何而来？电池的能量去向何方？在教师的引导下，帮助学生将实际电池的容量和理论电池的能量结合起来，同时重新梳理能量守恒定律。

（四）废旧电池的危害

第一，查阅有关"如何收集电池渗出液"的资料，确定电池渗出液的收集方法。第二，查阅资料了解常见的环境指示生物并利用学校实验室现有条件确定研究的模式生物及因变量。第三，采集或实验室获取大型蚤并学习其培养方法。第四，在老师的指导下科学设计实验。第五，对实验结果进行分析并以学术论文的形式在班内汇报研究过程及结果。第六，以实验结果为依据，在学校橱窗以海报形式感召大家关注生态安全，并树立"生态安全从我做起"的意识，建立并养成有利于生态安全的生活方式。

（五）废旧电池的回收

第一，废旧电池属于哪类垃圾？怎样区分我们生活中产生的垃圾——可回收垃圾、不可回收垃圾和有毒垃圾？（倡导用顺口溜的形式编写垃圾分类知识）

第二，目前我国废弃电池传统的处理方式，焚烧、堆肥、填埋会带来哪些环境污染？以废弃电池的排放对水的污染为例，画出它的污染途径？

（污染途径可以用地理简图表述）

第三，采用问卷调查的形式（问卷针对教师、公务员、自由职业者、学生等不同群体展开），调查我市废弃电池回收利用存在的问题并进行总结。

第四，查阅资料并总结日本、美国、瑞士等发达国家废弃电池回收利用的成功经验形成总结报告。

第五，结合以上两个问题的收集成果，给某市环保局局长写一封有关城市废弃电池科学回收利用的建议（不低于1500字）。

五 职业体验活动

参观南孚电池工厂，完成生涯体验报告单。

六 成果与评价

第一，自制化学电源分组展示，并完成实验报告。第二，科普锂电池的科技小论文。第三，绘制电池分类及用途的思维导图。第四，写一篇有关"废电池渗出液对大型蚤毒性研究"的学术小论文。第五，垃圾分类顺口溜。第六，废旧电池对水源污染的路径图。第七，给某市环保局局长写一封有关城市废弃电池科学回收利用的建议。第八，完成《项目学习总结评价表》（见表3），对学生自身学习成果进行总结，也便于项目改进完善。

表3　　　　　　　　　　　　　　项目学习总结评价表
项目组别：　　　　　班级：　　　　姓名：　　　　时间：

评价方式		评价标准	自我评价	小组互评	教师评价
自我认知	项目小组选择	依据自身学习爱好、特长			
		自己的意愿不盲从			
过程评价	收集处理信息途径	回顾教材教参基本原理			
		合理利用电子图书馆查阅权威专业资料			
		收集生活实际问题请教他人			
		充分利用互联网获取最新消息			
		各成员分工明确合作共享			
	项目方案设计	充分利用已有知识，达到巩固、提升、运用			
		逻辑清晰具有科学性			
		开发身边可利用资源，考虑环保和节约			
		对解决实际问题有参考性和实际研究价值			
		可行性强具有可重复性，获得真实稳定的结果或产品			
	项目实践过程	实事求是记录真实结果或现象			
		操作科学规范注意自己及他人安全			
		组内成员积极参与，深入交流。高效解决遇到的困难			
		充分运用互联网资源和现代技术处理实验结果			
		恰当地建构化学模型、物理模型使结果可视化			
	成果展示	将已有的知识运用到其中，巩固提升学习内容			
		可以解决实际的具体问题和广泛的群体影响			
		运用互联网平台和现代技术，与时俱进			
		融入艺术、文学、信息技术综合展示			
		产品或结果具有创造性，融入独到的想法和策略			

注：评价可以关注过程性因素、个人的能力素质、收获感悟、产生的疑问，可以用关键词、短句、图形符号等多样形式进行概括总结。

【课例环节一】*

探索一粒电池的诞生**

（一）教学目标

第一，深入理解原电池的放电原理、电池的构成条件。

第二，学会制作原电池，发展学生的实验操作能力；对实验结果的分析对比中发展推断—预测—验证的科学思维；探究过程融合了物理学科中的电学知识，发展了学生的跨学科思维能力；培养了学生运用所学知识解决实际问题的能力。

第三，通过对锂电池的学习，体验科学创新对社会发展的价值意义；培养学生的能源观，建立可持续发展的绿色化学意识。

（二）设计原理

本项目针对高二下学期学生，在学生学习原电池原理的基础上，引导学生深入理解原理，建构模型；原电池的学习既有化学原理知识又有物理电学知识。学生需要掌握金属的性质、电解质溶液性质、能量的转换关系、氧化还原理论和物理电学中的欧姆定律、电阻定律。应用电化学原理动手实践设计制作电池，在实践中分析对比影响电池放电效率的因素，并进行小组展示形成实验报告。人类一直在进步，电池的革命也一直在继续着，学生从对锂电池的探索中感悟科技创新的魅力。

---

* 扫描二维码可获得配套 PPT。
** 孟凡荣，河北省唐山市第二中学化学教师兼职生涯教师，唐山市骨干教师。

（三）教学流程

教学过程如图 1 所示。

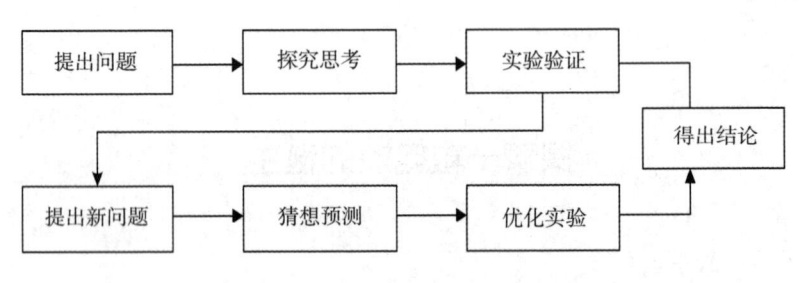

图 1 探秘一粒电池的诞生项目流程

（四）教学用具

平板电脑、电极材料（铁棒、铜棒、锌片、铝片、石墨电极、不同面值的硬币）、绝缘导线（末端有鳄鱼夹）、电解质溶液（稀硫酸、稀氢氧化钠溶液、氯化钠溶液）、橘子（或其他水果）、酚酞溶液、铁氰化钾溶液、发光二极管、电流传感器、电压传感器。

（五）教学内容和环节

1. 情境导入

教师：同学们，如果你在野外探险活动中突遇手机没电又没有充电宝时，你想怎样给自己的手机充电呢？（视频导入）

学生：自制化学电池、太阳能电池、小型水力发电机……

【设计意图】

创设情境，基于一个有趣的与生活相关的问题激发学生研究设计电池的兴趣。同时培养学生的能量转化意识。

2. 学以致用，激活旧知

教师：首先观察手机充电器的输出电压和电流，如果制作一个可供手机充电的化学电源，同学们需要准备什么材料？应用什么化学原理呢？

学生：（观察充电器侧面的标注）充电器的输出电压为5V、输出电流为2A，回顾电池放电原理、电池的构成条件。

【设计意图】

运用宏观—微观—符号三重表征相结合的形式发展学生的化学思维，培养了学生证据推理和模型建构的核心素养，运用了抽象的认知策略。

3. 实验设计，成果展示

任务一：寻找适合的电极材料和电解质溶液，小组合作为自己制作一款私人定制电池。（由于电池材料种类有限，每组设计的电池可以不相同）

学生活动：第一，小组合作分析讨论、联系物理电学知识，查阅资料，设计小组实验方案。列出所需实验器材和实验药品，进行组装，并用电流传感器记录实验数据。第二，分析影响电流大小的因素都有哪些，改进实验方案，记录改进后的实验数据。

表4　　　　　　　　　实验数据记录表格（汇总）

	1组		2组		3组		4组		5组	
	前	后	前	后	前	后	前	后	前	后
正极材料										
负极材料										
电解质溶液										
电压（电流）大小										
实验结论	影响电池性能的因素									

任务二：讨论交流小组实验中所用的电极材料和电解质溶液类型浓度。采取了什么改进措施达到了几伏电压？可以实现哪些生活应用？在实验过程中有什么思考和新的发现？

学生活动：小组展示。成果展示如图2至图4所示。

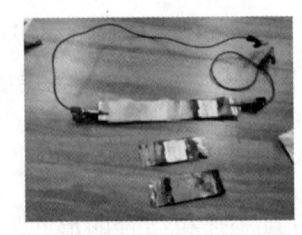

图 2　铁—铜电池　　图 3　锌—铝电池使二极管发光　　图 4　串联电池使石英表运转

实验结论：通过以上各组的实验数据，我们看到每个小组使用的电池材料不同，电解质溶液种类不同，产生的电流大小和持续时间都不相同，小组讨论总结影响电流大小和持续时间的原因。

【1 组】两电极分别为铁片和碳棒，用新鲜橘子串联。虽然电流小但是小组也有新发现，学生提出橘子瓣膜是一种离子交换膜，所以虽然有隔膜，橘子依然可以导电。

【2 组】两电极材料分别为铁和铜，电解质溶液为氯化钠溶液。学生分析负极产物可能为 Fe^{3+} 或 Fe^{2+}，用铁氰化钾检验，铁片附近稍微变蓝，但是现象不明显。用酚酞检验正极是否有 OH^- 生成，铜片附近变红，电流表示数小，为 0.01 安培左右。小组实验过程中有点急躁，把电极拔出来几次，导致颜色变化不明显，但是电极拿出来再放进去的那一刻电流计的示数有波动，可能带入氧气，学生得出结论——溶液中溶解氧的浓度影响电流大小。

【3 组】两电极材料分别为铁片、铜片，后又将铜片换成碳棒，发现电流示数变小，说明碳棒的电阻更大，电极材料会影响电流大小。利用物理学知识将两组电池进行串联，增大了电流。

【4 组】两电极材料分别为镁铜，电解质溶液为氯化钠溶液，电流显示 0.1A。改进后用稀盐酸代替氯化钠溶液，电流显示 0.5A，学生得出结论，当镁条做负极时酸性电解质溶液产生的电流更大。

【5 组】用多层锌片、蘸有饱和食盐水的滤纸、多层铜片或硬币依次叠加做成伏打电堆，还原最早的原电池模型，又符合现代膜电池的基本原理，用三组电池串联，带动了发光二极管和电子钟表，引起了同学们的欢呼，创造了本节课的高潮。

【设计意图】

通过实验探究影响电池放电效率的因素，诊断学生推论预测、实验设计的能力，发展学生的证据推理观和科学探究思维，增强学生运用物理、化学等多学科知识综合解决问题的能力。运用了对比、分析、决策、实验创新、问题解决的高阶认知策略。

4. 项目评价

小组互评：交流每个小组探索成果；小组互评装置的利弊；汇总各小组在探索中总结出来的影响电流和电压的因素，在实验过程中有什么思考和新的发现。

教师点评：从实验创新点、外观造型、电池储能量、小组成员参与度、小组合作度、对实验的再思考等多角度评价。在电池的研发过程中一般通过降低电池在放电过程中离子传导的内阻，增大电池活性物质的利用率，以提升电池放电性能。这也是电池研发人员一直在努力的方向。电池的革命是解决人类未来能源问题的重要途径。（介绍诺贝尔化学奖得主——致力于锂电池研究的古迪纳夫）

【设计意图】

成果展示提升了学生的成就感。

培养学生的创新意识和社会责任感，提高并发展学生对学科应用价值的认识水平。通过学习化学史和学科人物的科研精神，树立学科榜样，发展学生思考未来、认知自我、认知职业的生涯适应力。

课后项目：撰写科技小论文。

第一，为什么锂电池会成为明星？你知道几种锂电池，它们的电极材料分别是什么？将其工作原理用电极反应式表示出来。它们的优点都有什么？（至少写五种）

第二，如果你从事锂电池的研究，你想在哪些方面去做突破？

第三，从能源的角度思考锂电池给人类带来了什么？

第四，你认为作为一名电池研发人员需要具备什么样的学科知识和职业素质？

【课例环节二】*

电池的设计、开发、应用及回收**

（一）教学目标

第一，从物理学科的角度让学生对电池的种类、开发、利用及回收有系统全面的认识。第二，在知识的探索掌握过程中，培养学生的物理学科核心素养。第三，在学生小组探究，团队合作的研究过程中，帮助学生提高自我认知，挖掘学生在学科学习中的优势，进一步明确未来职业方向。

（二）设计原理

电池是一种在实际生活中必不可少的便携式能量储存器，也是我们在物理电学中常常用到的实验仪器，但是学生包括我们教师对于电池的认识、利用及回收和开发还远远不够，甚至不清楚常用电池的使用。现代社会，能源的利用和开发已经摆到了议事日程之上。鉴于此，我们开发了关于电池的项目制学习内容，期待学生在学习探究过程中，加深对电池的知识的全面了解，学会探究科学的方法和思路。培养物理的核心素养，帮助学生建立家国情怀。

---

* 扫描二维码可获得配套 PPT。

** 许楠，北京大兴八中分校物理高级教师，中国教育发展战略学会生涯教育专业委员会副秘书长，北京市科研骨干；邢卫军，大城县第一中学一级教师，生涯规划教师、班主任、校长助理，中国教育发展战略学会生涯教育专业委员会理事。

（三）现场教具

第一，家用电池若干（1号、2号、5号、7号等）。第二，水果电池（梨、橙子等水果若干，锌片和铜片若干）。第三，电阻箱、电压表、导线若干。第四，白纸、铅笔、直尺、计算器等。用于测量计算电池的电动势和内阻。

（四）教学内容和环节

1. 认识电池

（1）问题提出

第一，生活中有哪些电池？第二，你知道哪些电池？第三，你能接触到哪些电池？

（2）设计意图

在教师的指导下，学生收集信息，整理总结。对电池的分类及应用有个初步的了解。

（3）最终目标

完成以下三类问题的整理。

第一类：电池的分类。

第二类：家用电池的型号及用处。

第三类：教科书中介绍的两类电池（水果电池、电动汽车的电池）。

如果学生收集的资料有缺陷，教师可以补充。

（4）核心素养目标：实验探究能力

培养学生实验探究意识，引导其在学习和日常生活中发现问题，使用各种科技手段和方法收集信息；具有分析、处理信息的能力，在探究过程中具有合作与交流的意愿与能力，能用语言文字准确表述探究结果，如图5所示。

图 5　生活中的电池

2. 探究电池的工作原理

（1）问题提出

手电筒中的小灯泡为何可以持续发光？

（2）设计意图

在教师的引导下，学生通过复习电势差的概念，思考电流的形成原理，理解电池的由来，为进一步学习理解电动势的概念提供帮助。

（3）最终目标

学生在教师的引导下设计出如图 6 所示的电池模型。

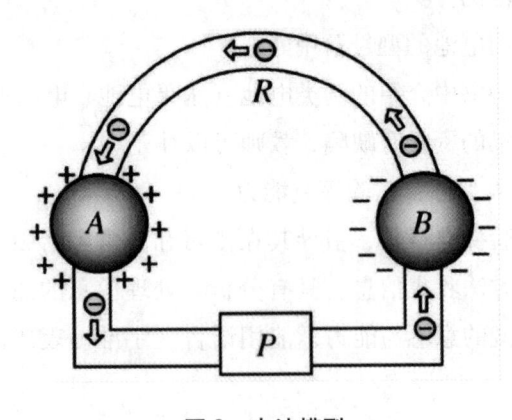

图 6　电池模型

模型理论依据：倘若在 A、B 之间连接一个装置 P，如图 6 所示，它能在 B 失去电子的过程中，不断地从 A 取走电子，补充给 B，使 A、B 始终带一定数量的正、负电荷。这样，A、B 之间始终存在电势差，电路内就会存在持续的电流。能把电子从 A 搬运到 B 的装置 P 就是电源，A 和 B 是电源的两个电极。手电筒中的小灯泡能持续发光，是因为电路中有电源，电源产生电压，电路中的电流能够持续存在。详见人教版高中物理必修三第 11 章第 53 页及第 54 页。

（4）核心素养：科学思维

培养学生建构理想模型的意识和能力；能正确运用科学思维方法，从定性和定量两个方面进行科学推理、找出规律、形成结论，并能解释自然现象和解决实际问题。

3. 探究电池的使用寿命

（1）问题提出

第一，电池的使用寿命由什么因素决定？

第二，如何延长电池的使用寿命？

第三，在实验室你准备用什么方法研究电池的使用寿命？

（2）设计意图

在教师的引导下，让学生将实际生活中遇到的具体问题，通过物理学科的知识和概念来解决。这是理论和实践的有机结合，同时帮助学生树立正确的学习观念——为了解决实际生活中的问题而学习，不是为了考一个高分数而学习。这也是生涯教育的基本理念。

（3）项目设计

制作水果电池，测量电池的电动势及内阻——人教版高中物理必修三第 12 章第 91 页。

实验过程：把铜片和锌片相隔约 1 厘米插入一个梨中，就制成了一个水果电池，如图 7 所示。

铜片和锌片相距越近、插入越深，电池的内阻就越小。铜片是电池的正极，锌片是负极。把水果电池、电阻箱、电压表等连接起来，如图 8 所示。用电压表和电阻箱测出多组电压 U 和电阻 R，并记录在预先绘制的表格中，求出水果电池的电动势和内阻。改装磁电式直流电流表，检测废旧电池的电量。

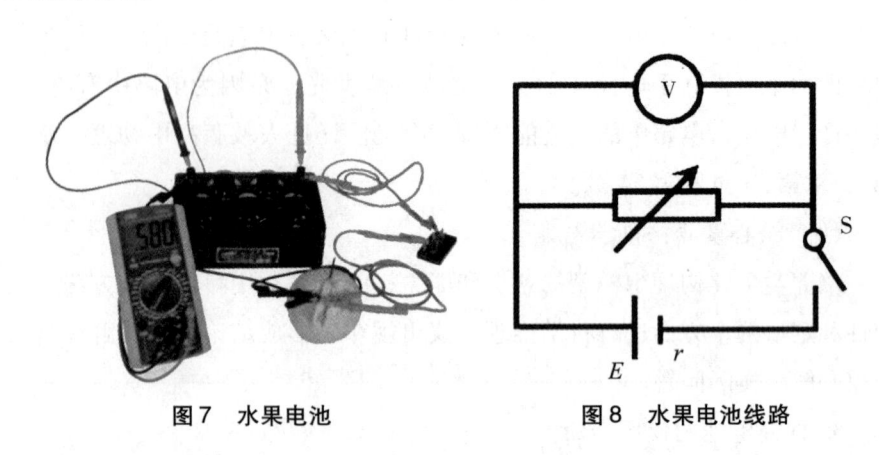

图 7 水果电池

图 8 水果电池线路

利用一只灵敏的磁电式直流电流表（微安表）做表头。当微小电流通过表头，就会有电流指示。但是表头不能通过大电流，对磁电式直流电流表进行改装，在表头上并联与串联一些电阻进行分流或降压，从而测出电路中的电流、电压和电阻。电池作为电源接入电路时，其本身的电动势和内阻也成了电路的一部分。通过对外接电路进行设计，利用实验室中的器材制作简易"万用表"，如图 9 所示，用来测电池的瞬间短路电流，电量充足时应为无穷大。根据瞬间短路电流大小就能判断电池电量的多少。短路电流大小还要看电池的大小而定。5 号 AA 电池如果在 500 毫安以下则为电量不足。其他电池看其大小数值要大一些。注意，只能瞬间测量，否则会损坏电池或万能表。

【设计意图】

电池随着使用时间变长会发生一系列的变化，如电量下降、内阻变大、输出电压和输出电流降低等。在学生进行项目设计时，要引导他们以各种方式进行相关知识资料的收集，并考虑通过观测电池哪方面的变化能更准确地反映出电池的使用程度，以及所测量的数据达到什么样的标准才能认定电池已达到使用寿命应当废弃处理。

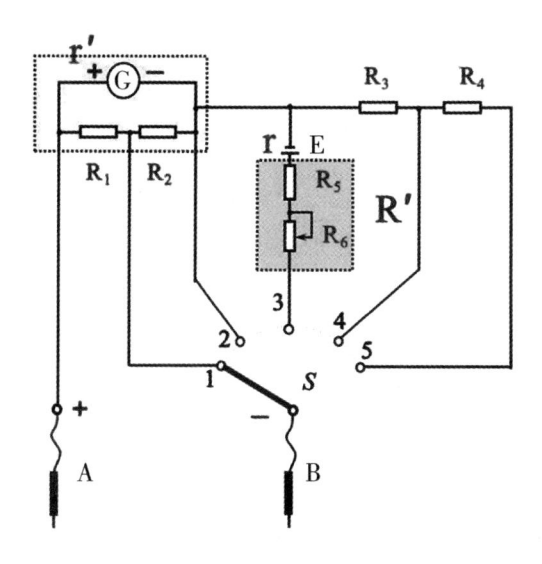

图9 万能表简易原理

【问题提出】

一般家用电池、手机电池等，它们的输出电压、电流大小范围是多少？

设计电路时不仅要保证测出电池的各项数据，还要保护电池、仪器和元件不被过大的电流烧毁，那么需要注意什么？

怎样提高电池的使用率，减少能源浪费？

（4）核心素养目标：科学思维能力

培养学生能正确运用科学思维方法，通过定性分析和定量观察两个方面进行科学推理，找出电池电流减少的原因，总结规律，形成结论，学会解释自然现象和解决实际问题。

4. 探究电能的利用

（1）问题提出

如何描述电池的容量？电池的容量和电池的能量是否一个概念？

电池的能量从何而来？电池的能量去向何方？

（2）设计意图

在教师的引导下，帮助学生将实际电池的容量和理论电池的能量结合起来，同时建立能量的大一统观点，重新梳理《能量守恒定律》——能量既不会产生，也不会消失，只能由一种形式转换为另一种形式，或者从一个物体转移到另一个物体上，这也是物理学科最重要的理论思想。

（3）推荐案例

以电动汽车中的锂电池为例，详见人教版高中物理必修三教材第十一章电路及其应用第 55 页。

（4）核心素养目标：物理观念

培养学生形成经典物理的物质观念、运动观念、相互作用观念、能量观念等能用这些观念描述自然界的图景。

5. 废电池回收行业

（1）问题提出

第一，生产电池主要包括哪些原材料？第二，电池回收行业现状如何？第三，如何有效减少废旧电池的浪费？

（2）设计意图

此环节和第一个环节遥相呼应，考察学生的内容和方向一致。

（3）辅助资料（附后，仅供参考）

（4）核心素养：实验探究、科学态度和责任

培养学生实验探究意识，引导其在学习和日常生活中发现问题，使用各种科技手段和方法收集信息；具有分析、处理信息的能力，在探究过程中具有合作与交流的意愿与能力，能用语言文字准确表述探究结果。

帮助学生理解科学、技术、社会、环境的关系，热爱自然，珍惜生命，具有保护环境、节约资源、促进可持续发展的责任感。

（五）课堂总结

今天我们对电池做了深入了解，请你用三到五句话谈谈你对电池的印象。以下是课后思考题。

第一，电池的探究过程对你未来生活和工作将产生什么样的影响？请用300字叙述。（内容可以涉及喜欢的未来的职业方向、感兴趣的行业等）

第二，垃圾分类中，废旧电池应归于哪个类型的回收箱？

第三，除了电池，还有哪些是我们在生活和学习中遇到的需要了解和解决的？全班同学共同讨论出一个事物。把这个作为全班的项目，在一定时间内完成。

【课例环节三】*

探索废电池渗出液对大型蚤毒性研究**

（一）教学目标

第一，通过查阅电池液获取、实验模式生物确立等资料，学会收集信息与处理信息，培养学生的科学思维。

第二，通过实验方案的设计、进行实验数据的统计及处理过程体验科学发现过程，培养学生科学探究能力。

第三，通过对实验结果的分析，自主建构电池渗出液对环境生物的影响作用，使学生对稳态与平衡有初步认识，培养其生命观念。

第四，学生通过对网上查阅资料的甄别，学会科学设计实验的方法，学会科学理性分析生活中的现象，并养成良好的生活习惯，培养学生的社会责任感。

---
* 扫描二维码可获得配套PPT。
** 运迷霞，上海市三新中学教师；徐喜梅，淮北市实验高级中学生物教师，高级生涯规划师。

（二）设计原理

第一，基于实验设计基本流程：提出问题—作出假设—设计实验—验证假设—得出结论，学生自己设计实验分析电池渗出液对模式生物的影响，进行小组汇报；并写一篇有关"废电池渗出液对大型蚤毒性研究"的学术小论文。

第二，基于体验式学习理论的基本过程：具体经验—反思观察—抽象概括—行动应用，注重问题设计的开放性、建构性、深入性和层次性，层层递进不断激发学生思考并培养其分析、提炼等能力。

（三）教学流程

此项目化学习包含6个基本环节。第一，查阅有关"如何收集电池渗出液"的资料，确定其收集方法。第二，查阅资料了解常见的环境指示生物并利用学校实验室现有条件确定研究的模式生物及因变量。第三，采集或实验室获取大型蚤并学习其培养方法。第四，在老师的指导下科学设计实验。第五，对实验结果进行分析并以学术论文的形式在班内汇报研究过程及结果。第六，以实验结果为依据，在学校橱窗以海报形式感召大家关注生态安全，并树立"生态安全从我做起"的意识，建立并养成有利于保护生态安全的生活方式。

（四）教学用具

五号南孚电池若干、大型蚤、小球藻（或酵母菌代替）、烧杯若干、试管若干、量筒、过滤网、玻璃棒等。

（五）教学内容和环节

1. 课堂导入

第一，资料：我国是电池生产和消费大国，目前产量达140亿枚，占世界产量的1/3。电池已深入我们生活和工作的每一个角落。如果以每年约3.6亿个家庭每户每年用10枚计，消费已是36亿。若加上集体消费每年"涌现"上百亿的废电池应当不在话下。

第二，这些废旧电池若未被合理回收一旦进入环境并长期作用，对环境中生物的生命活动会有怎样的影响呢？

【设计意图】

第一，资料中的数据较为直观清晰，让学生了解我国废旧电池每年的产生量，引起他们对废旧电池如不合理回收利用可能产生危害的关注。

第二，引发学生思考，学生对已有知识（包括学科知识和拓展知识）提取和组织加工后讨论对环境生物可能产生的影响。

2. 教学过程

（1）问题引导，厘清思路（5—10分钟）

第一，根据所学知识能否设计实验验证这些废旧电池渗出液对环境生物的影响？

第二，实验材料如何选择？你知道的环境指示生物有哪些？（对小型水生生物研究更为方便）本实验我们可以选择什么样的材料？（提供我曾用过的一种实验材料供学生参考，具体可课后查阅资料再确定）

第三，实验设计的基本步骤有哪些？

第四，设计解决当下这个问题的实验，自变量是什么？（不同浓度的电池渗出液或者相同浓度渗出液不同的作用时间等）

第五，电池渗出液如何提取？（引导学生后面查阅资料）

第六，实验的因变量可以有哪些？（个体水平、细胞水平和分子水平中的参考指标）

第七，根据目前我们现有的实验水平和条件我们可以研究的因变量是什么？（如果材料是大型蚤则可以研究其致死率）

【设计意图】

逐层深入的问题引导学生、引发学生积极思考并综合分析多种因素最终确定实验流程，确保实验的科学有效性，强化学生对科学研究的基本方法的理解。

（2）设计实施实验，完善细节（15分钟）（分不同小组各自设计实

验步骤)

第一，取 50mL 小烧杯放入培养液 20mL，废旧电池渗出液 20 mL，加入大型蚤 20 只，温度为（22±1）℃条件下分别静态放置后，每隔 1 小时记录大型蚤的存活情况并做记录（记录见表格 1）。

第二，计算大型蚤在不同废旧电池渗出液和不同处理时间下死亡率 [致死率 =（20 - 存活数）/20×100%]。

表 5　大型蚤在不同浓度废旧电池渗出液和不同处理时间下的死亡率

浓度＼时间	1小时	3小时	5小时	7小时	9小时	11小时	13小时	15小时
0								
1								
2								
3								
4								
5								
6								

【注意事项】

（请同学们梳理总结，教师可以适当补充）

第一，废旧电池渗出液获取中有哪些需要注意的事项？第二，水生生物如，大型蚤的培养过程中需要注意的事项是什么？第三，实验过程中需要注意的事项又有哪些？

【设计意图】

熟练掌握科学探究实验设计的基本方法，并尝试应用此方法解决实际问题，经过这样的体验学习过程，学生可以将此方法进一步迁移并培养其独立解决更多生活中实际问题的能力；注意事项中的问题均具有开放性，能够拓展学生思维，培养学生综合分析问题的能力。

（3）数据分析，成果展示（15 分钟）

第一，一项研究结束后，如何将实验结果进行有效表达？（若答不上来即可引导：孟德尔、沃森、克里克等这些科学家是如何表达成果的呢？——论文）教师介绍学术论文组成要素（标题、摘要、关键词、前言、材料与方法、实验过程、结果与讨论及参考文献）。实验结束后请生物小组的同学以"学术论文"的形式呈现研究成果。

第二，你还了解哪些成果表达方式呢？（研究报告、科技论文等）

第三，这个实验将会给你带来什么样的思考？

第四，引发大家关注环保问题你还可以做哪些工作？

第五，如何在校内宣传该实验结果，不仅引起大家兴趣并引发大家思考，树立养成环保意识习惯？（海报等形式）

【设计意图】

培养了学生运用所学方法解决生活实际问题能力；通过校内推广和表达成果引发大家关注环保，从我做起，从身边小事做起的意识；科学研究的基本方法和学术论文的写作是每一位科研工作者的必备的素养，学生通过此模块的学习初步感受科学家是如何思考的？同时，了解科技工作这一职业，在体验过程中初步探索自己的兴趣和能力。

3. 课堂小结

环境是我们人类生存的家园，保护环境是我们每一个人的责任。相信同学们通过今天的学习，树立环保意识，从我做起，从身边的小事做起，从合理回收废旧电池做起，带动家庭，影响社区唤醒大家的环保意识，使我们的校园、家庭和社区建设得更加美丽！

课后项目制学习任务如下。

（1）本项目后续实施跟进

第一，根据今天课堂留下的问题查阅相关资料，学习电池渗出液的收集方法和模式生物的确立。第二，班级各小组同学利用两个周的时间完成实验。第三，生物小组的同学完成学术论文的写作。第四，其他小组同学完成推广海报的制作。

（2）本项目的纵向延伸

其他有条件的学校可以将此项目继续深入和提升。如电池渗出液对大型蚤摄食率、摄食强度、某些酶活性等的影响。[1]

(六) 补充材料

1. 废旧电池渗出液的获取

取 2 枚耗尽电源的 5 号南孚电池，破坏后取其黑色粉末置于 1000 毫升烧杯中，加入 500 毫升蒸馏水浸泡，经常搅拌，浸泡时用塑料薄膜封口防止蒸发，10 小时后将溶液过滤，定容至 1000 毫升，转至棕色瓶备用。[2]

浓度设置：取以上制备好的废电池液分别用蒸馏水稀释为 10%、20%、30%、40% 和 50% 共 5 级浓度，蒸馏水作为对照，共 6 个处理。

2. 大型蚤相关知识

（1）生活环境

大型蚤（Dophnia Magna Straus）属于浮游甲壳类动物，生活在自然水域，在水域生态系统中具有重要作用。大型蚤的生活周期短、繁殖快、经济、方便、易得、对毒物敏感、同时易于在实验室培养等优点，使得它成为一种标准试验生物并广泛地用于水生生物的毒理试验中。实验蚤可以从其他实验室引种，也可以从水域中采集。水域中采集的蚤要经过初步的分离、纯化。

（2）形态结构

大型蚤是浮游动物中枝角类生物，身体短小，左右侧扁，圆形，分为雌性与雄性，雌性体长 2.2—6.0 毫米；雄性体长 1.75—2.50 毫米。结构如图 10 所示。

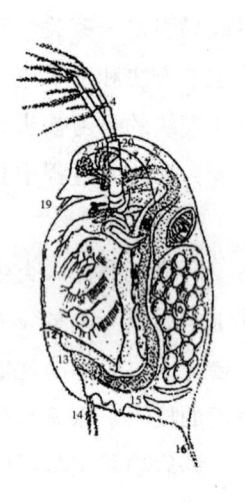

图 10 大型蚤形态结构

---

[1] 罗艳蕊、李效宇、运迷霞等：《[C8mim] Br 对蚯蚓抗氧化系统的亚慢性毒性效应》，《农业环境科学学报》2009 年第 2 期。
[2] 赵红、罗朝晖、林国卫等：《废电池液对 4 种豆类作物种子萌发的影响》，《种子》2014 年第 2 期。

(3) 培养条件

蚤类喜食藻类、细菌、酵母及有机碎屑等，有条件的实验室可以参考我国国标方法推荐用实验室培养的栅藻作为大型蚤的饵料。栅藻可以在淘宝店铺购买。

按照每个蚤要求 2 毫升水的原则，大型蚤可以放在不是很深的培养皿中培养。培养液每周换三次，每天定时饲喂定量的斜生栅藻。大型蚤在自然光条件下可以在 20℃ 左右培养 7—8 天。①

【课例环节四】*

基于地理学方法的废弃电池归宿探究**

（一）教学目标

第一，通过收集资料、实地考察让学生对废弃电池的分类、影响、回收等知识有系统全面的认识，培养学生的人地协调观。第二，通过地理探究实验、问卷调查、画地理简图，培养学生的地理实践力。第三，通过问卷调查、实地考察和对比研究发达国家的成功经验，写出适合本市的废弃电池回收利用的建议，培养学生的区域认知能力和综合思维。

---

① 罗艳蕊、李效宇、运迷霞等：《[C8mim] Br 对蚯蚓抗氧化系统的亚慢性毒性效应》，《农业环境科学学报》2009 年第 2 期。
* 扫描二维码可获得配套 PPT。
** 陆红艳，云南省弥勒市第四中学地理高级教师。

（二）设计原理

废弃电池是我们生活中常见的垃圾，但是我们教师和学生却对它的分类、影响、合理的处置认识还远远不够，甚至不清楚常用电池的它给我们带来的威胁。本节教学素材贴近学生生活，引导学生关注身边地理和社会问题，培养学生的创新能力、环保意识、社会责任感。

本项目针对高二下学期学生，在学生提前学习《环境保护——第三节 城市垃圾污染与防治》的基础上，引导学生深入理解教材内容，建构模型；通过自己的学习和实践，给当地环保部门废弃电池的处理提出一些可行的建议。

本书通过提出问题、设计方案、动手实践、解决问题等环节展开项目化学习，落实地理学科人地协调、地理实践力、区域认知和综合思维等核心素养，激发学生的学习内驱力，转变学习方式。

（三）现场教具

第一，家用电池若干（4 粒 5 号废电池等）。第二，两盆绿萝。第三，白纸、铅笔、拍照手机。用于记录在实验过程中观察到的现象。

（四）学习内容和环节

情景再现：给学生展现连续一个星期在垃圾场拍到的图片，其中从这些图片中都可以很清晰地看到各类垃圾琳琅满目，还有显眼的废旧电池。

1. 了解废弃电池

（1）问题提出

第一，怎样区分我们生活中产生的垃圾——可回收垃圾、不可回收垃圾和有毒垃圾？（倡导用顺口溜的形式编写垃圾分类知识）第二，废旧电池属于哪类垃圾？第三，目前我国每年废旧电池的生产现状如何？第四，了解废旧电池的组成元素有哪些？列举出其中哪些元素有毒？

（2）学生

以问题引导，任务驱动，完成资料的收集和整理，并能熟练掌握具体垃圾分类的内容，编写顺口溜，指导自己的亲人朋友实践垃圾分类处理。

（3）教师

汇总学生成果，进一步引导学生修改、完善、归纳出以下知识点，并能用思维导图的形式把知识串联。

第一类：垃圾的分类。

第二类：从垃圾分类回收的方式看，废旧电池属于哪类垃圾。

【设计意图】

培养学生的探究意识，引导学生关注生活中的地理，把课本中复杂的知识、原理具体化和生活化。

2. 废弃电池的处理方法的比较

（1）问题提出

第一，对废弃电池传统的处理方式，如焚烧、填埋会带来哪些环境污染？第二，以被丢弃到水中的废弃电池为例，了解它的污染途径？

（2）学生

通过网上收集资料或者实地考察垃圾处理厂，了解并整理出废弃电池用传统的焚烧、堆肥、填埋等处理方式分别带来哪些环境污染。为了培养学生的地理素养，安排学生以课本中学过的水循环模式图为范本，绘制废弃电池对水体造成污染的图形，并以地理简图的形式呈现。

（3）教师

汇总各组收集到的成果，引导学生与鲁教版教材中《城市垃圾污染的防治》中传统垃圾的处理方式的优缺点进行比较，修正、整理信息。查看学生绘制的地理简图的科学性，并进行一对一指导。

【设计意图】

在教师的指导下，学生收集信息，对比总结。了解传统垃圾处理方式弊端，培养学生的环保意识和人地协调观。布置学生绘制地理简图，培养学生的综合思维和知识迁移能力。

3. 探究废弃电池对环境的影响

通过上述活动，学生对废弃电池采用传统的垃圾处理方式来处理会造成污染，有了进一步的认识。但是具体怎么影响，我们通过一个地理探究实验再做进一步了解。

（1）问题提出

废弃电池对植物的生长会产生怎样的影响？

（2）教师

①制订实验计划

要改变的条件：废电池的浸出液或清水。

要控制不变的条件：两盆用水培植、长势良好的绿萝，把它们放在靠窗处，享有相同的温度、湿度、光照。

控制的方法：在其中一盆绿萝中放废电池液，也就是实验组；另一盆绿萝中放等量的清水，即对照组。

②实验器材

若干长势良好的绿萝、若干5号废电池、清水。

③实验耗时

两周。

（3）学生

①实验过程

在其中一盆绿萝中放入4粒用刀割破外壳的5号废电池。另外一个盆只放清水。把它们放在靠窗处，每天观察并记录绿萝的变化。

每天采集对比照片。

观察记录表。

②研究成果

放置废电池的绿萝两周后叶子会变黄，未放置的另一盆绿萝长势良好。

通过实验，可以得出的结论是废电池会对植物的生长产生影响与危害。

表6　　　　　　　废弃电池对植物生长的影响记录①

时间	放置废电池液的绿萝	放置废电池的绿萝
第一天		
第二天		
第三天		
…		
第十四天		

【设计意图】

引导学生能正确运用科学思维方法，通过学生的记录和观察，得出结论。让学生具体感知废弃电池对环境带来的影响。

4. 通过调查和对比研究提出废弃电池回收利用的建议

（1）问题

第一，学生采用问卷调查的形式（针对教师、公务员、自由职业者、学生等不同群体展开），调查我市废弃电池回收利用中存在的问题并进行总结。第二，学生通过查阅资料，总结出日本、美国、瑞士等发达国家废弃电池回收利用中有哪些值得我市借鉴的成功经验。

（2）学生

结合活动内容及收集成果，以小组为单位给弥勒市环保局局长写一封有关弥勒市废弃电池科学回收利用的建议（不低于1500字）。

（3）教师

依据加德纳②多元智能理论，每个人在八种智能方面的组合和表现是有差异的，学生在地理学科的学习活动中，也必然存在各种智能差异。所以在活动中采用多元的评价标准，可以激发学生的学习积极性。

学生展示完后，教师组织学生民主评选出书写小能手（语言智能）、

---

① 张水杰、周同学：《探究废旧电池对动植物的危害及其污染水的净化》，《教学仪器与实验：中学版》2007年第5期。

② ［美］霍德华·加德纳：《多元智能》，沈致降译，新华出版社1999年版，第14—16页。

数据分析大师（数理逻辑智能）、最具潜力的科学家（自然观察智能）、最佳团队（人际交往智能）、潜力小能手（视觉—空间智能）等奖项。点评学生的参与情况。

【设计意图】

通过学生对自己家乡的废弃电池回收、利用状况的实地问卷调查，培养学生的主人翁意识和社会责任感。同时，基于区域发展差异的客观事实，培养学生考虑问题要有全球观，着眼于未来，寻求更优的解决方案。在学生对区域差异有了一定认知的基础上，因地制宜地提出发展的建议，通过活动加深学生的自我认识，培养学生的预测意识和能力。最终，采用多元评价方式，增强学生的自我效能感。

（五）拓展探究活动

班级将举办一次废弃电池"变废为宝"的作品展（工艺品、省区轮廓、各类地理统计图或地理模型等），要求参赛作品有名称和作品简介。届时优秀作品将在学校展厅展出，并颁发学校特制的具有纪念意义的奖章和奖品，以示鼓励。

（六）课堂展示

1. 学生

展示《废弃电池的归宿》中的相关成果。学生自己编写垃圾分类顺口溜、学科知识思维导图、学生绘制的地理简图、学生手工作品、给环保局局长的建议信。

2. 教师

教师组织学生民主评选出书写小能手（语言智能）、数据分析大师（数理逻辑智能）、最具潜力的科学家（自然观察智能）、最佳团队（人际交往智能）潜力小能手（空间智能）等一些鼓励学生的奖项。点评学生的参与情况。

【设计意图】

给学生提供一次交流学习、展示自己的机会，培养学生的语言组织能力和表达能力。让学生在实践活动中，收获成功的体验，探寻自己的学科兴趣和人生目标。

◎ 附录：部分全国生涯教育学术组织简介

中国关心下一代工作委员会教育中心生涯专业委员会

中国关心下一代工作委员会教育中心（以下简称中国关工委教育中心）生涯专业委员会是中国关工委教育中心深入贯彻习近平总书记关于关心下一代工作的一系列重要指示精神，落实中共中央办公厅、国务院办公厅《关于加强新时代关心下一代工作委员会工作的意见》的部署以及党中央、国务院《关于深化考试招生制度改革的实施意见》和《深化新时代教育评价改革总体方案》等党和国家系列文件精神的重要组成部分；是中国关工委教育中心全面推进遵循教育发展规律和人才成长规律，落实立德树人根本任务，培养满足我国社会经济高速发展所需的高素质、高质量的新时代社会主义建设者和接班人的重要阵地。是组织团结生涯教育相关的企事业单位、社会团体组织、专家、学者、教育工作者的专业教育学术组织。

在中国关工委教育中心的指导下，生涯教育专业委员会专注于推动我国生涯教育科学、健康、可持续发展；以落实立德树人根本任务，践行社会主义发展人才观，引导青少年树立正确的世界观、人生观、价值观，树立正确的国家意识和理想信念，培养满足我国社会经济高速发展所需的高素质、高质量的德智体美劳全面发展的社会主义建设者为宗旨；以遵循教育发展规律和人才成长规律，增进家庭幸福与社会和谐为理念；以培养满足适应我国教育发展所需的生涯教育师资队伍；解决青少年成长中的理想、心理、学业、生活与生涯等方面困扰，提高青少年自我认识、自我选择，独立生活、职业意识和人生规划能力；正确认识个人兴趣特长与国家和社会需要的关系，提高对未来社会的主动适应性，推动我国青少年生涯规划教育发展为工作目标。

生涯教育专业委员会在工作开展中，坚持目标导向与问题导向相统一，紧密结合新时代教育工作的重大部署，聚焦中央关心、百姓关切、社会关注的生涯教育热点问题；引导和帮助生涯教育工作者丰富专业知识、提升专业能力、培育专业精神，增强生涯教育工作推进新时代教育改革发展下生涯教育的理论自觉和实际本领，差异化、浸润式、个性化、精细化的开展各项生涯教育服务。

生涯教育专业委员会可与地方教育管理部门、有关学校开展战略合作，为各地生涯教育的规划制定、生涯教师的培养、生涯教育专项工作任务提供专业化的策划与支持，依据委托单位的需求定制化、高标准的策划、高水平的实施区域生涯教育。

更多信息，请登录中国关心下一代工作委员会教育中心官网（http://www.zgggwjyzx.org.cn/）。

中国教育发展战略学会生涯教育专业委员会

中国教育发展战略学会生涯教育专业委员会（Chinese Society of Educational Development Strategy Committee for Life and Career Education，CSEDS-LCE）是中国教育发展战略学会下属的二级学会。该专业委员会是基于我国教育事业发展的需要，顺应教育改革的趋势，由从事生涯教育研究的社团、机构和人员自愿组成的群众性学术社团。

本会宗旨

专委会通过一系列工作来探求生存的价值、生命发展的意义、形成适切的人生规划和职业规划，以使人们能够获得有尊严、有追求、有觉悟、有幸福的生活状态、职业发展和生命成长。

主要业务

按照中国教育发展战略学会章程，生涯教育专业委员会在全国从事生涯教育教学、研究和实践的机构与人员中发展会员，开展生涯教育的战略性研究与推广工作。

第一，主持生涯教育课题，促进本土化、科学化生涯教育理论体系的形成与完善。第二，组织承担研究任务，接受国家、地方政府、行业组织、教育机构、国际组织以及总会的委托，着力开展研究。第三，提供生涯教育咨询，解决区域统筹、政策制定、资源整合、监督评价等困惑。第四，在平台建设上，搭建学术交流平台，召开质量高、代表性强的报告会、研讨会和学术论坛。第五，在队伍建设上，引领生涯教育培训，建设专业度高、覆盖面广的生涯教育人才库。第六，在成果转化上，推广生涯教育成果，借助多元渠道宣传，有效实现教育成果转化。

北京大学教育学院
朱红团队

　　北京大学教育学院朱红团队致力于将我国传统文化中生命成长的智慧融入青少年发展和生涯教育活动；在借鉴西方理论的基础上，系统总结我国中小学生涯教育和青少年发展的本土经验；研发和开发具有理论深度和适切实践方法的生涯教育课程体系；编写生涯教育教材；通过实证研究科学深入分析生涯教育促进学生发展和学生学习的成效。

　　团队的愿景是通过青少年发展方面的理论探讨、实证研究和教育实践创新，为政策制定、教育质量评估、学校教育质量一体化提升、学生德智体美劳的全面发展提供理论支持和研究依据。

　　近年来，朱红团队在开展生涯导师培训、课例研讨、为学校提供教育咨询、承担区域内实证调研、开展国内外学术交流、推广学术成果等方面一直在进行积极探索，积累了丰富的经验，得到了相关领域诸多专家以及地区教育部门、合作学校的积极支持，在此一并致谢。